本书为2018年度广州市哲学社会科学发展“十三五”规划课题（项目批准号/课题编号：2018GZMZGJ14）《互联网域名管理架构下的网络内容体系建设法律规制研究》的项目研究成果。

丁春燕 / 著

ZHONGGUO
DINGJI YUMING GUANLI
FALÜ ZHIDU BIANQIAN YANJIU

中国顶级域名管理法律制度变迁研究

——基于网络治理与网络主权的视角

中国政法大学出版社

2019 · 北京

图书在版编目（CIP）数据

中国顶级域名管理法律制度变迁研究/丁春燕著.—北京:中国政法大学出版社, 2019.6
ISBN 978-7-5620-9046-5

Ⅰ.①中… Ⅱ.①丁… Ⅲ.①域名系统－监管制度－研究－中国 Ⅳ.D923.404

中国版本图书馆 CIP 数据核字(2019)第 112394 号

出 版 者　中国政法大学出版社
地　　址　北京市海淀区西土城路 25 号
邮寄地址　北京 100088 信箱 8034 分箱　邮编 100088
网　　址　http://www.cuplpress.com（网络实名：中国政法大学出版社）
电　　话　010-58908586(编辑部)　58908334(邮购部)
编辑邮箱　zhengfadch@126.com
承　　印　固安华明印业有限公司
开　　本　880mm×1230mm　1/32
印　　张　7.25
字　　数　200 千字
版　　次　2019 年 6 月第 1 版
印　　次　2019 年 6 月第 1 次印刷
定　　价　39.00 元

简称和中英文对照表

简称	英文	中文
/	A Proposal to Improve Technical Management of Internet Names and Addresses	改革域名系统管理的建议稿，俗称 DNS 绿皮书
/	Baden-Wurttemberg	巴登-符腾堡州
/	Chinese University Development Project II	中国大学发展计划 2 项目
/	Lawrence Landweber	劳伦斯·兰德韦伯
/	Management of Internet Names and Addresses	网络名称和地址管理，俗称 DNS 白皮书
/	University of Karlsruhe	卡尔斯鲁大学
/	University of Wisconsin	威斯康星大学
/	Werner Zorn	维纳·措恩
ACPA	Anti-Cybersquatting Consumer Protection Act	《反域名抢注消费者保护法案》
ADR	Alternative Dispute Resolution	替代性纠纷解决机制
ARPA	Advanced Research Projects Agency	高级研究项目署
BITNET	the "Because It's Time" Network, means University Computer Network	世界教育网
CANET	Chinese Academic Net	中国计算机科技网
CASCO	Chinesische Anwender von Siemens Computern Symposium	西门子计算机中国用户研讨会

续表

简称	英文	中文
CCIRN	Coordinating Committee for Intercontinental Research Networking	洲际研究网络协调委员会
ccTLD	country - code Top - Level Domain	国家顶级域名
CDNC	Chinese Domain Name Consortium	中文域名协调联合会
CIETAC	China International Economic and Trade Arbitration Commission	中国国际经济贸易仲裁委员会
CNNIC	China Internet Network Information Center	中国互联网络信息中心
CRN	China Research Network	中国研究网
CSNET	Computer Science Network	计算机科学网
DA	Domain Administrator	域名管理者
DARPA	Defense Advanced Research Projects Agency	美国国防部高级研究计划局
DDN	Defense Data Network	美国国防数据网
DFN	Deutsches Forschungsnetz-German Research Network	德国研究网
DNS	Domain Name System	域名系统
DoC	United States Department of Commerce	美国商务部
Final Report	Final Report of the WIPO Internet Domain Name Process	互联网域名程序总结报告
GAC	Governmental Advisory Committee	政府咨询委员会
GAC Principles	the Principles for Delegation and Administration of ccTLDs	授权和管理国家顶级域名原则
gTLD	generic Top-Level Domain	通用顶级域名

续表

简称	英文	中文
HKNIC	Hong Kong Network Information Centre	香港网络信息中心
IAB	Internet Architecture Board (previously Internet Activities Board)	互联网架构委员会
IANA	Internet Assigned Numbers Authority	互联网号码分配当局
ICANN	The Internet Corporation for Assigned Names and Numbers	互联网名称与数字地址分配机构
ICCB	Internet Configuration Control Board	网络配置控制委员会
ICP－1	Internet Domain Name System Structure and Delegation (ccTLD Administration and Delegation)	互联网域名系统结构和授权（国家顶级域名管理和授权）
IETF	Internet Engineering Task Force	互联网工程任务组
InterNIC	Internet NetworkInformation Center	国际互联网络信息中心
IP	Internet Protocol	互联网协议
IR	Internet Registry	互联网域名注册管理机构
ISO	International Organization for Standardization	国际标准化组织
ITU	International Telecommunication Union	国际电信同盟
MONIC	Macao Network Information Centre	澳门网络信息中心
NAF	National Arbitration Forum	国家仲裁院
NCFC	National Computing and Networking Facility of China	中国国家计算与联网设施工程（又称中关村地区教育与科研示范网络）

续表

简称	英文	中文
NIC	Network Information Center, formerly InterNIC	网络信息中心
NIE	New Institutional Economics	新制度经济学
NSF	National Science Foundation	美国国家科学基金会
NTIA	National Telecommunications and Information Administration of the U. S. Department of Commerce	美国商务部国家电信和信息管理局
RFCs	Request For Comments	
RR	Resource Record	资源记录
TWNIC	Taiwan Network Information Center	台湾地区网路资讯中心
UDHR	Universal Declaration of Human Rights	《世界人权宣言》
UDRP	Uniform Dispute Resolution Policy	统一域名争议解决政策
USC-ISI	University of Southern California Information Sciences Institute	南加州大学信息科学研究院
WASCO	West Deutschland Anwender von Siemens Computern Symposium	西德西门子计算机用户研讨会（又名西德 WASCO 协会计算机学术交流会）
WIPO	World Intellectual Property Organization	世界知识产权组织
WIPO ccTLD Best Practices	WIPO ccTLD Best Practices for the Prevention and Resolution of Property Disputes	国家顶级域名产权纠纷的防范和解决实践指南
WSIS	World Summit on the Information Society	世界信息社会峰会
WTO	World Trade Organization	世界贸易组织

目　录
CONTENTS

导 论

第一节 导 言

在网络发展的原始阶段，数字地址是识别每台计算机的工具。当网络开始扩张后，字母文本的记忆便利性与易识别性使域名解析数字地址具有成为一种现实必要性。[1]每个域名对应网络上的一个 IP 地址，除了最初的索引功能外，域名已经成为网络空间的一种特有标识，并受知识产权的保护。[2]随着电子商务在全世界的繁兴和发展，域名已经不仅仅是网络空间里便于记忆的一串字符，其更像传统商标一样是一种无形资产，并具有巨大的商业价值。[3]更重要的是，政府可以通过对域名系统的规制控制网络交流，国家也可以通过对国家顶级域名的

---

〔1〕 Peter K. Yu，“The Origins of ccTLD Policymaking”，（2004）12（2），*Cardozo Journal of International & Comparative Law*，pp. 387~388.

〔2〕 张乃根：“论全球电子商务中的知识产权”，载《中国法学》1999 年第 2 期；王范武、邵明艳：“关于域名纠纷案件中几个问题的思考”，载《知识产权》2000 年第 5 期；郝玉强：“论互联网中的商标保护问题”，载《知识产权》2000 年第 3 期。关于域名的基本原理及基础知识，参见 P. Mockapetris，*RFC-1034：Domain Names-Concepts and Facilities*（November 1987）IETF，https://www.ietf.org/rfc/rfc1034.txt.

〔3〕 Milton L. Mueller，*Ruling the Root：Internet Governance and the Taming of Cyberspace*，The MIT Press，2004，p. 105.

管理宣示其在网络空间的主权。[1]当国家开始意识到国家顶级域名的重要性时，各国政府就开始掌控和管理他们的国家顶级域名。[2]

在一项全球调查报告中，约43%的政府对国家顶级域名保留最终的控制权，约30%的政府正在采取措施来宣示他们对国家顶级域名的最终所有权，约19%的政府正在考虑将他们的国家顶级域名国有化，只有约7%的政府不打算对国家顶级域名宣示主权（如图0-1所示）。[3]参加调查的国家一致同意公共利益和知识产权保护是头等大事，而域名注册数量则不太重要。但是随着国家顶级域名的不断商业化，调查数据显示域名注册数量越来越重要，而公共利益和知识产权保护的重要性则逐渐降低。[4]虽然各国政府对国家顶级域名的管理和运行发挥越来越重要的作用，但是早期研究则大多数聚焦于互联网名称与数字地址分配机构（The Internet Corporation for Assigned Names and Numbers，ICANN）如何运行和管理国家顶级域名。[5]在互联网发展

---

〔1〕 Marc Watkins，"Government Regulation of the Dot-ca Domain Name Space"（2005）2（1），*University of Ottawa Law & Technology Journal*，pp. 145~147. Eric Talbot Jensen 认为，国家在网络设施领域拥有国家主权并通过管控网络设施和承担阻止这些设施侵害他国的责任来实现网络主权。Eric Talbot Jensen，"Cyber Sovereignty：the Way Ahead"，（2015）50（2），*Texas International Law Journal*，p. 275，pp. 277~278.

〔2〕 Peter K. Yu，"The Origins of ccTLD Policymaking"，（2004）12（2），*Cardozo Journal of International & Comparative Law*，pp. 387，403.

〔3〕 Michael Geist，"Governments and Country-Code Top Level Domains：A Global Survey Version 2. 0"，（February 2004），https://www. itu. int/osg/spu/forum/intgov04/contributions/governmentsandcctldsfeb04. pdf.

〔4〕 Michael Geist，"Governments and Country-Code Top Level Domains：A Global Survey Version 2. 0"，（February 2004），https://www. itu. int/osg/spu/forum/intgov04/contributions/governmentsandcctldsfeb04. pdf.

〔5〕 Michael Geist，"Governments and Country-Code Top Level Domains：A Global Survey Version 2. 0"，（February 2004），https://www. itu. int/osg/spu/forum/intgov04/contributions/governmentsandcctldsfeb04. pdf.

早期，国家很少参与到互联网管理事务中，但是到了 20 世纪 90 年代后期，各国政府意识到参与全球网络治理和维护网络主权的重要性，因此他们想方设法把网络管理事宜提升为国际议程。[1]

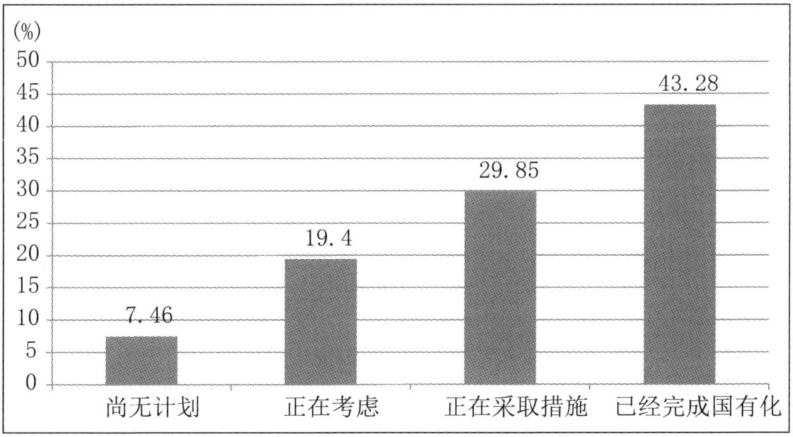

图 0-1 国家顶级域名国有化趋势

* 资料来源：Michael Geist, *Governments and Country-Code Top Level Domains: A Global Survey Version* 2.0. (February 2004).

各个国家不仅在国际上积极参与国家顶级域名的管理与规

〔1〕 See Michael Geist, Governments and Country-Code Top Level Domains: A Global Survey Version 2.0, (February 2004), https://www.itu.int/osg/spu/forum/intgov04/contributions/governmentsandcctldsfeb04.pdf; Rev. Marrakesh, Management of Internet Domain Names and Addresses, (4 April 2011), International Telecommunication Union, http://www.itu.int/osg/spu/resolutions/2002/res102.html.

制，各国政府也在国内深度参与域名管理。[1]以我国为例，自1997年第一个规制域名的法律制度出台至2014年底，相关部门共发布了37个跟域名有关的法律法规，如图0-2所示。其中，中国互联网络信息中心（China Internet Network Information Center，以下简称CNNIC）共发布了16部域名规章制度，原信息产业部（现为工业和信息化部）共发布了各类通知、政府规章制度共12个，如图0-3所示。因此，在现有的国际域名规则、国内政治政策和相关法律法规的框架下，我国如此频繁地发布或更新与域名相关的各种法律法规是一个值得研究的问题。同时，由于域名系统是互联网的核心技术之一，了解我国法律如何规制互联网域名是研究我国如何治理网络和网络空间的子课题，也是研究我国如何实现网络主权的子课题。

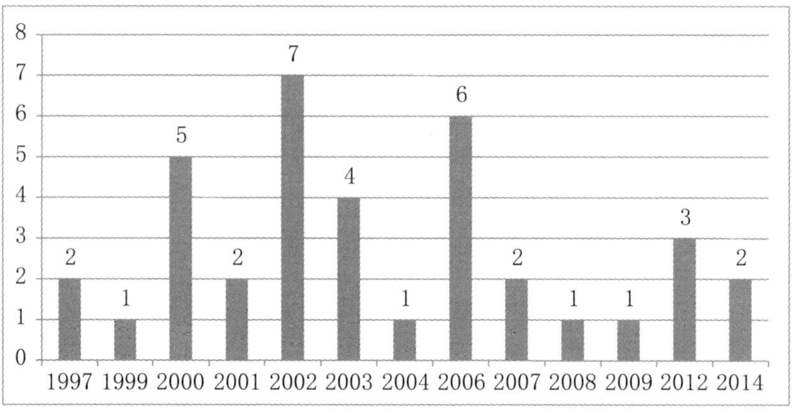

图0-2　每年颁布的法规数量

---

〔1〕 See Michael Geist, Governments and Country-Code Top Level Domains: A Global Survey Version 2.0, OECD, Evolution in the Management of Country Code Top-Level Domain Names (ccTLDs), (17 November 2006), OECD, http://www.oecd.org/sti/ieconomy/37730629.pdf.

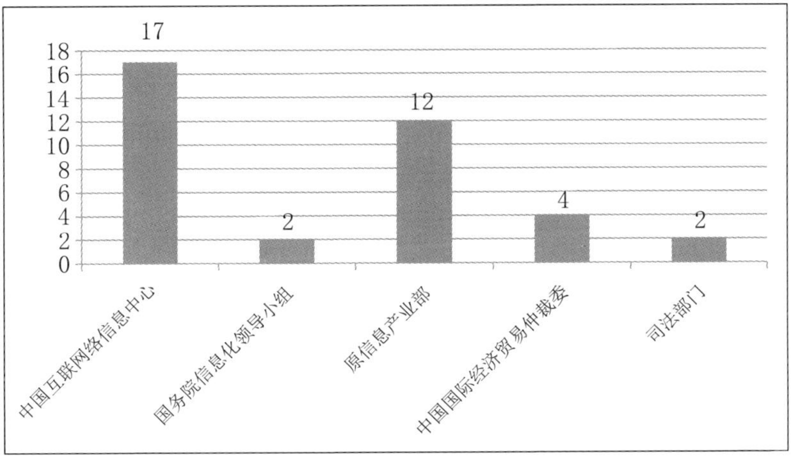

图 0-3 每个部门颁布的法规数量

苏珊·哈扎埃利（Susan Khazaeli）和丹尼尔·斯托克默（Daniel Stockemer）通过对 170 多个国家的 1996 年至 2010 年的数据进行定量分析后认为，网络的普及与国家治理实践呈正相关关系。即无论何种政体类型，网络的普及都不同程度地促进了治理的进步。[1]在中国，“截至 2017 年 12 月，我国域名总数为 3848 万个，其中‘.CN’域名总数年增长为 1.2%，达到 2085 万个，在中国域名总数中占比达 54.2%。中国网民规模达 7.72 亿，互联网普及率为 55.8%”。[2]

---

〔1〕 Susan Khazaeli and Daniel Stockemer, “The Internet: A New Route to Good Governance”, (2013) 34 (5), *International Political Science Review*, pp. 463, 464, 474.

〔2〕 CNNIC:《中国互联网络发展状况统计报告》，载 http://120.198.248.23/cache/www.cnnic.net.cn/hlwfzyj/hlwxzbg/hlwtjbg/201803/P020180305409870339136.pdf?ich_args2=901-31163911015306_339a51610d5f78d5561f5f2336f6db2b_10001002_9c89672fd7c1f7d2913a518939a83798_43f1904893538c52ffee462e6a5401e6，最后访问日期：2018 年 7 月 31 日。

那么，当中国的网络普及率逐年上升时，[1]互联网域名管理法律制度是如何影响国家法治的实践和网络主权的实现呢？政治、经济、法律、技术又是如何影响我国互联网域名管理法律制度的形成和变迁呢？为了回答上述问题，本书将以我国互联网域名管理法律制度为切入点，深入分析该法律制度的形成过程及变迁过程，以期从法律制度移植、法律制度本土化、法律制度特色化的历程中探索相关答案。因为我国顶级域名“.CN”于1990年注册，我国首部顶级域名管理法律制度于1997年颁布并于2002年、2004年经历了两次法律制度变迁，所以本书将研究的时间点界定为1990年至2004年。[2]

第二节 研究的意义

20世纪90年代初期，随着互联网在世界范围内迅速发展，越来越多的国家开始连接互联网，各国政府和私营公司也开始意识到国家顶级域名的潜在社会经济价值，这就导致注册国家顶级域名的申请成倍地增加。1990年，只有46个国家顶级域名被注册，到1993年，注册数增加到108个。[3]如今，各国政府意识到国家顶级域名已经成为国家主权的组成部分，也是网络

〔1〕 互联网普及率：2005年：8.5%；2006年：10.5%；2007年：16.0%；2008年：22.6%；2009年：28.9%；2010年：34.3%；2011年：38.3%；2012年：42.1%；2013年：45.8%；2014年：47.9%；2015年：50.3%；2016年：53.2%；2017年：55.8%。参见CNNIC：《中国互联网络发展状况统计报告》（第31次至41次），载http://www.cnnic.net.cn/hlwfzyj/hlwxzbg/，最后访问日期：2018年7月31日。

〔2〕 工业和信息化部于2017年8月颁布了最新的《互联网域名管理办法》。鉴于该次制度变迁在制度特色化方面与2004年的制度变迁具有高度相似性，故本书只选取2004年的制度变迁作为研究对象。

〔3〕 Peter K. Yu, “The Origins of ccTLD Policymaking”, (2004) 12 (2), *Cardozo Journal of International & Comparative Law*, pp. 387, 391.

政策的一部分，其中也蕴含着巨大的国家利益。[1]同时，大多数政府也认为国家顶级域名的所有权应当归属国家。[2]另外，域名的商业化也使其变为公共资源。[3]ICANN 和各国的政府咨询委员会（Governmental Advisory Committee，GAC）都已经认同网络域名系统是一种公共资源，对其功能的管理必须符合公共利益或大众利益。[4]

当一些政府发现国家顶级域名可以成为一个国家的商标时，他们就把国家顶级域名作为国家经济增长的平台和规制网络市民社会的通道。[5]尽管网络技术管理和网络运行不具有内在的政治属性，但是网络治理却具有政治性。[6]同时，规制域名分配和使用的法律规则不可避免地会体现国内性、国际性和超国家性。[7]被授予国家顶级域名的相关政府或公共部门最终代表他们国家或领土上的人民利益。因此，相关政府和公共部门的作用是保

---

〔1〕 OECD, *Evolution in the Management of Country Code Top-Level Domain Names (ccTLDs)*, (17 November 2006), OECD, http://www.oecd.org/sti/ieconomy/37730629.pdf; 叶征："对网络主权的思考"，载《中国信息安全》2015 年第 7 期。

〔2〕 Michael Geist, Governments and Country-Code Top Level Domains: A Global Survey Version 2.0, (February 2004), https://www.itu.int/osg/spu/forum/intgov04/contributions/governmentsandcctldsfeb04.pdf.

〔3〕 Milton L. Mueller, *Ruling the Root: Internet Governance and the Taming of Cyberspace*, The MIT Press, 2004, p. 67.

〔4〕 ICANN, Principles for Delegation and Administration of ccTLDs Presented by Governmental Advisory Committee, (23 February 2000), ICANN, https://archive.icann.org/en/committees/gac/gac-cctldprinciples-23feb00.htm.

〔5〕 Peter K. Yu, "The Origins of ccTLD Policymaking", (2004) 12 (2), *Cardozo Journal of International & Comparative Law*, pp. 387, 402.

〔6〕 Saretta Ramdial, "Who Should Govern the Internet: ICANN's Controversial Position Questioned and Challenged", (2007) 18 (3), *LBJ Journal of Public Affairs*, pp. 71, 72.

〔7〕 Graeme B. Dinwoodie, "(National) Trademark Laws and the (Non-National) Domain Name System", (2000) 21 (3), *University of Pennsylvania Journal of International Economic Law*, pp. 495, 521.

证国家顶级域名的管理符合公共利益，同时兼顾公共政策以及相关的法律法规。[1]在第一次世界信息社会峰会（World Summit on the Information Society，WSIS）上，虽然大多数发达国家支持现行的私人部门网络管理体系，但是包括中国在内的很多发展中国家则认为网络规制关系到国家主权，应该由一国政府来处理。[2]

虽然网络信息的访问、处理和产生是去中心化的方式，但是网络需要监管和协调才能使它更顺畅地运行。域名、IP 地址、根服务器、技术标准的发展和互操作性这四个方面的管理，对维持系统的正常运行至关重要。[3]域名注册文件记录域名注册者的姓名、联系方式等信息，所以域名系统建立了一个识别和监控网民身份的机制。域名记录就像身份证一样，政府机构可以利用它来帮助识别和惩罚网络违法者。[4]虽然网络是否能被规制以及如何被规制取决于它的架构或者代码，[5]但是法律通过改变代码的方式可以间接地控制并约束个体行为的程度。法律还是原来的法律，但是政府可以通过改变代码的方式来改变

---

〔1〕 ICANN, Principles for Delegation and Administration of ccTLDs Presented by Governmental Advisory Committee，（23 February 2000），ICANN，https://archive.icann.org/en/committees/gac/gac-cctldprinciples-23feb00.htm.

〔2〕 Adam Peake, Internet governance and the World Summit on the Information Society（WSIS），（June 2004），Association For Progressive Communications，http://rights.apc.org/documents/governance.pdf.

〔3〕 Saretta Ramdial, "Who Should Govern the Internet: ICANN's Controversial Position Questioned and Challenged"，（2007）18（3），*LBJ Journal of Public Affairs*，pp. 71～72.

〔4〕 Milton L. Mueller，*Ruling the Root: Internet Governance and the Taming of Cyberspace*，The MIT Press，2004，pp. 8～9.

〔5〕 Lawrence Lessig, "The Law of the Horse: What Cyberlaw Might Teach"，（1999）113（2），*Harvard Law Review*，pp. 501，514；Andrew L. Shapiro，"The Internet"，（1999）115，*Foreign Policy*，p. 14.

法律的约束效果。[1]每个网络监管主体对网络安全和网络隐私采取的政策都不相同，所以由谁规制域名，怎样规制域名是网络治理不可回避的问题，这也体现网络主权实现的不同形式。

作为商业、社会活动和信息交流的载体，网络越来越重要。[2]技术管理决策具有直接的、即刻的经济后果。具有决策权的主体对不断增长的域名注册市场具有深远的影响力。[3]“截止到 2017 年 12 月 31 日，我国的上网用户总人数为 7.72 亿，同 1997 年 10 月第一次调查结果 62 万上网用户人数相比，现在的上网用户人数已是当初的 1245 倍。”中国网站数量为 533 万个，网页数量为 2604 亿个。[4]域名政策如何影响冉冉升起的域名经济市场以及如何规制如此庞大的上网人群是研究网络治理重要的一环。

综上所述，互联网域名管理法律制度研究是研究中国网络治理和探索实现网络主权的核心之一。本书将通过新制度经济学的跨学科视角及其制度变迁理论，分析我国互联网域名管理法律制度的形成及变迁过程，以了解我国政府网络治理的实践方式和网络主权的实现路径。

第三节 研究的创新点

本书在介绍和分析网络主权与互联网域名管理法律制度形

---

〔1〕 Lawrence Lessig, “The Law of the Horse: What Cyberlaw Might Teach”, (1999) 113 (2), *Harvard Law Review*, pp. 501, 522.

〔2〕 Jonathan Zittrain, “ICANN: Between the Public and the Private Comments before Congress”, (1999) 14, *Berkeley Technology Law Journal*, pp. 1071, 1080.

〔3〕 Milton L. Mueller, *Ruling the Root: Internet Governance and the Taming of Cyberspace*, The MIT Press, 2004, p. 8.

〔4〕 CNNIC:《中国互联网络发展状况统计报告》，2018 年 8 月。

成和变迁的历程时，具有以下创新点：

第一，本书利用新制度经济学理论，跨学科地分析中国互联网域名管理法律制度。互联网域名管理法律制度的形成和变迁不仅涉及法律问题，还牵涉政治、经济和技术等因素。新制度经济学的理论框架较系统地阐述和论证了政治、法律、经济、技术等要素之间相互影响和相互作用的关系。因此，利用新制度经济学的跨学科视角及其制度变迁理论分析互联网域名管理法律制度形成和变迁过程，是本书的一大创新点。

第二，本书不仅仅只是运用新制度经济学理论，还创造性地发展了该理论。在论证互联网域名管理法律制度形成和变迁过程中，本书发展了新制度经济学理论关于法律制度路径依赖和技术路径依赖的关系、内源性法律制度变迁和外源性法律制度变迁的关系。另外，本书用中国的法律制度案例再次验证了源于西方社会的新制度经济学的一个理论假设，即政府是否会供给低效率的法律制度。

第三，在定性分析法和跨学科研究方法的架构下，本书重点分析互联网域名管理法律制度形成和变迁的因果关系。根据研究综述，我国大部分关于域名法律制度的研究还只停留在描述现象和分析结果的阶段，而本书运用大量篇幅分析互联网域名管理法律制度形成和变迁的原因和与之对应的结果。这种因果分析不仅利于分析法律制度变迁的发展趋势，更有助于为实现我国网络主权而提供有针对性的政策建议。

第四，本书以互联网域名管理法律制度形成和变迁的发展历程为依据，为实现我国网络主权提供政策建议，而非仅仅为域名管理法律制度的发展献计献策。大部分关于我国域名管理法律制度的法学研究仅仅依据社会上已经出现的法律纠纷为相关各方提供法律意见和建议，或者根据仲裁和诉讼过程中出现的法律适用问题提供解决办法。而本书追本溯源，从我国域名管理法律制度的起源及变迁的原因入手，不仅为我国域名管理法律制度的再变迁建议良策，还为我国实现网络主权提供具有针对性的建议。

第五，本书可为其他国家的国家顶级域名管理法律制度变迁提供智识支持，为其他国家实现网络主权提供可借鉴的发展路径。本书发展的几项新制度经济学理论假设和分析框架也可以作为其他国家分析国家顶级域名管理法律制度的模板，中国互联网域名管理法律制度变迁时的各种权衡和制约因素也可以作为其他国家域名管理法律制度变迁的参考。

第四节 研究的现状

一、域名知识简介

域名是用来识别网络服务器或电脑地址的独特标识符，它可以由各国的文字、英文字母或数字等组成。[1] 域名系统是将域名地址解析成数字互联网协议（Internet Protocol，IP）地址的一种网络系统，[2] 比如将武汉大学的域名“www. whu. edu. cn”连结到“202. 114. 64. 142”这个 IP 地址。每个域名只能绑定一个 IP 地址，而一个 IP 地址可以绑定多个域名。对于普通网民而言，收发电子邮件或网上冲浪等很多网上活动都是输入便于记

---

〔1〕 S. M. H. Collin (edited), Dictionary of Computing, (A & C Black, 2008), Credo, http://search. credoreference. com. simsrad. net. ocs. mq. edu. au/content/entry/acbcomp/domain_ name/0.

〔2〕 Webster's New World &Trade: Computer Dictionary, (Wiley, 2003), Credo, http://search. credoreference. com. simsrad. net. ocs. mq. edu. au/content/entry/webstercom/domain_ name/0. For more details, see Ellen Rony and Peter Rony, *The Domain Name Handbook: High Stakes and Strategies in Cyberspace*, Publishers Group West, 1998.

忆的域名，而非 IP 地址，域名和 IP 地址之间的连接则由域名解析器完成。域名和 IP 地址处于网络运行的核心地位，如果对其处理不当，可能会导致网络瘫痪。[1]

域名按等级划分可以分为顶级域名、二级域名、三级域名等。顶级域名又可分为国家顶级域名（country-code Top-Level Domain，ccTLD）和通用顶级域名（generic Top-Level Domain，gTLD）[2]。例如，“. CN”代表中国国家顶级域名，“. AU”代表澳大利亚国家顶级域名；“. COM”代表工商业通用顶级域名，“. EDU”代表教育机构通用顶级域名。国家顶级域名有很多不同的结构，包括平级结构和层级结构。[3]中国国家顶级域名. CN 于 1990 年注册，但因当时中国与美国的全功能互联网络并未连接，. CN 根域名服务器暂时由德国卡尔斯鲁厄大学运行。直到 1994 年，中国才完全接管了中国顶级域名根服务器。[4]

在互联网发展的初期，域名被形容为“网络上的门牌号码”，用户通过输入“门牌号码”检索和查询相应的网址或网站。因此，仅具有识别功能的域名并没有引起广泛的关注和重视，直到 1990 年至 1995 年间，万维网的出现和普及之后才使对域名的需求量猛增。[5]在中国，因域名注册采用全世界通用的“先申请，先注册”原则，这使得域名的知识产权纷争于 1995 年至 1996

---

〔1〕 Milton L. Mueller, *Ruling the Root: Internet Governance and the Taming of Cyberspace*, The MIT Press, 2004, pp. 2, 6.

〔2〕 OECD, Evolution in the Management of Country Code Top-Level Domain Names (ccTLDs), (17 November 2006), http://www.oecd.org/sti/ieconomy/37730629.pdf.

〔3〕 J. Postel, *RFC*-1591, Domain Name System Structure and Delegation, (March 1994), IETF, https://www.ietf.org/rfc/rfc1591.txt.

〔4〕 CNNIC, Key Events from 1986 to 1993, (26 May 2009), CNNIC, https://www.cnnic.net.cn/hlwfzyj/hlwdsj/201206/t20120612_ 27414.htm.

〔5〕 Milton L. Mueller, *Ruling the Root: Internet Governance and the Taming of Cyberspace*, The MIT Press, 2004, p. 105.

年间大规模爆发。[1]随着电子商务规模的发展及其对日常经济领域的不断渗透，域名和商标权之间的冲突愈演愈烈。当域名抢注爆发时，业界普遍认同域名的商业价值，法学界也开始探讨域名的知识产权属性，但是域名的沟通价值却很少被国内学者关注。域名已经不仅仅是技术工作者潜心研究的对象，在域名的识别功能、商业价值和沟通属性中所隐含的巨大的公共利益、社会价值、权利价值等都值得法学学者进行深入地探索和分析。

二、国内研究成果综述

我国学者对域名的研究主要涉及互联网技术及计算机应用科学、法学、政治学、经济学等学科。因本书主要研究中国顶级域名管理制度的形成及变迁过程，所以研究综述将详细介绍我国法学家对中国域名制度的研究，简略介绍计算机学家、政治学家、经济学家对域名的研究。

中国最早关于域名的文章出现在互联网技术及计算机应用领域。1992 年，中国计算机学者张少润发表了第一篇关于域名的文章，简要介绍了域名系统存在的价值、运行机制、DNS 的优点和缺点。[2]至今，计算机学家在互联网技术、计算机软件及计算机应用领域发表了近万篇文章。这些关于域名的研究主要集中于域名系统安全防护、域名解析、域名过滤、域名信息资源管理、域名活跃度等与域名相关的技术类问题。

中国政治学家主要从保障国家网络主权的角度探索域名的

---

〔1〕 Milton L. Mueller, *Ruling the Root: Internet Governance and the Taming of Cyberspace*, The MIT Press, 2004, p. 114.

〔2〕 张少润："维护系统信息一致性的区域名系统"，载《厦门大学学报（自然科学版）》1992 年第 6 期。

国际多边治理、国家网络安全、国家政治安全。沈逸认为域名系统的管理权力是信息空间管理权的重要来源，他在分析了现行的域名服务器运行规则和管理模式后提出："当主权国家面临因信息技术高速发展而引发的对于国家主权的侵蚀这一外部刺激时，我国应选择基于多边主义的国际共同治理模式作为应对这种挑战的有效措施。"〔1〕同时，沈逸还认为国际电信联盟（International Telecommunication Union，ITU）是否应介入ICANN对域名和IP地址分配的争议、由谁管理国家顶级域名的争议、如何解决敏感域名的争议实际上都是网络空间秩序的争议，无论如何解决这些问题，我国应秉持的基本目标都应该是这些问题不该威胁到主权国家的生存与发展。〔2〕王军提出国家顶级域名的争夺和生存关系到网络主权的安全。〔3〕方滨兴认为我国应联合其他国家建立基于国家顶级域名联盟的自治根域名解析体系，以应对由中心式域名解析体系对国家网络空间安全造成的域名被封杀、断网等潜在威胁。〔4〕王军、方滨兴、叶征等都提出了国家"网络主权"的概念并指出网络主权直接关系到国家的安全和稳定。〔5〕

---

〔1〕 参见沈逸："多边主义与信息空间的国际治理——以域名系统为例"，载《复旦国际关系评论》2006年第1期。

〔2〕 参见沈逸："能力、等级与秩序：全球网络空间信息秩序研究——基于国际秩序的研究视角"，载《复旦国际关系评论》2014年第1期。

〔3〕 参见王军："观念政治视野下的网络空间国家安全"，载《世界经济与政治》2013年第3期。

〔4〕 参见方滨兴："从'国家网络主权'谈基于国家联盟的自治根域名解析体系"，载《信息安全与通信保密》2014年第12期。

〔5〕 参见王军："观念政治视野下的网洛空间国家安全"，载《世界经济与政治》2013年第3期；方滨兴："从'国家网络主权'谈基于国家联盟的自治根域名解析体系"，载《信息安全与通信保密》2014年第12期；叶征："对网络主权的思考"，载《中国信息安全》2015年第7期；王远："网络主权：一个不容回避的议题"，载《人民日报》2014年6月23日。

中国经济学家主要研究域名的会计计量、投资价值、推广策略等。在域名的会计计量方面，张庆秋、谢妍呈、张彦明等认为应将域名确认为无形资产并具体分析了如何对域名进行会计计量。[1]董延安通过分析域名运营费用、客户指标、域名有效性指标、企业商业价值指标、基于客户基础的经营业绩指标、反映企业状况的其他指标、宏观环境指标来架构域名的价值评估体系。[2]董延安还通过分析域名的补偿价格及评估模型、域名的超额价格及评估模型、域名的平均价格及评估模型、域名的调整价格及评估模型后认为应先分项评估域名价格，再综合权衡予以确认域名的真实价格。[3]在域名的投资价值方面，秦世波认为 .CN 域名是企业重要的资源，具有很大的投资价值，他对如何对域名进行投资提供了几点建议。[4]李庭春提出域名投资是一种投机行为并介绍了域名投资的技巧和原则。[5]张一清、刘晓燕从信息经济学和博弈论的视角分析了企业投资域名的收益和风险后认为企业之间的域名交易对买卖双方都有利可图。[6]在域名的推广方面，刘凤军认为网络是企业走向国际化的重要

---

〔1〕 参见张庆秋："试论网络域名的会计确认与计量"，载《审计理论与实践》2003 年第 10 期；谢妍昱："域名的价值及其会计管理"，载《中国会计电算化》2003 年第 11 期；张彦明、王斌、杨洪波："试析企业域名的会计计量问题"，载《财会月刊》2010 年第 15 期。

〔2〕 参见董延安："网络域名价值评估指标体系设计"，载《财会月刊》2008 年第 21 期。

〔3〕 参见董延安："网络域名的价格构成及评估模型探讨"，载《中国管理信息化》2008 年第 19 期。

〔4〕 参见秦世波："浅析 CN 域名的投资价值"，载《商业经济》2005 年第 2 期。

〔5〕 参见李庭春："我国域名投资市场分析"，载《特区经济》2008 年第 5 期。

〔6〕 参见张一清、刘晓燕："企业域名投资的价值及其成本分析"，载《电子商务》2012 年第 12 期。

平台，因此企业应尽早注册域名以适应国际化的营销策略。〔1〕方芳、秦天保认为可以运用的分散域名策略、单一域名策略、三级域名策略、顾客服务策略进行域名营销。〔2〕白国玉、于丹认为要利用搜索引擎、电子邮件、网络链接、网络广告、网上社区、公共舆论、传统媒介等平台进行企业域名的推广，并指出了推广时应注意的问题。〔3〕汪永吉在介绍了我国式域名的发展现状及推广中存在的问题后指出中小企业要避免注册高度重复的域名，选用的域名要本土化和特色化、要紧贴搜索引擎的组词习惯。〔4〕申志伟、张彬、陈文基通过对企业声誉动态博弈模型及均衡的分析和域名管理不当导致的声誉机制失灵的分析后认为，域名抢注严重损害了企业的声誉及域名的价值，并对企业的域名管理措施提供了几点建议。〔5〕

我国法学学者自 1997 年开始发表关于域名的文章。截至 2015 年 4 月，域名研究主要集中于域名与商标权、域名与知识产权、域名纠纷的司法实践、域名法律制度和政策、ICANN 及其改革等几个方面展开研究。

域名与商标权的著作主要集中于介绍有关域名的基本知识，域名与商标的异同、域名与商标的冲突及解决办法。随着 1996 年底至 1997 年初域名抢注风波的出现，使以郑成思、王连峰、

〔1〕 参见刘凤军："域名注册与企业营销国际化"，载《中国流通经济》2000 年第 6 期。

〔2〕 参见方芳、秦天保："网络营销中域名策略和顾客服务策略分析"，载《上海海运学院学报》2001 年第 2 期。

〔3〕 参见白国玉、于丹："企业域名品牌推广策略"，载《商场现代化》2008 年第 4 期。

〔4〕 参见汪永吉："中小企业网站'中国式域名'推广研究"，载《广西轻工业》2011 年第 7 期。

〔5〕 参见申志伟、张彬、陈文基："域名管理下的企业声誉机制研究"，载《西安邮电学院学报》2011 年第 6 期。

李朝应和晁毅军为首的法学工作者开始关注域名这个新兴领域。郑成思等认为抢注域名并非违法行为，域名与商标的冲突并不一定会构成商标侵权；谈判、诉讼、仲裁、注册相似商标等方法是解决域名纠纷的主要途径，〔1〕制度性改革是解决此类冲突的根本办法。〔2〕王连峰、李朝应、晁毅军等从域名的唯一性、无地域性、获得的自动性、无法典性、时间性等方面分析后认为域名不同于商标，〔3〕薛虹认为虽然域名不同于商标，但是域名在满足了商标注册的要求后也可注册为商标。〔4〕而黄敏学分析了商标定义内涵与域名的商标特性、域名命名与企业名称和商标的相关性、域名纠纷的案例裁决三个方面后认为域名属于商标。〔5〕李

〔1〕 参见郑成思："'域名抢注'与商标权问题"，载《电子知识产权》1997年第7期；方明："浅议域名和商标的冲突"，载《江海学刊》1999年第6期；王范武、邵明艳："关于域名纠纷案件中几个问题的思考"，载《知识产权》2000年第5期；郝玉强："论互联网中的商标保护问题"，载《知识产权》2000年第3期；秦珂、李晓安："网络域名抢注和商标权保护"，载《情报杂志》2000年第5期；王丽云："网络域名使用与商标权冲突的解决途径"，载《情报杂志》2003年第4期；刘春霖："论互联网上商标权的保护"，载《河北法学》2005年第6期；孟祥娟："域名与商标权利的冲突及解决途径"，载《学习与探索》2007年第4期。

〔2〕 参见蔺建平、高茹："网络域名与商标冲突原因及解决策略研究"，载《河北法学》2006年第12期；杨玲梅："域名与商标权之冲突与协调"，载《中南民族大学学报（人文社会科学版）》2009年第4期。

〔3〕 参见王连峰："国际互联网上域名权的保护"，载《国际商务研究》1997年第5期；李朝应、晁毅军："谈谈域名注册及保护"，载《信息与电脑》1997年第5期；郝玉强："论互联网中的商标保护问题"，载《知识产权》2000年第3期；王莲峰："网络域名的有关问题研究"，载《郑州大学学报（社会科学版）》2000年第6期；张建华："有关域名的法律问题研究"，载《山西大学学报（哲学社会科学版）》2001年第3期；龙井瑢："域名争议中的若干法律问题探析"，载《青海社会科学》2009年第2期；张马林、刘利、刘宇迪："网络域名侵权的法律认定程序及基准"，载《情报科学》2013年第8期。

〔4〕 参见薛虹："迷失在网络空间的商标——域名与商标保护"，载《国际贸易》1999年第2期。

〔5〕 参见黄敏学："试论互联网络市场域名的商标价值与商用管理"，载《中国软科学》1998年第12期。

永明、张振杰也认为域名属于商业标志性知识产权范畴。[1]郑新建、高晓春认为域名在本质上与商标有共同之处，因为它们都代表着商誉。[2]

在域名与商标的冲突纠纷研究方面，王永强认为域名无法侵犯商标权，[3]程永顺认为域名一般不会与商标权发生冲突，只有当域名反淡化驰名商标时彼此才会发生冲突。[4]而以阿拉木斯为首的很多学者认为域名抢注不仅会侵犯商标权，还可能侵犯企业名称权、商号权、原产地名称权、反不正当竞争法保护的企业权益等。[5]吴登楼等认为域名中使用他人已注册商标不构成侵权，但驰名商标保护的特殊情况除外。[6]吕晓东也认为域名权与注册商标在先权存在冲突，虽然“不应将对商标的保护自动延及域名而忽视域名的权利”，[7]但对驰名商标的保护

---

〔1〕 参见李永明、张振杰：“知识产权权利竞合研究”，载《法商研究》2001年第2期。

〔2〕 参见郑新建、高晓春：“网络与商誉保护”，载《知识产权》2000年第3期。

〔3〕 参见王永强：“从商标对商品的依附性谈域名的侵权不能”，载《学术研究》2001年第12期。

〔4〕 参见程永顺：“审理域名注册纠纷案件的若干问题”，载《知识产权》2001年第1期。

〔5〕 参见阿拉木斯：“浅议有关域名的法律问题”，载《知识产权》1998年第2期；薛虹：“认可与支持——电子商务的知识产权法律环境”，载《国际贸易》1999年第11期。

〔6〕 参见吴登楼：“析互联网域名与商标名称冲突之解决——兼评《中国互联网络域名注册暂行管理办法》的有关规定”，载《知识产权》1999年第3期；王范武、邵明艳：“关于域名纠纷案件中几个问题的思考”，载《知识产权》2000年第5期；祝亚明：“网络域名使用与驰名商标保护”，载《情报杂志》2003年第9期。

〔7〕 参见吕晓东：“域名权与注册商标在先权的冲突及协调”，载《社会科学》2000年第9期。

应延及域名，[1]且应视驰名商标本身的情况给予不同程度的保护。[2]薛虹认为在网址路径中使用商标、在三级或更低级域名中使用商标、在电子邮件用户名中使用商标、为滑稽模仿而使用商标时不构成商标侵权。[3]黄晖认为抢注近似于商标的域名“将侵占商标持有人的利益或淡化、丑化原有商标”。[4]胡晓红、魏浩征认为只有在满足恶意注册、实施了侵权行为、造成混淆的可能性要件时，注册域名才可认定为商标侵权。[5]郑璇玉对域名抢注案件中的“恶意”概念进行了详细的分析，[6]程永顺对恶意抢注域名的认定也进行了详细的分析，[7]程子薇在详细分析了域名纠纷中恶意类型化的裁判效果、“恶意”的目的性、恶意认定的方法与考量因素后认为，我国对恶意的认定过于偏向客观化，导致利益衡量偏向在先商业标识权利人。[8]

---

〔1〕 参见吕晓东：“网络环境下的驰名商标反淡化保护问题”，载《上海社会科学院学术季刊》2002 年第 4 期；张马林、刘利、刘宇迪：“网络域名侵权的法律认定程序及基准”，载《情报科学》2013 年第 8 期；刘满达：“域名抢注侵权的认定及争端解决”，载《法商研究》2001 年第 1 期。

〔2〕 参见董京波：“域名抢注侵犯驰名商标权问题探析”，载《知识产权》2004 年第 2 期。

〔3〕 参见薛虹：“域名纠纷与合理使用”，载《国际贸易》1999 年第 8 期；薛虹：“网法亦恢恢——在我国法律体系下制裁域名侵权行为”，载《国际贸易》1999 年第 6 期。

〔4〕 参见黄晖：“网上正名——解决域名与商标冲突三原则”，载《国际贸易》2000 年第 9 期。

〔5〕 参见胡晓红、魏浩征：“美国域名与商标侵权冲突法律制度研究——《反网域霸占消费者保护法》对我国的启示”，载《兰州大学学报（社会科学版）》2003 年第 4 期。

〔6〕 参见郑璇玉：“域名案件中的恶意概念分析”，载《知识产权》2003 年第 3 期。

〔7〕 参见程永顺：“审理域名注册纠纷案件的若干问题”，载《知识产权》2001 年第 1 期。

〔8〕 参见程子薇：“域名纠纷中的恶意认定研究——以不确定概念理论为分析工具”，载《华东政法大学学报》2014 年第 1 期。

在域名权与其他权利纠纷的研究方面，邵培樟在介绍了 WIPO、美国、德国关于域名权与姓名权冲突的解决机制后认为，我国也应调整相关法律制度以解决域名权与姓名权的冲突。〔1〕高志明、张德淼提出除了要赋予域名权利外，还要给予网站名称权利，即站名权。在域名权与站名权的纠纷中，我国目前一般按商标侵权或不正当竞争行为处理，解决机制主要为仲裁和诉讼。从司法实践来看我国对站名权的保护较为孱弱，其“无法抗辩别人使用类似的域名的权益”。〔2〕

关于夹在域名权与其他权利纠纷中的我国域名注册管理机构的免责方面，刘满达认为域名注册组织制定的免责条款“不能当然成为法院的法律依据”。〔3〕而邓炯在介绍了世界范围内的域名登记管理者的法定免责和约定免责事由后认为，应规范 CNNIC 的约定免责制度、引入 CNNIC 的法定免责制度。〔4〕

在深入探讨完域名权和商标权的冲突后，我国法学学者开始研究域名是否属于知识产权的问题。郑友德、薛虹等认为域名管理规则对传统知识产权造成了很大的冲击，〔5〕张乃根等众多学者提

〔1〕 参见邵培樟：“域名与姓名权益冲突：防范与解决的域外视角——以世界知识产权组织、美国和德国为例”，载《电子知识产权》2005 年第 9 期。

〔2〕 参见高志明、张德淼：“域名权与站名权的属性与冲突——以两个‘开心网’、两个‘去哪（儿）’网案为比较”，载《西北大学学报（哲学社会科学版）》2011 年第 4 期。

〔3〕 参见刘满达：“域名抢注侵权的认定及争端解决”，载《法商研究》2001 年第 1 期。

〔4〕 参见邓炯：“试析域名登记管理者在域名争议中的法律责任”，载《知识产权》2001 年第 2 期。

〔5〕 参见郑友德、焦洪涛、校坚：“电脑信息网络知识产权保护研究”，载《科研管理》1999 年第 4 期；郑友德：“电脑信息网络知识产权若干问题探析”，载《法商研究》1999 年第 3 期；薛虹：“美丽新世界——因特网上的知识产权纵横谈”，载《知识产权》1999 年第 1 期；乔生：“网络中的知识产权保护”，载《现代法学》2001 年第 5 期。

出应将域名作为一种新型的知识产权予以保护，[1]而郑启福认为只有具有识别性的域名才具有知识产权的属性。[2]张玉瑞则认为域名权属于反不正当竞争权中的经营标识权，[3]景岗认为域名既不是物权也不是知识产权，域名权不能单独适用物权法或知识产权

[1] 参见张乃根："论全球电子商务中的知识产权"，载《中国法学》1999年第2期；张乃根："试析全球电子商务中的知识产权（上）"，载《世界贸易组织动态与研究》1999年第1期；王范武、邵明艳："关于域名纠纷案件中几个问题的思考"，载《知识产权》2000年第5期；郝玉强·"论互联网中的商标保护问题"，载《知识产权》2000年第3期；张广良："网络环境下的知识产权纠纷及相关法律问题"，载《知识产权》2000年第2期；廖芳："网络环境中的商标权保护"，载《国际贸易问题》2000年第4期；秦珂："网络域名使用中的知识产权问题"，载《图书情报工作》2000年第4期；李晓安："论网络域名的知识产权保护"，载《平原大学学报》2000年第1期；庞淑萍："域名争端的法律分析"，载《山西大学学报（哲学社会科学版）》2000年第1期；郝玉强："谈中文域名与商标的冲突及其解决"，载《知识产权》2001年第4期；程永顺："审理域名注册纠纷案件的若干问题"，载《知识产权》2001年第1期；张建华："有关域名的法律问题研究"，载《山西大学学报（哲学社会科学版）》2001年第3期；彭柳、王方："初探电子商务中的知识产权问题"，载《现代情报》2002年第9期；袁真富："域名问题：权利的平等与平衡"，载《网络法律评论》2002年第0期；柯佳儿、任龙："中文域名与相关知识产权保护"，载《研究与发展管理》2003年第1期；郑成思：《知识产权论》，法律出版社2007年版，第9~19页；周显志、周洁："域名抢注法律问题探讨"，载《暨南学报（哲学社会科学版）》2003年第4期；杨巧："域名与商标冲突及其解决"，载《宁夏社会科学》2004年第4期；钟广池："域名与商标的争议及其解决"，载《情报杂志》2004年第2期；张连永等："域名系统运行中的知识产权侵权问题分析"，载《现代图书情报技术》2004年第10期；冯彦辉："域名争议与商标冲突的法理分析"，载《华南师范大学学报（社会科学版）》2005年第3期；刘宁："域名法律地位研究"，载《河北大学学报（哲学社会科学版）》2006年第6期；恽铁群："电子商务中知识产权国际保护之研究"，中国政法大学2007年博士学位论文；马正勇："关于域名法律性质及其保护的思考"，载《宁夏大学学报（人文社会科学版）》2007年第3期；成晓娜："论网络侵权行为的特殊性与立法对策"，中国政法大学2009年博士学位论文；蒋剑鸣：《互联网域名与商标冲突研究》，中国人民公安大学出版社2011年版。

[2] 郑启福："论域名与商标的冲突及解决"，载《成都行政学院学报（哲学社会科学版）》2005年第2期。

[3] 张玉瑞："论中文域名的知识产权属性与立法、执法框架"，载《知识产权》2001年第2期。

法，而是应在网络法中作专门规定。[1]寿步等认为任何国家在法律中都未将域名权规定为知识产权，所以域名权不属于知识产权。[2]

关于域名纠纷司法实践的研究主要通过对具体案件的分析研究我国现行域名争端解决机制、国外域名争端解决机制、我国如何完善目前的域名争端解决机制等。薛虹认为企业除了通过诉讼、仲裁等途径解决域名纠纷外，还可通过先来后到、技术方法、否认声明三个方法来解决域名与商标的冲突。[3]黄小坚认为将他人的商标注册为域名并实施不利于商标权利人的行为时应承担“从事不正当竞争的法律责任”，我国应加强立法、改革域名注册管理办法以保护域名权。[4]陈江、柯佳儿等认为应对《商标法》《反不正当竞争法》《民法通则》作出一些调整。[5]邓炯等认为应正式确立 CNNIC 在管理我国域名体系中的作用，通过法律正式确定 CNNIC 颁布的各项域名规则的法律效力，完善现有域名注册程序，区分恶意域名抢注和一般域名抢注，在 CNNIC 内建立专门的域名争端解决机构和程序，完善打击域名抢注的救济措施。[6]邓炯、符望、周斌认为统一域名争

---

〔1〕 景岗：“域名法律问题思考”，载《法学家》2000 年第 3 期。

〔2〕 寿步、张慧、李健主编：《信息时代知识产权教程》，高等教育出版社 2003 年版，第 316 页。

〔3〕 参见薛虹：“多重性与唯一性——域名纠纷中的权利冲突”，载《国际贸易》1999 年第 10 期。

〔4〕 参见黄小坚：“因特网域名使用中的知识产权问题”，载《知识产权》2000 年第 3 期。

〔5〕 参见陈江、林旋：“国外对域名与商标纠纷的司法解决及对我国的启示”，载《国际贸易问题》2000 年第 12 期；柯佳儿、任龙：“中文域名与相关知识产权保护”，载《研究与发展管理》2003 年第 1 期；郭学文：“计算机网络域名民事纠纷的法律规制”，载《求索》2010 年第 12 期。

〔6〕 参见邓炯：“中国解决域名抢注争端的司法实践与评析——兼论我国域名管理体制与争端解决机制的完善”，载《科技与法律》2000 年第 2 期；周显志、周洁：“域名抢注法律问题探讨”，载《暨南学报（哲学社会科学版）》2003 年第 4 期。

议解决政策（Uniform Domain Name Dispute Resolution Policy，UDRP）的裁决程序迅速、廉价、简便，解决了跨国域名争议的管辖权和适用法问题，大多数 UDRP 的裁决受到当事人的尊重与执行，我国应借鉴 UDRP 的做法。〔1〕汪涌在分析了 UDRP 中代理商对系争域名的权益后认为，“我国现行域名仲裁规则中常常会将代理商权益和标志权利人权益混为一谈，从而可能导致作出对代理商不利的错误裁决”。〔2〕谢冠斌等在分析了解决域名与商标纠纷的美国模式、ICANN 模式、中国模式后认为我国应该从技术、权利价值、法律制度三个层面同时解决域名与商标的纠纷。〔3〕邱均平、陈敬全在详细比较和分析了中、美两国解决域名纠纷的法律适用、域名注册的恶意认定、域名注册机构的责任、法律救济等问题后认为我国应借鉴美国的经验构筑我国域名法律保护体系。〔4〕史勤艳、田炜认为 ICANN 对反向域名侵夺和域名蹲占的规制是对商标权人和域名注册人权益的一种权衡，值得我国在域名法律保护方面予以借鉴。〔5〕郝一丁提出建立“域名共享纠纷解决机制”以解决域名与商标的纠纷。〔6〕张

〔1〕 参见邓炯：“规范域名抢注的国际立法新发展——ICANN《统一域名争端解决规则》评析”，载《法律科学（西北政法学院学报）》2001 年第 1 期；符望、周斌：“域名政策的新发展及借鉴”，载《知识产权》2000 年第 3 期。

〔2〕 参见汪涌：“浅析 UDRP 规则下被投诉的代理商对系争域名的权益”，载《知识产权》2009 年第 6 期。

〔3〕 参见谢冠斌：“从域名的法律保护看知识产权制度的发展”，载《法学评论》2001 年第 3 期；成晓娜：“论网络侵权行为的特殊性与立法对策”，中国政法大学 2009 年博士学位论文。

〔4〕 参见邱均平、陈敬全：“中美域名资源法律保护的比较分析”，载《图书情报知识》2002 年第 5 期。

〔5〕 参见史勤艳、田炜：“透视 ICANN 规则之下的‘反向域名侵夺’问题——从一则 WIPO 案例谈起”，载《电子知识产权》2004 年第 8 期。

〔6〕 参见郝一丁：“论与域名相关的商标权利纠纷及其解决”，载《政治与法律》2010 年第 1 期。

连永等认为除了要从技术层面保护域名权外还要建立知识产权保护应急和预警机制。〔1〕王玲等提出除了要修改相关知识产权制度规范、完善司法审判实践外还要增强企业私权意识以保护我国企业的域名权利。〔2〕

在众多法学学者研究域名争端解决机制的同时，很多学者将研究的重点逐渐转向于更宏观的域名政策。这部分著作主要介绍我国域名政策的发展历史、域名政策的缺陷与漏洞、国外域名政策对我国的启示。张乃根在分析了《中国互联网络域名注册暂行管理办法》（以下简称《办法》（1997））的相关条款后认为，我国现行域名管理模式与美国国防部高级研究计划局（Defense Advanced Research Projects Agency，DARPA）模式相似。〔3〕吴登楼认为《办法》（1997）中规定的域名与商标权冲突的两种解决办法存在操作性不强和未明确侵权与否两大弊病，〔4〕黄晖、邓炯也认为《办法》（1997）的域名纠纷解决条款规定模糊，且其并未明确真正的权利主体和权利范围来解决商标权纠纷问题。〔5〕符望、周斌等认为《办法》（1997）规定的个人不得注册域名的条款太严格，域名不可转让的条款违背了市场经

〔1〕参见张连永等："域名系统运行中的知识产权侵权问题分析"，载《现代图书情报技术》2004年第10期。

〔2〕参见王玲、瞿静："中国.com正在遭遇入世危机——对一起跨国知识产权案的反思"，载《法学》2002年第4期；陈伟、肖海："中国企业无线域名保护存在的问题及对策"，载《科技管理研究》2009年第12期；赵鸥、李宁："科技期刊中文域名的法律保护"，载《编辑学报》2011年第5期。

〔3〕参见张乃根："浅析全球电子商务中的知识产权（下）"，载《世界贸易组织动态与研究》1999年第2期。

〔4〕参见吴登楼："析互联网域名与商标名称冲突之解决——兼评《中国互联网络域名注册暂行管理办法》的有关规定"，载《知识产权》1999年第3期。

〔5〕参见黄晖："网上正名——解决域名与商标冲突三原则"，载《国际贸易》2000年第9期；邓炯："中国解决域名抢注争端的司法实践与评析——兼论我国域名管理体制与争端解决机制的完善"，载《科技与法律》2000年第2期。

济原则；商标权人对域名注册具有异议权导致注册域名的效力处于待定状态且比域名晚注册的商标权人仍可对在先注册的域名提出异议，这明显不公平，“未能提供一个较快且又能合理地解决域名争议的程序”。因此，我国应“有必要采纳 ICANN 的《域名争议解决统一政策》或依照其原则进行修改和完善”。[1] 张广良建议提高《办法》（1997）的法律效力。[2] 胡晓红、魏浩征认为我国应借鉴美国《反网域霸占消费者保护法》进行统一域名立法，[3] 张玉瑞也认为要为域名特别立法。[4]

郝玉强认为《中文域名争议解决办法（试行）》（2000 年）与其他域名解决办法不一致，《关于审理因域名注册、使用而引起的知识产权民事纠纷案件的若干指导意见》作用有限，我国应根据中文域名注册的特点，结合国际先进经验，尽快出台完善的、操作性强的中文域名解决办法。[5] 孙含会在详细评述了《中国互联网络信息中心域名争议解决办法》（2006 年）（以下简称《域名争议解决办法》）新修订的内容后，认为其“将更好地平衡域名持有者和商标等民事权益人之间的利益”。[6] 周春慧

---

〔1〕 参见符望、周斌：“域名政策的新发展及借鉴”，载《知识产权》2000 年第 3 期；刘双宁：“中国互联网域名领域法律规制的发展及其法律问题探析”，载《社会科学辑刊》2002 年第 1 期。

〔2〕 参见张广良：“网络环境下的知识产权纠纷及相关法律问题”，载《知识产权》2000 年第 2 期。

〔3〕 参见胡晓红、魏浩征：“美国域名与商标侵权冲突法律制度研究——《反网域霸占消费者保护法》对我国的启示”，载《兰州大学学报（社会科学版）》2003 年第 4 期。

〔4〕 参见张玉瑞：“论中文域名的知识产权属性与立法、执法框架”，载《知识产权》2001 年第 2 期。

〔5〕 参见郝玉强：“谈中文域名与商标的冲突及其解决”，载《知识产权》2001 年第 4 期。

〔6〕 参见孙含会：“新修订的《中国互联网络信息中心域名争议解决办法》评述”，载《电子知识产权》2006 年第 8 期。

在对《域名争议解决办法》及《中国互联网络域名管理办法》(2004年)的某些条款作了评析后，认为我国应在域名注册程序中引入公示制度以减少域名争议。[1]丁颖、冀燕娜在分析和比较了UDRP和《中国互联网络信息中心域名争议解决办法》(2012年)中有关投诉人权益的认定后建议CNNIC应明确“享有民事权益的名称或者标志”的权益。[2]

我国法学学者除了对我国的域名争议及域名政策作了较为详尽的研究外，还对管理全球域名资源的ICANN作了些许研究。这方面的论著简要介绍了ICANN的机构概况以及其改革情况。石岩在简要介绍了ICANN的隶属关系和经费来源、组织原则、2002年的改革后提出，中国应积极参与到ICANN的政策制定过程中。[3]薛虹介绍了2012年1月起ICANN全面开放通用顶级域名空间后ICANN用于保护知识产权的主要措施，这些措施是“新增通用顶级域名申请的异议程序、商标优先注册和通知服务、统一快速中止域名系统、新增通用顶级域名授权后争议解决政策”。[4]崔聪聪、程群认为美国移交ICANN的管理权并未影响其对互联网的实际控制权，为了充分发挥各国政府在网络空间的主导作用，应在联合国架构内成立国际组织以实现国际网络的治理。[5]陈侠等认为美国商务部国家电信和信息管理局(National Telecommunications and Information Administration of the

〔1〕 参见周春慧：“域名注册制度反思”，载《电子知识产权》2006年第9期。

〔2〕 参见丁颖、冀燕娜：“专门性域名争议解决机制中投诉人权益的认定”，载《知识产权》2013年第8期。

〔3〕 参见石岩：“ICANN的政治经济学分析”，载《现代传播》2002年第5期。

〔4〕 参见薛虹：“全球域名系统知识产权保护措施最新发展研究”，载《知识产权》2012年第1期。

〔5〕 参见崔聪聪：“后棱镜时代的国际网络治理——从美国拟移交对ICANN的监管权谈起”，载《河北法学》2014年第8期；程群：“互联网名称与数字地址分配机构和互联网国际治理未来走向分析”，载《国际论坛》2015年第1期。

U. S. Department of Commerce，NTIA）公共事务办公室于2014年放弃对ICANN的主要管理权这一举措将有利于我国加速推进中文域名的发展，“有利于打破美国对根域名服务器长期垄断的局面”，有利于提高我国在国际互联网治理中的话语权。同时，这对我国互联网防御体系和对互联网资源的争夺提出了挑战，敦促我国从战略及战术层面积极参与构建国际互联网治理新秩序。〔1〕

三、国外研究成果综述

本书的国外研究综述以英文类书籍为研究对象，概述和总结了有关中国顶级域名的文章。国外学者或中国学者发表的英文类研究成果主要集中于中国顶级域名早期发展情况、中国域名争议解决办法、中国域名法律法规政策、中文域名国际化等领域。维尔纳·佐恩（Werner Zorn）等人的著作介绍了中国顶级域名的注册过程，分析了其发展的历史背景和进程，CNNIC的创立和发展等。〔2〕在中国域名争议解决办法的研究方面，张默（Mo Zhang）在介绍了中国处理域名纠纷的法律框架、法律法规和分析了中国法院处理域名抢注的几起案例后提出域名是

〔1〕 参见陈俠、张慧、郝晓伟：“美国宣布将移交ICANN管理权的动因与对我国的影响”，载《对外经贸实务》2014年第6期。

〔2〕 See Werner Zorn, “How China Was Connected to the International Computer Networks”, (2007) 15 (2), *The Amateur Computerist*, p. 36; Werner Zorn, China's CS-NET Connection 1987-Origin of the China Academic Network CANET, (29 June 2012), Internet History, https://sites. google. com/site/internethistoryasia/book1/personal-essay-werner-zorn>; Monika Ermert and Christopher R. Hughes, “What's in a name?: China and the Domain Name System”, in Hughes Christopher R. and Wacker Gudrun, *China and the Internet: Politics of the Digital Leap Forward*, Routledge, 2003, p. 127; Chen-Dong Tso, “Computer Scientists and China's Participation in Global Internet Governance”, (2008) 44 (2), *Issues & Studies*, p. 103.

否属于知识产权和如何认定驰名商标的疑问，并指出工信部颁布的有关域名管理和注册的制度不应成为法院审理域名纠纷案件的依据。[1]通过对比 UDRP 和《域名争议解决办法》的异同以及他们共同存在的问题，Isabella Yi Zhang 认为应在域名争议解决程序中增加上诉程序或复审委员会以解决各个评审庭裁决标准不一致的问题，还应增加罚金以更有力地保护知识产权。[2]在中国域名法律法规的研究方面，Fang Fang 和 Jiarui Liu 在分析了中美两国处理域名抢注案件时立法和司法实践的差异后认为，中国可借鉴美国《反域名抢注消费者保护法案》（Anti-Cybersquatting Consumer Protection Act，ACPA），即我国也应为域名抢注单独立法，并在新法中涵盖各种民事权益，增加域名侵权时的补偿金、惩罚金或类似的惩罚条款。[3]米歇尔·E. 伯克（Michael E. Burke）介绍了《中国互联网络域名管理办法》（2002 年）和《中国互联网络信息中心域名争议解决办法》（2002 年）中的一些条款后认为中国还会将继续出台或不断更新规制网络的法律法规。[4]Feng Yang 和米尔顿·L. 米勒（Milton L. Mueller）列举了中国域名管理制度的一些条款后认为中国规制网络的主要目的是在去中心化的网络空间中构筑以政府为管控中心的互

[1] See Mo Zhang, "Governance of Internet Domain Names against Cybersquatters in China: A Framework and Legal Perspective", (2002) 26 (1), *Hastings International and Comparative Law Review*, p. 51.

[2] See Isabella Yi Zhang, "A Comparative Study on the UDRP and the CNDRP", (2010) 4, *Hong Kong Journal of Legal Studies*, p. 45.

[3] See Fang Fang and Jiarui Liu, "Does What Works for. com Also Work for. cn? Comparative Study of Anti-Cybersquatting Legal Systems in the United States and China", (2002) 20 (4), *The John Marshall Journal of Computer & Information Law*, p. 541.

[4] See Michael E. Burke, "China Law", (2003) 37 (3), *International Lawyer (ABA)*, p. 927.

联网治理模式。[1]在中文域名国际化的研究方面，Hong Xue 认为中国争取中文域名国际化的控制权和管理权是出于避免中文域名注册市场的混乱、言论控制、国家安全、经济发展策略的考虑。[2]而戴特希·麦克·西拉普（Daithi Mac Sithigh）认为 CNNIC 争夺中文域名管理权的主要目的是确认中国政府的网络管理权和控制中文信息或言论在网络上的传播。[3]温德拉·B. 巴桑贾夫（Undrah B. Baasanjav）在分析了中文域名国际化过程中存在的问题以及 ICANN 颁布的有关域名国际化的规则后认为，ICANN 将国际化域名的管理权授权给像 CNNIC 一样的国内政府代理人暗示着 ICANN 更倾向于与拥有权力的国家政府合作，这将导致其他市民社会和网络社团参与网络治理的机会越来越少。[4]

综上所述，自美国政府白皮书的发布开启域名领域的法制时代以来，[5]越来越多的学者关注中国域名管理制度的发展。但是经过以上研究综述可知，计算机学科领域的学者并没有探讨域名技术如何影响中国域名管理制度的形成和变迁，政治学领域的学者没有研究中国政策法规如何影响中国顶级域名管理

---

〔1〕 See Feng Yang and Milton L. Mueller, "Internet Governance in China: A Content Analysis", (2014) 7 (4), *Chinese Journal of Communication*, p. 446.

〔2〕 See Hong Xue, "The Voice of China: A Story of Chinese-Character Domain Names", (2004) 12 (2), *Cardozo Journal of International & Comparative Law*, p. 559.

〔3〕 See Daithi Mac Sithigh, "More than Words: The Introduction of Internationalised Domain Names and the Reform of Generic Top-Level Domains at ICANN", (2010) 18 (3), *International Journal of Law and Information Technology*, p. 274.

〔4〕 See Undrah B. Baasanjav, "Linguistic Diversity on the Internet: Arabic, Chinese and Cyrillic Script Top-Level Domain Names", (2014) 38 (11), *Telecommunications Policy*, p. 961.

〔5〕 Milton L. Mueller, *Ruling the Root: Internet Governance and the Taming of Cyberspace*, The MIT Press, 2004, pp. 4~5.

制度的形成和变迁，经济学领域的学者没有探索域名纠纷及与域名相关的商业利益分配如何影响域名纠纷解决机制，法学领域的学者也没有分析中国法律如何影响中国顶级域名管理制度的形成和变迁。而现有的研究成果并没有检验中国顶级域名管理制度如何影响政治政策、商业利益分配、言论自由、技术的发展路径等。因此，本书将从新制度经济学的视角分析政治、经济、法律、技术和中国顶级域名管理制度的形成和变迁之间的关系，以及如何互动才能填补该领域的研究空白。

第五节 研究的局限性

由于数据、方法论以及研究范围的局限性，使得本书的结论也存在一定的局限性。

在数据的获取方面，由于1997年、2002年、2004年三版关于我国互联网域名管理法律制度的立法资料并没有全部公开，本书只能搜集到零散的文字资料。因此，本书通过采用不完整的、片面性的数据推导出的结论的可靠性和可信性也存在一定的局限。

在方法论的采用方面，本书选用的定性分析法、历史研究法、案例分析法、多元验证法本身就存在局限性，这些局限性使得本书的结论不可避免地具有一定的局限性。另外，由于本书获取的数据大部分为定性数据，本书无法对影响中国互联网域名管理制度形成及变迁过程的因素和法律制度变迁的效果进行较为精确的定量分析，只能对这些因素进行定性分析。因此，本书没有对中国互联网域名管理法律制度形成和变迁过程中涉及的数量特征、数量关系、数量变化等进行定量分析。

在研究范围的界定方面，本书只深入分析了中国顶级域名管理法律制度，并未研究互联网域名争议解决办法及程序规则、域名注册实施细则及实施程序等域名法律制度，也并未对比中国同其他国家间顶级域名管理法律制度的异同。因此，本书的结论只从中国互联网域名管理法律制度形成及变迁过程中推导而出，结论的普遍适用性存在局限。

综上，数据的局限性、方法论的局限性、研究范围的局限性致使本书的结论在可靠性、可信性、精确性、普遍适用性方面存在不同程度的局限性。

第一章
理论基础和方法论

本章首先介绍选用新制度经济学作为本书理论框架以及法律移植理论作为辅助理论的缘由，再介绍定性分析法、历史研究法、案例分析法、多元验证法及其选用理由，最后分析本书选用的数据类型及方法论的局限性。

第一节　理论框架

一、新制度经济学的选用

为了研究我国互联网域名管理法律制度的发展路径以及探索为什么它会形成现在的规制格局的原因，本书将分析 1990 年至 2004 年间发生的与互联网域名管理法律制度形成及变迁相关的一系列历史事件。虽然本书的研究对象是法律制度，但是为了更加全面地了解各种历史事件对我国互联网域名管理法律制度发展的影响，不能单从法律学科这一个视角解释及论证相关历史事件，而是需要从政治、法律、经济、科学技术等多角度解读这些因素是如何促进或制约域名管理法律制度的形成及变迁的。因此，需要一个可以融合多学科视角的理论框架或理论体系来分析相关问题。而新制度经济学正是这样一个融合了政治学、社会学、法学、人类学、认知学、进化生物学等学科的概念和方法来研究制度的理论。[1]

在新制度经济学的语境下，制度通常被认为是人为创造的对人类行为的各种约束。这些制度从法律、文化规范、市场、架构、交易费用等方面约束人类的行为。因此，新制度经济学既可以从宏观层面研究规范、法律、经济等制度，又可以从微观层面研究经济、市场、架构等制度。[2]经过三位诺贝尔奖获得者罗纳德·科斯（Ronald Coase）、奥利弗·威廉姆斯（Oliver Williamson）、道格拉斯·诺斯（Douglass North）及其他学者对新制度经济学理论的发展，该理论在机会主义[3]、有限理性[4]、信息不完全性和非对称性[5]、交易费用[6]、代理费用[7]等基本假设的前提下研究制度或制度与经济的互动。而新制度经济学对于我国法学学者而言较为陌生且不常被应用，因此，本书将详细地介绍新制度经济学的理论框架和基本假设、制度变迁理论。

---

〔1〕 Claude Ménard and Mary M. Shirley, *Handbook OF New Institutional Economics*, Springer, 2008, p. 2; Nicholas Mercuro, "The Jurisprudential Niche Occupied by Law and Economics", (2009) 2, *The Journal* Jurisprudence, pp. 61, 90~95.

〔2〕 See Nicholas Mercuro, "The Jurisprudential Niche Occupied by Law and Economics", (2009) 2, *The Journal* Jurisprudence, pp. 61, 90~95.

〔3〕 See Chao Chen, Mike Peng and Patrick Saparito, "Individualism, Collectivism and Opportunism: A Cultural Perspective on Transaction Cost Economics", (2002) 28 (4), *Journal of Management*, p. 567.

〔4〕 See Jack Vromen, "Economic Evolution: An Enquiry into the Foundations of New Institutional Economics", *Routledge*, 1995, pp. 47~48.

〔5〕 See Joseph Stiglitz, "Monopoly, Non-Linear Pricing, and Imperfect Information: The Insurance Market", (1977) 44 (3), *Review of Economic Studies*, p. 407.

〔6〕 See Ronald Coase, "The Nature of the Firm", (1937) 4, *Economica*, p. 386; Ronald Coase, "The Problem of Social Cost", (1960) 3, *Journal of Law and Economics*, p. 1.

〔7〕 See Kathleen Eisenhardt, "Agency Theory: An Assessment and Review", (1989) 14 (1), *Academy of Management Review*, p. 57.

（一）新制度经济学的基本概念

1. 制度

制度是社会游戏的一系列规则或者是人为设计的塑造人类交互行为的约束力。[1]它规制政治、经济和社会及其彼此间的互动。[2]而制度矩阵则是由一个相互依存的规则体系、政治组织、经济组织构成。[3]

2. 嵌入制度

嵌入制度是指规范、习惯、道德、宗教等社会制度。在不同的群体和国家，嵌入制度具有或多或少的差异。它们的实施主要依靠社会压力，而非国家的暴力执法。[4]

3. 制度环境

制度环境是指基本的政治规则、社会规则和法律规则的集合，它为商品交换和分配提供最基本的指引。[5]制度环境的具体规则包括政体制度、司法制度、合同法和产权制度等。[6]制度环境是检验国家发展和跨国制度比较有力的工具。[7]

---

〔1〕 Douglass C. North, *Institutions*, *Institutional Change*, *and Economic Performance*, Cambridge University Press, 1990, p. 3. 不同的制度学者对“制度”一词有不同的解释，本书采用 North 的制度定义。

〔2〕 Douglass C. North, “Institutions”, (1991) 1 (5), *The Journal of Economic Perspectives*, p. 97.

〔3〕 Douglass C. North, “Institutions”, (1991) 1 (5), *The Journal of Economic Perspectives*, p. 109.

〔4〕 Oliver E. Williamson, “The Institutions of Governance”, (1998) 88 (2), *The American Economic Review*, pp. 75, 77.

〔5〕 Oliver Williamson, “A Comparison of Alternative Approaches to Economic Organisation”, in Eirik Furubotn and Rudolf Richter (ed), *The New Institutional Economics*, Mohr Siebeck, 1991, pp. 104, 107.

〔6〕 Douglass C. North, *Institutions*, *Institutional Change*, *and Economic Performance*, Cambridge University Press, 1990, p. 75.

〔7〕 Oliver E. Williamson, “The New Institutional Economics: Taking Stock, Looking Ahead”, (2000) 38 (3), *Journal of Economic Literature*, pp. 595, 608.

4. 制度变迁

制度变迁是指一个制度被另外一个制度取代的改变过程。[1]制度变迁塑造社会进化的方向。[2]

5. 交易费用

交易费用是由信息成本、测算交换价值的成本、保护权利的成本和监督、执行协议的成本构成的。[3]

6. 有限理性

有限理性是指人类最优地或满意地适应复杂环境的有限能力。[4]

7. 机会主义

机会主义是指用诡计寻求私利。机会主义包括但不局限于撒谎、偷盗或欺骗等众所周知的形式，也包括利用信息不对称等其他优势进行巧妙的欺骗。[5]经济人的机会主义倾向受个人主义文化或集体主义文化的影响，也与不同交易类型的道德责任相关。[6]

8. 路径依赖

制度结构需要花费昂贵的成本来建立，一旦建立，又要花

---

〔1〕 John Selby, *A New Institutional Economics Analysis of the History of the Regulation of the. au country-code Top-Level Domain*, PhD Thesis, The University of New South Wales, 2013, p. 89.

〔2〕 Douglass C. North, *Institutions, Institutional Change, and Economic Performance*, Cambridge University Press, 1990, p. 3.

〔3〕 Douglass C. North, *Institutions, Institutional Change, and Economic Performance*, Cambridge University Press, 1990, p. 27.

〔4〕 Herbert A. Simon, "Bounded Rationality and Organizational Learning", (1991) 2 (1), *Organization Science*, pp. 125, 132.

〔5〕 Oliver E. Williamson, *The Economic Institutions of Capitalism*, Free Press, 1985, pp. 47~48.

〔6〕 Chao C. Chen, Mike W. Peng, and Patrick A. Saparito, "Individualism, Collectivism, and Opportunism: A Cultural Perspective on Transaction Cost Economics", (2002) 28 (4), *Journal of Management*, pp. 567, 568.

昂贵的费用才能改变它。因此，历史进程中每一小步的改变都会对今后产生重大的影响。这些制度会不断地沿着当前的路径发展，要改变它的发展路径得花费好几十年的时间。〔1〕在路径依赖系统中，促使制度朝着一个方向发展的最初事件促使接下来的制度也朝着相同的方向发展。〔2〕虽然人们在每一时期都可以选择制度的不同发展方向，但是路径依赖从理论上限制了选择的可能性，它通过时间将历史的决策、现在的决策和将来的决策串联起来。〔3〕所以，路径依赖不仅仅指制度进化的渐进过程，它还指过去的制度框架给现在的组织和政治家或企业家提供各种机会。〔4〕

9. 资产专用性

资产专用性是指将资产投资于一项特定的交易。资产专用性可分为地点专用性、有形资产专用性和人力资源专用性。资产专用性越低，组织承受的风险越小。〔5〕

（二）新制度经济学的基本假设

新制度经济学将制度划分为四个等级，上级制度对下级制度有约束力，下级制度又将信息反馈给上级制度。第一等级的制度为嵌入制度，包括规范、习惯、道德、传统、宗教等。第二等级的制度为制度环境，即正式规则，包括政体、宪法、法律、政府

---

〔1〕 Milton L. Mueller, *Ruling the Root: Internet Governance and the Taming of Cyberspace*, The MIT Press, 2004, p. 266.

〔2〕 Adrian Kay, "Path dependency and the CAP", (2003) 10 (3), *Journal of European Public Policy*, pp. 405, 411.

〔3〕 Douglass C. North, *Institutions, Institutional Change and Economic Performance*, Cambridge University Press, 1990, pp. 98~99.

〔4〕 Douglass C. North, "Institutions", (1991) 1 (5), *The Journal of Economic Perspectives*, pp. 97, 109.

〔5〕 Oliver E. Williamson, "The Economics of Organization: The Transaction Cost Approach", (1981) 87 (3), *American Journal of Sociology*, pp. 548, 555.

机构等。第三等级的制度为治理制度，包括法律实施方式、纠纷解决方式[1]、市场、企业、政府机构等运作的游戏规则等。[2]第四等级的制度为经济人层面的资源分配制度和雇佣制度，包括价格和数量的制度、激励制度等。（详见图表1-1）第一等级为社会学理论，第二等级为产权经济学和实证政治理论，第三等级为交易成本经济学，第四等级为新古典经济学和代理人理论。新制度经济学研究的重点为制度环境和治理。[3]

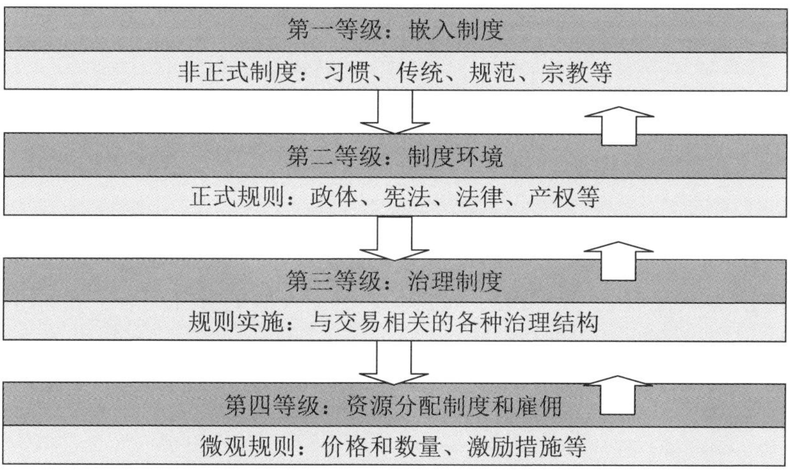

图1-1　新制度经济学对制度的划分

＊资料来源：Oliver E. Williamson，“The New Institutional Economics：Taking Stock，Looking Ahead”，（2000）38（3），*Journal of Economic Literature*，pp. 595，597.

---

〔1〕 Oliver E. Williamson，“The New Institutional Economics：Taking Stock，Looking Ahead”，（2000）38（3）*Journal of Economic Literature*，pp. 595，596，598，599，608.

〔2〕 Oliver E. Williamson，“The Institutions of Governance”，（1998）88（2），*The American Economic Review*，p. 75.

〔3〕 Douglass C. North，*Institutions*，*Institutional Change and Economic Performance*，Cambridge University Press，1990，pp. 596～597.

1. 制度假设

（1）制度的分类。制度分为具有约束力的正式制度和不具有约束力的非正式制度。正式制度包括人为设计的各种规则（如宪法、法律等），非正式制度包括制裁、禁忌、习惯、传统和行为规范等。[1]正式制度具有等级性，依次为宪法、普通法和条例、具体的规章制度以及效力最低的私人合同。非正式制度调整、补充和扩展正式制度。非正式制度的约束力来自于文化的价值传承，来自于扩展和应用正式制度来解决具体的交换纠纷，来自于协调问题的解决办法。[2]

（2）制度的作用。在信息完全的环境下制度并不重要，因为去中心化的执法足以惩罚违法行为，但是在信息不完全或获取信息需要费用的环境下，制度就重要了。[3]在不完美市场中，即人们靠不完全信息和有限理性来消化信息时，[4]制度的存在不仅可以降低社会生活的不确定性，[5]还可以促进或抑制经济增长和政治自由。[6]此外，制度规定了人们的选择集合，进而也

---

〔1〕 Douglass C. North, *Institutions*, *Institutional Change*, *and Economic Performance*, Cambridge University Press, 1990, p. 4; Douglass C. North, "Institutions", (1991) 1 (5), *The Journal of Economic Perspectives*, p. 97.

〔2〕 Douglass C. North, *Institutions*, *Institutional Change*, *and Economic Performance*, Cambridge University Press, 1990, p. 4; Douglass C. North, "Institutions", (1991) 1 (5), *The Journal of Economic Perspectives*, pp. 87、138.

〔3〕 Paul R. Milgrom, Douglass C. North, and Barry R. Weingast, "The Role of Institutions in the Revival of Trade: The Law Merchant, Private Judges, and the Champagne Fairs", (1990) 2 (1), *Economics & Politics*, pp. 1, 21.

〔4〕 Douglass C. North, "Institutions and Economic Theory", (1992) 36 (1), *The American Economist*, pp. 3~4.

〔5〕 Douglass C. North, *Institutions*, *Institutional Change*, *and Economic Performance*, Cambridge University Press, 1990, p. 3.

〔6〕 Douglass C. North and Barry R. Weingast, "Constitutions and Commitment: The Evolution of Institutional Governing Public Choice in Seventeenth-Century England", (1989) 49 (4), *The Journal of Economic History*, pp. 803, 831.

决定交易费用和制度费用、经济活动的盈利能力和可行性。[1]

（3）制度的实施。首先，测量制度实施的效果需要费用。其次，委托人和代理人的不同利益可导致代理人的机会主义行为，所以制度的实施通常来讲是不完美的。[2]最后，国家制定和实施正式制度，而国家是一个在一定区域内具有暴力权威的组织。因此，在财富最大化的统治者领导下的国家在实施制度时具有以下三个特征：[3]①国家提供一组保护或公平的服务来换取收入。②国家扮演了一个歧视的垄断者，把公民分成若干组，再给每组设计不同的产权来使国家财富最大化。③国家受公民掌握的机会成本的约束。因为每个国家都要面对可以提供相同服务的潜在竞争对手，所以制度的实施是不完美的。

2. 制度与组织

组织是参与者，是要实现一致目标的个人群体。组织包括政治群体（如政党、议会、立法机构等）、经济团体（如公司、工会、家庭农场、合作社等）、社会团体（如教会、俱乐部、体育协会等）和教育团体（如学校、学院、职业培训中心等）。[4]而制度架构是从根本上影响组织的存在和进化。相反，组织也影响制度架构的进化，同时又是制度变迁的代理人。组织会利用社会制度架构提供的机会实现财富、收入最大化或其他目的。组织会鼓励社会对技术和知识等进行投资，这些投资不仅间接

---

〔1〕 Douglass C. North，"Institutions"，（1991）1（5），*The Journal of Economic Perspectives*，p. 97.

〔2〕 Douglass C. North，"Institutions and Economic Growth：An Historical Introduction"，（1989）17（9），*World Development*，pp. 1319，1321.

〔3〕 Douglass C. North，"A Framework for Analyzing the State in Economic History"，（1979）16（3），*Explorations In Economic History*，pp. 249，250，252.

〔4〕 Douglass C. North，"Institutions and Economic Theory"，（1992）36（1），*The American Economist*，p. 4.

地促进组织的效益，也是经济增长的基础要素。而为了实现政治的或经济的目标，组织也会逐渐改变制度架构。当改变约束力带来的收益超过投资现有约束力带来的收益时，具有足够谈判能力的组织就会利用政体来达到他们的目标。[1]

3. 制度与机会主义

机会主义牵涉逆向选择、道德风险、逃避、追求其他目标和其他形式的策略行为。[2]不论制度如何形成、进化、变迁，规范都在很大程度上约束选择的可能性。经济人会利用这些规范的漏洞，采取欺诈、盗窃或机会主义行为来获取利益。[3]因此，由于机会主义行为的存在，公司不仅仅是追求利润最大化的组织，还是夹杂着各种动机的治理结构。合同在签订和履行过程中蕴含着很多风险，不是所有的市场失灵都可以靠政府解决，因为所有的组织形式（包括政府）都可能不能正常运转。[4]分析机会主义的目的是避免天真地认为合同只是一种承诺，其可用于识别、阐明和减少由机会主义行为引发的风险。[5]交易风险包括：①产权风险；②测量风险；③跨期风险；④制度环境风险；

---

〔1〕 Douglass C. North, *Institutions, Institutional Change, and Economic Performance*, Cambridge University Press, 1990, pp. 73, 79.

〔2〕 Oliver E. Williamson, "The New Institutional Economics: Taking Stock, Looking Ahead", (2000) 38 (3), *Journal of Economic Literature*, pp. 595, 601.

〔3〕 Douglass C. North, "Institutions and Economic Growth: An Historical Introduction", (1989) 17 (9), *World Development*, pp. 1319, 1322.

〔4〕 Oliver E. Williamson, "Economic Organization: The Case for Candor", (1996) 21 (1), *The Academy of Management Review*, pp. 48, 56; Oliver E. Williamson, "The Theory of the Firm as Governance Structure: From Choice to Contract", (2002) 16 (3), *The Journal of Economic Perspectives*, pp. 171, 191.

〔5〕 Oliver E. Williamson, "Economic Organization: The Case for Candor", (1996) 21 (1), *The Academy of Management Review*, pp. 48, 56; Oliver E. Williamson, "The Theory of the Firm as Governance Structure: From Choice to Contract", (2002) 16 (3), *The Journal of Economic Perspectives*, p. 50.

⑤道德风险。交易风险的特征：①所有风险都会消失，但是受限于理性和机会主义；②随着交易的变化，大多数风险也会变化；③事后治理是减少风险的重要方式；④各方运用歧视对等假设。〔1〕

4. 制度与经济绩效

制度没有必要甚至不需要具有社会效率，正式制度至少是为了满足具有谈判能力的团体的利益。在一个零交易费用的世界，谈判力量并不影响经济效率，但是在正交易费用的世界，谈判力量不仅影响着经济效率，还塑造着经济变迁的长期发展方向。〔2〕新制度经济学家认为市场经济的绩效取决于正式制度、非正式制度和组织模式。〔3〕制度通过作用于交换成本及生产成本进而对经济绩效施加影响。〔4〕在个人行为利益最大化和交易价值信息不对称的背景下，〔5〕制度塑造社会的激励结构、政治制度和经济制度。因此，制度是经济绩效的最根本的决定性因素，〔6〕它决定着经济增长、停滞或衰退的方向发展。〔7〕

一系列的制度约束力规定了政体和经济的交换关系，也决

〔1〕 Oliver E. Williamson, "The Institutions of Governance", (1998) 88 (2), *The American Economic Review*, pp. 75~76.

〔2〕 Douglass C. North, "Institutions and Economic Theory", (1992) 36 (1), *The American Economist*, pp. 3, 5.

〔3〕 Claude Ménard and Mary M. Shirley (ed), *Handbook OF New Institutional Economics*, Springer, 2008, p. 1.

〔4〕 Douglass C. North, *Institutions, Institutional Change, and Economic Performance*, Cambridge University Press, 1990, p. 5.

〔5〕 Douglass C. North, "Institutions", (1991) 1 (5), *The Journal of Economic Perspectives*, pp. 97, 98.

〔6〕 Douglass C. North, "Economic Performance Through Time", (1994) 84 (3), *The American Economic Review*, pp. 359, 359; Douglass C. North, "Institutions", (1991) 1 (5), *The Journal of Economic Perspectives*, pp. 8, 7.

〔7〕 Douglass C. North, "Institutions", (1991) 1 (5), *The Journal of Economic Perspectives*, p. 97.

定了政治系统和经济系统的运作方式。不仅政体制定和实施着塑造经济激励机构的产权制度，政府贡献的国民生产总值份额和无处不在且不断变迁的各种法律法规也在很大程度上影响着经济绩效。[1]一般而言，较好的经济绩效必须伴有能限制经济干预的制度、允许权利私有的制度和市场制度。[2]而成功的经济都是通过制度创新来降低交易费用，使交易方从交易中获得更多的收益进而扩展市场的。[3]

5. 制度与交易费用

制度、执法效率和相关技术决定交易费用。[4]制度的设计不仅要考虑守法成本、测量违法的成本和拘押违法者的成本，[5]它的设计和实施还代表着政治上具有优势的团体利益，因此制度并不一定要从整体上降低交易费用。[6]当交易费用为正时，产权结构改变资源配置。[7]在其他条件不变的情况下，

---

〔1〕 Douglass C. North, *Institutions*, *Institutional Change*, *and Economic Performance*, Cambridge University Press, 1990, p. 112.

〔2〕 Douglass C. North and Barry R. Weingast, "Constitutions and Commitment: The Evolution of Institutional Governing Public Choice in Seventeenth-Century England", (1989) 49 (4), *The Journal of Economic History*, pp. 803, 808.

〔3〕 Douglass C. North and Barry R. Weingast, "Constitutions and Commitment: The Evolution of Institutional Governing Public Choice in Seventeenth-Century England", (1989) 49 (4), *The Journal of Economic History*, p. 108.

〔4〕 Douglass C. North, "Institutions", (1991) 1 (5), *The Journal of Economic Perspectives*, pp. 97, 98.

〔5〕 Douglass C. North and Barry R. Weingast, "Constitutions and Commitment: The Evolution of Institutional Governing Public Choice in Seventeenth-Century England", (1989) 49 (4), *The Journal of Economic History*, p. 48.

〔6〕 Douglass C. North, "Institutions and Economic Growth: An Historical Introduction", (1989) 17 (9), *World Development*, pp. 1319, 1321.

〔7〕 Douglass C. North and Barry R. Weingast, "Constitutions and Commitment: The Evolution of Institutional Governing Public Choice in Seventeenth-Century England", (1989) 49 (4), *The Journal of Economic History*, p. 28.

能节省交易费用的治理结构最终会取代不能节省交易费用的治理结构。但是在非商业组织里，节省交易费用可能需要牺牲某些像权力这样的价值目标。[1]

（三）制度变迁理论

1. 制度变迁特点

稳定的制度也是不断在变迁的。制度变迁是规则变迁、非正式约束的变迁和它们执法效果变迁的结果。制度通常是逐渐地变迁，而不是有间断地变迁。[2]通常，变迁由组成制度架构的规则、规范和实施的边际调整构成。制度变迁过程如下：相关价格的变化导致一方或双方进行政治交换或经济交换，改变协议或合同可以更好地实现这种交换。因此，组织会努力重新协商合同。然而，合同镶嵌于等级制度中，如果没有上层制度的重新洗牌（或者违反一些行为规范），不太可能进行重新协商。这时，想要改进谈判地位的组织会全力以赴地投入资源重构高等级的规则。随着时间的推移，规则会被改变或是失去约束力，制度变迁就这样逐渐地发生。虽然非正式制度的变迁不需要个人或组织投入大量有目的的活动，但是正式规则或实施的变迁则需要投入大量的资源或至少克服搭便车的问题。[3]处于纠纷中的交易双方不太可能靠自己的力量获胜，他们必须形成

〔1〕 Oliver E. Williamson, "The Economics of Organization: The Transaction Cost Approach", (1981) 87 (3), *American Journal of Sociology*, pp. 548, 574.

〔2〕 Douglass C. North and Barry R. Weingast, "Constitutions and Commitment: The Evolution of Institutional Governing Public Choice in Seventeenth-Century England", (1989) 49 (4), *The Journal of Economic History*, p. 6.

〔3〕 Douglass C. North and Barry R. Weingast, "Constitutions and Commitment: The Evolution of Institutional Governing Public Choice in Seventeenth-Century England", (1989) 49 (4), *The Journal of Economic History*, pp. 83、86.

联盟且需争取其他利益群体的支持。[1]

2. 制度变迁原因

相关价格的变化是制度变迁的源头，[2]技术创新也是促进制度变迁的因素。[3]制度和组织的相互作用塑造经济制度的变迁。[4]从公民作为需求者、政府作为供给者的角度分析，制度变迁也是社会中需求与供给相互作用的结果。[5]法律制度或行为规范制度等约束力的一系列变迁会导致制度架构的巨大变迁。只有具有足够谈判能力的利益团体才能改变正式规则，引起正式制度架构的重大变迁。如果制度框架没有进化，交易双方没有解决纠纷的制度安排，从交易获得的潜在收益不能被确认，企业家们会想要形成一个联盟，通过罢工、暴力或其他方式来打破这个僵局。[6]

3. 制度变迁路径

不断增加的回报和由巨大交易费用影响的非完美市场塑造制度变迁的路径，制度的差异、组织的差异及制度与组织间相互作用的差异共同塑造制度变迁的方向。组织会利用各种机会寻租，当组织进化的时候，将会改变制度。制度变迁的路径由

〔1〕 Douglass C. North and Barry R. Weingast, "Constitutions and Commitment: The Evolution of Institutional Governing Public Choice in Seventeenth-Century England", (1989) 49 (4), *The Journal of Economic History*, p. 90.

〔2〕 Douglass C. North, *Institutions, Institutional Change, and Economic Performance*, Cambridge University Press, 1990, p. 7.

〔3〕 Milton L. Mueller, *Ruling the Root: Internet Governance and the Taming of Cyberspace*, The MIT Press, 2004, p. 255.

〔4〕 Douglass C. North, "Economic Performance Through Time", (1994) 84 (3), *The American Economic Review*, pp. 359, 361.

〔5〕 Lee J. Alston, Thrainn Eggertsson, and Douglass C. North (ed), *Empirical Studies In Institutional Change*, Cambridge University Press, 1996, pp. 26~27.

〔6〕 Douglass C. North, *Institutions, Institutional Change, and Economic Performance*, Cambridge University Press, 1990, p. 90.

锁定效应和信息反馈过程决定。[1]

当一系列相同的规则实施于两个不同的社会中时，相关价格的变化或规则实施的变化会导致不同的社会出现不同的制度安排。因为在不同的社会中，每个社会群体的谈判能力不同，利益相关者的主观模型和决策选择策略也不同，由此引起的制度变迁路径也不同。[2]

4. 制度变迁与技术变迁

技术的发展方向塑造了技术发展的路径依赖。因为一旦技术朝一个特定的方向发展并具有了既得收益递增的特点，替代发展路径和替代技术的发展就会受阻，因此技术会一直朝着现有的方向发展。[3]技术变迁导致经济制度、政治制度和社会制度变迁。[4]相反，制度变迁又促进技术变迁。[5]技术变迁和制度变迁是社会进化和经济进化的基础要素，且它们都具有路径依赖的特点。其相同之处为：收益递增对于两者都是重要的因素；不同之处为：参与者的洞察力在制度变迁中起到一个更加核心的作用，锁定效应和路径依赖在制度变迁中更加复

〔1〕 Douglass C. North, *Institutions*, *Institutional Change*, *and Economic Performance*, Cambridge University Press, 1990, pp. 7、95.

〔2〕 Douglass C. North, *Institutions*, *Institutional Change*, *and Economic Performance*, Cambridge University Press, 1990, p. 101.

〔3〕 Douglass C. North, *Institutions*, *Institutional Change*, *and Economic Performance*, Cambridge University Press, 1990, p. 76.

〔4〕 See Ulrich Dolata, "Technological innovations and sectoral change Transformative capacity, adaptability, patterns of change: An analytical framework", (2009) 38 (6), *Research Policy*, p. 1066.

〔5〕 Grazia Cecere et al, "Lock-in and Path Dependence: An Evolutionary Approach to Eco-innovations", (2014) 24 (5), *Journal of Evolutionary Economics*, pp. 1037, 1055~1056; Jiang Yu, "From 3G to 4G: Technology Evolution and Path Dynamics in China's Mobile Telecommunication Sector", (2011) 23 (10), *Technology Analysis & Strategic Management*, pp. 1079, 1090.

杂。[1]技术变迁或制度变迁对产权规则和实施的影响可能会提高生产力,[2]技术变迁降低制造费用，制造费用的降低又诱导控制交易费用的制度变迁。[3]

引起制度变迁的技术可以分为内源性技术和外源性技术。内源性技术指新技术的发展和应用是相关制度的内在现象。例如域名技术是域名制度的形成、进化和变迁的内在组成部分。外源性技术指新技术的发展和应用对相关制度的形成、进化和变迁具有功能性和辅助性的影响。例如，出版业的数字出版技术对我国《出版管理条例》的进化和变迁只具有功能性和边缘性的影响。[4]但是，由技术变迁导致的制度变迁的具体模式、变化形式和动态性还属于研究空白。[5]

二、法律移植理论的借鉴

法律移植研究方法是探索不同法律系统的内在联系的最佳方法。它以历史关系为基础，从法律移植及法律适用两个角度探索法律移植供体和受体之间法律系统或法律规则的相似性或

---

〔1〕 Douglass C. North, *Institutions, Institutional Change, and Economic Performance*, Cambridge University Press, 1990, p. 103.

〔2〕 Douglass C. North, "Institutions and Economic Growth: An Historical Introduction", (1989) 17 (9), *World Development*, pp. 1319, 1323.

〔3〕 Douglass C. North and John J. Wallis, "Integrating Institutional Change and Technical Change in Economic History A Transaction Cost Approach", (1994) 150 (4), *Journal of Institutional and Theoretical Economics*, p. 609.

〔4〕 Ulrich Dolata, "Technological innovations and sectoral change Transformative capacity, adaptability, patterns of change: An analytical framework", (2009) 38 (6), *Research Policy*, pp. 1066, 1067～1068.

〔5〕 Ulrich Dolata, "Technological innovations and sectoral change Transformative capacity, adaptability, patterns of change: An analytical framework", (2009) 38 (6), *Research Policy*, p. 1068; Oliver E. Williamson, "The New Institutional Economics: Taking Stock, Looking Ahead", (2000) 38 (3), *Journal of Economic Literature*, pp. 595, 600.

差异性，通过辨识促进法律变迁或阻碍法律发展的因素来研究法律移植的可行性和合理性。[1]艾伦·沃森（Alan Watson）认为法律移植的频繁性和法律规则的高存活率证明法律规则的设计不是为了满足它所处社会的需求，[2]即法律的生命力和活力在于法律本身，[3]它和它所处的社会之间不存在亲密的、内在的和必要的联系。[4]所以，艾伦·沃森致力于从法律规则、法律结构和法律制度等方面研究法律变迁。[5]奥托·卡恩弗洛因德（Otto Kahn-Freund）则通过经济、社会、文化和政治的角度探索法律制度移植的可行性。[6]因为经济、政治、意识形态、宗教、历史、地理和人口等因素影响不同法律系统发展的相似性或差异性。[7]

本书将从法律制度的移植、本土化、特色化的发展历程的角度架构本书章节，但是重点不在于对比不同法律系统间法律规则的适用或变迁，而是研究中国的政治、经济、法律、科学技术如何影响中国法律规则的形成及变迁。因此，法律移植的理论框架将作为研究中国顶级域名制度形成及变迁的辅助理论。

---

〔1〕 Alan Watson, *Legal Transplants: An Approach to Comparative Law*, Scottish Academic Press, 1974, pp. 7, 9, 16.

〔2〕 Alan Watson, *Society and Legal Change*, Scottish Academic Press, 1977, p. 98.

〔3〕 Alan Watson, "Comparative Law and Legal Change", (1978) 37 (2), *Cambridge Law Journal*, pp. 313~315.

〔4〕 Alan Watson, *Society and Legal Change*, Scottish Academic Press, 1977, p. 130.

〔5〕 Alan Watson, "Society's Choice and Legal Change", (1981) 9 (5), *Hofstra Law Review*, pp. 1473, 1484.

〔6〕 Otto Kahn-Freund, "On Uses and Misuses of Comparative Law", (1974) 37 (1), *The Modern Law Review*, pp. 1, 8.

〔7〕 Michael Bogdan, *Comparative Law*, Kluwer Law and Taxation Publishers, 1994, p. 70.

第二节　研究方法

在取舍研究方法时，应根据可获得的数据类型决定采取什么样的研究方法。如果可以获取具备样本规模的定量数据时，可采用定量分析法。如果只能获取定性数据或只有不具备样本规模的定量数据时，则最好采用定性分析法。[1]在本书的研究阶段，可获取的大部分有关中国国家顶级域名管理制度的形成及变迁的各项相关数据均属于定性数据，因此本书将采用定性分析方法。在定性分析法框架下，社会科学研究一般采用案例分析法、实验法、问卷调查或访问法、历史分析法、经济分析法。研究者应根据欲研究的问题类型、对调查行为的掌控性、事件的当代性或历史性等维度来决定如何选取这些研究方法。本书详细研究了1990年至2004年间的中国顶级域名管理制度的形成及变迁过程，包括其间发生的各种相关历史事件及其后续影响。因此，历史分析法可用来分析有关中国顶级域名管理制度的历史事件的来龙去脉，案例分析法可用来详细分析中国顶级域名管理制度的形成及变迁的具体过程。但是，这些研究方法都或多或少地有些重叠并有其独特的优点和固有的缺陷，社会科学研究应运用多种研究方法以克服单一的研究方式的弱点。[2]因此，本书还将采用多元验证法以增强结论的可靠性和可信性。

---

〔1〕 John Selby, *A New Institutional Economics Analysis of the History of the Regulation of the. AU Country-Code Top-Level Domain*, PhD Thesis, The University of New South Wales, 2013, p. 37; Norman K. Denzin and Yvonna S. Lincoln (ed), *The Landscape of Qualitative Research: Theories and Issues*, Sage Publications, 2nd ed, 2003.

〔2〕 Robert K. Yin, *Case Study Research: Design and Methods*, Sage Publications, 4th ed, 2009, p. 2; Norman K. Denzin, *The Research Act: A Theoretical Introduction to Sociological Methods*, Prentice Hall, 3rd ed, 1989, p. 234.

一、定性分析法

定性分析法运用人文主义探究社会现实、解读社会秩序，重视人的洞察力、感觉和视角来全面理解社会生活。[1]因此，调查访问、观察、文字资料收集及检验、感受等都是其数据的主要来源，[2]因本书研究的是从1990年至2004年的历史事件，所以通过直接观察行为或事件来收集数据的方法将被排除在外。定性分析法可分为实践研究、案例分析、人种学、民族方法学、女权主义研究、扎根理论、传记、叙事调查、参与者观察研究、现象学研究等方式。[3]本书采用案例分析法将获得的相关数据依据主题、类别、因果关系等进行整理。[4]定性分析的五大特点：在真实世界的背景下研究人类生活的意义、呈现人的观点和视角、涵盖人们生活的环境条件、对可解释人类社会行为的概念进行领悟，努力运用多种证据源而非单一的资料。[5]因此，运用定性分析法开展本研究的优点是：第一，可以深入挖掘与中国顶级域名管理制度形成及变迁相关的问题、案例或事件的

---

〔1〕 William J. Filstead, "Qualitative Methods: A Needed Perspective in Evaluation Research", in Susan E. Salasin and Robert Perloff (ed), *Qualitative and Quantitative Methods in Evaluation Research*, Sage Publications, 1979, pp. 33, 35; W. Lawrence Neuman, *Social Research Methods: Qualitative and Quantitative Approaches*, Allyn And Bacon, 4th ed, 2000, p. 126.

〔2〕 Robert K. Yin, *Qualitative Research from Start to Finish*, The Guilford Press, 2011, p. 130; Michael Quinn Patton, *How to Use Qualitative Methods in Evaluation*, Sage Publications, 1987, p. 7.

〔3〕 Robert K. Yin, *Qualitative Research from Start to Finish*, The Guilford Press, 2011, p. 17.

〔4〕 Michael Quinn Patton, *How to Use Qualitative Methods in Evaluation*, Sage Publications, 1987, p. 7.

〔5〕 Robert K. Yin, *Qualitative Research from Start to Finish*, The Guilford Press, 2011, pp. 7~8.

始末，而资料收集不必局限于事先设定的数据类别；第二，定性分析法可以运用不同的意见和视角解读同一案件，评估不同人对相同问题的反应，进而对比和规整数据，并推导出广泛的、一般化的结论；第三，定性分析法可依据较小数量的人和案例提供的丰富且详实的数据展示本书的研究结果；第四，开放式的叙事风格使定性分析法无需将事件或人们的经历按照事先设定的分类标准进行概括总结；〔1〕第五，定性分析法既可研究特定事件的独特性，也可分析其一般属性；〔2〕第六，定性分析方法侧重研究社会现实及价值，试图回答社会事件如何被锻造及其中蕴含的意义，注重分析变量间的因果关系。〔3〕

二、历史研究法

在社会科学领域，历史研究法可以研究一个制度或一项实践的变迁过程、历史的发展渗透及对后世的影响状态。〔4〕为了理解制度或事件的发展现状，就要了解它的过去。而历史研究法就是在历史背景中探究历史的发展脉络，并通过足够的历史证据来支持研究者对一个或更多案例的解释。〔5〕在该方法的指

〔1〕 Michael Quinn Patton, *How to Use Qualitative Methods in Evaluation*, Sage Publications, 1987, pp. 9~10; Robert K. Yin, *Qualitative Research from Start to Finish*, The Guilford Press, 2011, pp. 6, 11; John W. Creswell, *Research Design: Qualitative, Quantitative, and Mixed Method Approaches*, Sage Publications, 2003, p. 196.

〔2〕 Robert K. Yin, *Qualitative Research from Start to Finish*, The Guilford Press, 2011, pp. 12, 18.

〔3〕 Norman K. Denzin and Yvonna S. Lincoln, "The Discipline and Practice of qualitative Research", in Norman K. Denzin and Yvonna S. Lincoln (ed), *The Landscape of Qualitative Research: Theories and Issues*, Sage Publications, 2nd ed, 2003, pp. 1, 13.

〔4〕 Gilbert J. Garraghan, *A Guide to Historical Method*, Fordham University Press, 1946, p. 37.

〔5〕 H. Sidgwick, "The Historical Method", (1886) 11 (42), *Mind*, pp. 203, 204.

导下，本书将系统地研究中国顶级域名管理制度的形成、变迁过程及这些变化对中国社会的影响。借助历史研究法，本书将一系列可靠的数据和资料以方便阅读或理解的方式重现与中国顶级域名管理制度相关的历史事件，分析这些历史事件的前因后果，检验历史证据或数据来验证本书提出的新制度经济学的主张。本书采用的历史研究法将从意识形态和经济视角等多重维度研究跨度几十年的历史事件，为利益相关者的决策提供新的评估策略，其具备实践性的结论可为现阶段的域名制度提供发展蓝图或模型，或影响个人的实践决策。在数据获取方面，历史研究法从以下四种历史证据中提取数据：一手资料（存储于公共和私人档案馆的原始文件）、二手资料（其他学者关于历史的论述）、运行记录（代理机构报告、案例说明）、回忆录（自传、回忆录、口述的历史）。[1]这些文件数据的优点是可重复翻看、内容详实、覆盖面广。[2]本书将串联这些数据并在历史研究法的框架下分析中国顶级域名管理制度发展史。

三、案例分析法

当需要深入探寻一些特定的问题或情况，或需要通过一些案例来获取有价值的信息时，案例分析法是特别有效的研究方法。[3]该方法认为尽管社会现实镶嵌于特定的历史背景中，但社会现实由社会互动锻造。因此，在分析和理论化之前，应先识别和描述事件或案例的历史细节和历史背景，再深入分析案例

---

〔1〕 Elizabeth Ann Danto, *Historical research*, Oxford University Press, 2008, pp. 5, 7.

〔2〕 Robert K. Yin, *Case Study Research: Design and Methods*, Sage Publications, 4th ed, 2009, p. 102.

〔3〕 Michael Quinn Patton, *How to Use Qualitative Methods in Evaluation*, Sage Publications, 1987, p. 19.

发生的前因后果以发掘隐藏在案件表面之下的深层含义。[1]如此，研究者可将微观层面的行为和宏观层面的社会结构联系起来，将历史和现在连接起来以论证社会约束力如何塑造和影响特定事件的结果及其因果关系，从而从现实生活的背景下深入调查当代社会现象。[2]案例分析研究结果的每次进步都有助于读者了解复杂的历史和现代社会的发展轨迹。[3]然而，在深度分析与广泛分析中，案例分析更倾向于深度分析。在资源或数据允许的情况下，通过对比不同案件来研究案件背后呈现的发展趋势，或通过识别各种变量或不同行为间的系统关系或常规关系来完善可验证的命题。[4]其他研究方法并不能像案例分析法一样能细致地描述或深入地解释发生了什么、如何发生、为何发生这类问题，即描述型案例分析介绍案例发生的来龙去脉，解释型案例分析尝试解释事件发生的方式及原因。[5]再者，该

---

〔1〕 Sheila Stark and Harrg Torrance, "Case Study", in Bridget Somekh and Cathy Lewin (ed), *Research Methods in the Social Sciences*, Sage Publications, 2005, p. 33; Michael Quinn Patton, *How to Use Qualitative Methods in Evaluation*, Sage Publications, 1987, p. 19.

〔2〕 W. Lawrence Neuman, *Social Research Methods: Qualitative and Quantitative Approaches*, Allyn And Bacon, 4th ed, 2000, p. 33; Elizabeth Ann Danto, *Historical research*, Oxford University Press, 2008, pp. 91~92; John Walton, "Making the Theoretical Case", in C. Ragin and H. Becker (ed), *What is a Case? Exploring the Foundations of Social Inquiry*, Cambridge University Press, 1992, pp. 121, 122; H. Sidgwick, "The Historical Method", (1886) 11 (42), *Mind*, p. 18.

〔3〕 Elizabeth Ann Danto, *Historical research*, Oxford University Press, 2008, pp. 91~92.

〔4〕 Sheila Stark and Harrg Torrance, "Case Study" in Bridget Somekh and Cathy Lewin (ed), *Research Methods in the Social Sciences*, Sage Publications, 2005, pp. 33, 35; William D. Crano and Marilynn B. Brewer, *Principles and Methods of Social Research*, Allyn and Bacon, 1986, p. 8.

〔5〕 Robert K. Yin, *Applications of Case Study Research*, Sage Publications, 3rd ed., 2012, pp. 5, 49, 89.

方法利用多种研究方法和多渠道的数据源来详细描述和分析案例，再进行归纳和启发。[1]

在案例分析中，研究者应使用多种来源的证据，用多元验证法合成这些数据以增强案例分析的可靠性和有效性。案例分析的数据来源包括文件、档案记录、调查访问、直接观察、参与观察、实物作品。由此可见，案例分析法还应用历史分析法不使用的直接观察数据和调查访问数据进行案例分析以增加案例的多视角解读性。[2]如何平衡和选取这几种数据来源取决于数据的可获得性和各个学科的传统。例如，调查访问可以从被访者的视角看待事件为何发生，如何发展，对现在的影响等。资料分析可以从文本提供的不同内容、不同的价值观、不同立场检验历史事件。[3]虽然从案例分析推论出的研究结果的普遍性是该方法受到质疑的主要方面，但是支持者认为案例并不是一个样本，案例分析的目标是扩展和归纳理论，而非校验频率。[4]因此，本书将运用案例分析法逐一深入分析中国顶级域名管理制度的制度移植、制度本土化、制度特色化的过程，并从中推导出蕴含于其中的制度发展轨迹。

四、多元验证法

只依靠一个人的意见就定性分析一个判断或立场是非常危

---

〔1〕 Sheila Stark and Harrg Torrance, "Case Study" in Bridget Somekh and Cathy Lewin (ed), *Research Methods in the Social Sciences*, Sage Publications, 2005, p. 33.

〔2〕 Robert K. Yin, *Case Study Research: Design and Methods*, Sage Publications, 4th ed, 2009, pp. 2, 11, 99.

〔3〕 Sheila Stark and Harrg Torrance, "Case Study", in Bridget Somekh and Cathy Lewin (ed), *Research Methods in the Social Sciences*, Sage Publications, 2005, pp. 33, 35.

〔4〕 Robert K. Yin, *Case Study Research: Design and Methods*, Sage Publications, 4th ed, 2009, p. 15.

险的事，或者当研究依赖于单一的数据源或单一的分析方法时，单个研究方法的弱点就会削弱研究结果的有效性和可靠性，而多元互证法可以很好地解决这个问题。因为多元互证法通过数据多重检验、理论多重验证、研究者多重分析来减少定性分析中的个人偏见。[1]多元验证法分为以下四种类型：数据多元验证、研究者多元验证、理论多元验证、方法论多元验证。[2]数据多元验证法通过收集不同类型的资料，验证不同来源的数据信息和证据来构建一致的论据。[3]当研究者试图多元验证定性数据时，需要对比受访者前后语言的一致性、对比访谈数据和历史资料的一致性、对比不同受访者对同一问题的回应。有时这些数据最终指向的结果具有一致性，但有时却千差万别。此时，研究者就需探索这些分歧背后的原因，通过多元验证来提高研究结果整体的可靠性。[4]研究者多元验证法指糅合多个具有不同背景的研究者的洞察力和见解以减少单一研究者理解力的局限性。[5]理论多元验证法指研究者应用至少两种以上的理

〔1〕 William D. Crano and Marilynn B. Brewer, *Principles and Methods of Social Research*, Allyn and Bacon, 1986, p. 4; Norman K. Denzin, *The Research Act: A Theoretical Introduction to Sociological Methods*, Prentice Hall, 3rd ed, 1989, p. 236; Michael Quinn Patton, *How to Use Qualitative Methods in Evaluation*, Sage Publications, 1987, p. 61; W. Lawrence Neuman, *Social Research Methods: Qualitative and Quantitative Approaches*, Allyn And Bacon, 4th ed, 2000, pp. 124~125.

〔2〕 Norman K. Denzin, *The Research Act: A Theoretical Introduction to Sociological Methods*, Prentice Hall, 3rd ed, 1989, p. 237; Michael Quinn Patton, *How to Use Qualitative Methods in Evaluation*, Sage Publications, 1987, p. 60.

〔3〕 Robert K. Yin, *Qualitative Research from Start to Finish* (The Guilford Press, 2011) 81; John W. Creswell, *Research Design: Qualitative, Quantitative, and Mixed Method Approaches*, Sage Publications, 2003, p. 196.

〔4〕 Michael Quinn Patton, *How to Use Qualitative Methods in Evaluation*, Sage Publications, 1987, pp. 161~162.

〔5〕 W. Lawrence Neuman, *Social Research Methods: Qualitative and Quantitative Approaches*, Allyn And Bacon, 4th ed, 2000, p. 125.

论来分析或解释数据、实验、事件、案例等。方法论多元验证法指研究者在研究过程中使用多个研究方法。例如，定性分析法和定量分析法的多元验证。[1]本书将使用数据多元验证法、理论多元验证法、方法论多元验证法来分析和研究中国顶级域名管理制度的发展历程。

第三节 研究数据

一、数据类型

定性分析法包括访谈、直接观察、文字资料这三种类型的数据采集。因本书研究的课题是从1990年至2004年中国顶级域名管理制度的发展史，因此这些历史事件的数据不适用通过直接观察来采集。本书将采用文字资料数据对中国顶级域名管理制度的制度移植、制度本土化、制度特色化的过程进行论证。文字资料包括从记录、信件、官方报告和开放式调查截取的摘录、引用、或者整段话。[2]

二、数据的局限性

本书采用文字资料作为数据源。而本书采集的文字资料数据的局限性为非完整性和片面性。第一，1997年、2002年、2004年三版的中国顶级域名管理制度的立法资料没有全部公开，本书只能搜集到零零散散的有关这些立法的文字资料。第二，主管中国

---

〔1〕 W. Lawrence Neuman, *Social Research Methods: Qualitative and Quantitative Approaches*, Allyn And Bacon, 4th ed, 2000, p. 125.

〔2〕 Michael Quinn Patton, *How to Use Qualitative Methods in Evaluation*, Sage Publications, 1987, p. 7.

顶级域名的主体主要为工业和信息化部、中国科学院、中国互联网络信息中心这三个单位，但只有中国互联网络信息中心的门户网站披露了一些有关中国顶级域名管理制度发展历程的资料。

第四节　方法论的局限性

一、定性分析法的局限

定性分析数据的有效性和可靠性很大程度上依赖于分析者所具有的方法论技巧、数据敏感性和对数据的掌控能力。对定性数据的内容分析不单单需要考虑字面意思，还需要行为规范、知识、训练、实践和努力工作等。因此，定性分析法受制于分析者的自身素质和主观观念，由此带来的定性分析法的主观性是该方法受质疑的方面之一。再者，定性分析法依赖较小规模的样本进行分析，质疑者认为通过这些样本得出的分析结果并不具有普遍适用性。[1]

二、历史研究法的局限

历史研究法依赖历史文字资料，而这些历史数据可能丢失、重要的档案可能被销毁。[2]况且，文件数据可追溯性差、选择性地记录、带有偏见地记录、选择性地公开资料等缺点，而档案记录除了文件资料的缺点外，还会因隐私、国家秘密等原因不可公开获取。[3]事实上，所有记录的历史事实都依赖记录者

---

〔1〕 Michael Quinn Patton, *How to Use Qualitative Methods in Evaluation*, Sage Publications, 1987, pp. 166~167.

〔2〕 Elizabeth Ann Danto, *Historical research*, Oxford University Press, 2008, p. 32.

〔3〕 Robert K. Yin, *Case Study Research: Design and Methods*, Sage Publications, 4th ed, 2009, p. 102.

的判断，且并不能通过统计简单地得以验证。大多数具有定性性质的历史资料都是零碎的，这些资料的可靠性程度也大相径庭。〔1〕

三、案例分析法的局限

即使很多案例分析报告都显示他们的结果具有普遍性，但是不能通过分析一个或几个案件得出统计上的一般性结论。〔2〕所以，相对于被检验过千万次的科学理论，一个只被验证一次或两次的理论假设的有效性受到质疑。〔3〕案例分析也有认识论缺陷，即如何划分案例的界限。案例包含什么内容，又排除什么内容。案例的界限不同，结论也许也不同。〔4〕

四、多元验证法的局限性

虽然多元验证法是较为理想的分析技术，但是它的成本较高。大多数的分析研究受限于有限的预算、时间限制和政治约束。最佳的分析策略虽然是运用多重的分析方法，但是在现实世界中，有限的资源并不能将多元互证法发挥到理想境界。〔5〕

---

〔1〕 Elizabeth Ann Danto, *Historical research*, Oxford University Press, 2008, p. 94.

〔2〕 Sheila Stark and Harrg Torrance, "Case Study", in Bridget Somekh and Cathy Lewin (ed), *Research Methods in the Social Sciences*, Sage Publications, 2005, pp. 33~34.

〔3〕 William D. Crano and Marilynn B. Brewer, *Principles and Methods of Social Research*, Allyn and Bacon, 1986, p. 16.

〔4〕 Sheila Stark and Harrg Torrance, "Case Study", in Bridget Somekh and Cathy Lewin (ed), *Research Methods in the Social Sciences*, Sage Publications, 2005, p. 34.

〔5〕 Michael Quinn Patton, *How to Use Qualitative Methods in Evaluation*, Sage Publications, 1987, p. 61.

第二章

互联网域名管理法律制度的形成（1990-1997年）——法律制度移植

本章首先介绍从中国顶级域名注册时开始至中国首部域名管理法律制度出台时所处的政治制度环境和法律制度环境，接着介绍中国顶级域名的授权过程及中国互联网域名注册暂行管理办法的主要内容。通过对比《中国互联网络域名注册暂行管理办法》（1997 年）和 RFCs 的各项规定，论证域名管理法律制度路径依赖与域名技术路径依赖的关系。

第一节　域名法律制度形成的制度环境

新制度经济学家认为要研究一项制度，也要研究该制度所处的制度环境。尤其当一个制度从一个国家移植到另外一个国家时，成功或失败的结果不仅涉及移植制度本身，还要考虑不同国家的不同制度环境。[1]因此，本节将分析 1990 年至 1997 年间的政治环境和法律环境，探索制度环境如何约束和影响我国国家顶级域名的注册和互联网域名管理法律制度的制定。

---

〔1〕 John Selby, *A New Institutional Economics Analysis of the History of the Regulation of the. au country - code Top - Level Domain*, PhD Thesis, The University of New South Wales, 2013, p. 59.

一、政治环境

（一）国际方面

1. 美国对华外交政策

第二次世界大战后，以美国为首的资本主义国家和以苏联为首的社会主义国家在政治、军事领域展开非武力竞争，俗称“冷战”。直到1972年美国尼克松总统访华才结束中美之间长达二十多年的疏远和对抗，这是迈向中美外交关系正常化的第一步，也是维持亚太地区和平的重要举措。〔1〕美国卡特总统在任期间，美国与中国的外交关系进一步加强。自1985年开始，东欧社会主义阵营开始出现分化。1989年，出现“东欧剧变”。东欧剧变是结束美苏冷战的前奏曲，也使布什政府改变外交政治策略。美国不再致力于核武器军备来彰显军事实力，而是通过加强中美双边关系以维持地区稳定。〔2〕因此，此时的中美之间存在计算机设备的经济交易。〔3〕但随着中美外交关系的改变，使中国迟迟不能连接到由当时美国军方主导和资助的国际互联网络。

同时，布什政府和克林顿政府不仅试图在军事和经济领域保持霸权地位，而且还期望主导世界文化和政治的发展方向。

---

〔1〕 Jean Garrison, “Constructing the ‘National Interest’ in U. S. -China Policy Making: How Foreign Policy Decision Groups Define and Signal Policy Choices”, (2007) 3 (2), *Foreign Policy Analysis*, pp. 105, 112.

〔2〕 Jean Garrison, “Constructing the ‘National Interest’ in U. S. -China Policy Making: How Foreign Policy Decision Groups Define and Signal Policy Choices”, (2007) 3 (2) *Foreign Policy Analysis*, pp. 105, 115 ~ 116; Michael Mandelbaum, “The Bush Foreign Policy”, (1990-91) 70 (1), *America and the World*, pp. 5, 6.

〔3〕 Peter F. Cowhey, “The International Telecommunications Regime: The Political Roots of Regime for High Technology”, (1990) 44 (2), *International Organization*, p. 169.

此时，美国试图建立的世界秩序为：以美国为主导的区域安全、顺从资本主义的民主化俄罗斯、无核化大国外交、主导世界政治和经济发展的新自由主义。[1]在这个外交政策的影响下，克林顿政府采取与中国合作的外交策略。[2]另外，当时的美国世界霸主地位使得它有能力主导信息技术和世界经济的改革进程。[3]因此，美国积极参与中国的经济改革和信息技术建设。这个国际大背景有利于加快中国与美国主导的国际互联网的连结及提高中国科学技术工作者向美国国际互联网络信息中心（Network Information Center，NIC）申请中国顶级域名 .CN 的成功率。

2. 德国对华外交政策

1978 年，我国开始实施改革开放，联邦德国与中国的外交关系慢慢复苏。[4]当苏联和美国两极世界的对垒结束后，联邦德国将经济发展的重点从最初的欧洲-大西洋扩展到全球经济。[5]联邦德国与中国逐渐在经济、教育、法律及技术方面展开合作。中国政府派出很多学生和专家赴德国学习先进理念和现代化技术，截止到 1980 年，联邦德国是继美国外吸收中国学生和访问

---

〔1〕 Sherle R. Schwenninger, "World Order Lost: American Foreign Pollcy in the Post-Cold War World", (1999) 16 (2), *World Policy Journal*, p. 42.

〔2〕 Sherle R. Schwenninger, "World Order Lost: American Foreign Pollcy in the Post-Cold War World", (1999) 16 (2), *World Policy Journal*, p. 60.

〔3〕 Sherle R. Schwenninger, "World Order Lost: American Foreign Pollcy in the Post-Cold War World", (1999) 16 (2), *World Policy Journal*, p. 43.

〔4〕 Martin Albers, "Business with Beijing, détente with Moscow: West Germany's China Policy in a Global Context, 1969-1982", (2014) 14 (2), *Cold War History*, pp. 237, 237, 241.

〔5〕 Setve Marsh, "The Dangers of German History: Lessons from a Decade of Post-Cold War German Foreign and Security Policy", (2002), 3 (3), *Perspectives on European Politics and Society*, p. 394.

学者的第二大国家。[1] 1990 年两德统一后，其经济实力仍远落后于美国和日本。“统一后的德国其国民经济规模不及日本的一半，只占美国的 1/4，在资本主义世界国民生产总值中只占不到 7% 的份额。”[2] 因此，德国努力谋求本国的经济发展，[3] 积极建立与发展同亚洲地区国家的关系，动员全社会力量同亚洲各国在政治、经济、教育等领域开展合作与交流以争取长期的经济利益。[4] 在此背景下，中德之间的友好合作关系为德国科研人员帮助中国建立网络连接、辅助中国注册顶级域名打下了良好的合作基础。

（二）国内方面

自十一届三中全会开始，党的工作重点转移到社会主义现代化建设上来[5]。自此，拉开了我国改革开放的序幕。1987 年党的十三大报告指出要建设社会主义初级阶段就要做到以下六点：第一，必须集中力量进行现代化建设；第二，必须坚持全面改革；第三，必须坚持对外开放；第四，必须以公有制为主体，大力发展有计划的商品经济；第五，必须以安定团结为前提，努力建设民主政治；第六，必须以马克思主义为指导，努力建设精神文明。“在社会主义初级阶段，我们党的建设有中国特色的社会主义的基本路线是：领导和团结全国各族人

---

〔1〕 Martin Albers, “Business with Beijing, détente with Moscow: West Germany's China Policy in a Global Context, 1969-1982”, (2014) 14 (2), *Cold War History*, pp. 252~254.

〔2〕 潘琪昌：“德国东部地区发展前景和德国外交走势——再论德国统一问题”，载《西欧研究》1991 年第 6 期。

〔3〕 陈宣圣：“德国外交的三个变化”，载《世界知识》2000 年第 18 期。

〔4〕 章敏：“联邦德国外交政策的调整及其特点”，载《欧洲》1994 年第 1 期。

〔5〕《中国共产党第十一届中央委员会第三次全体会议公报》，载 http://news.xinhuanet.com/ziliao/2005-02/05/content_2550304.htm，最后访问时间：2015 年 4 月 25 日。

民，以经济建设为中心，坚持四项基本原则，坚持改革开放，自力更生，艰苦创业，为把我国建设成为富强、民主、文明的社会主义现代化国家而奋斗。”[1]在全面进行经济建设总思想的指导下，党的十三大认为要“把发展科学技术和教育事业放在首要位置，使经济建设转到依靠科技进步和提高劳动者素质的轨道上。”“要组织精干力量不失时机地开展高技术研究，特别是微电子技术、信息技术、生物工程技术和新材料技术的研究与开发，继续加强基础研究，大力发展软科学”。[2]在党的十三大报告精神的指引下，国家加大了对信息技术研究的支持力度。

1992年，邓小平同志的南行讲话认为要抓住时机，重点发展经济，而经济快速发展要依靠科技和教育。[3]科技兴国和科学技术是第一生产力成为这个时代的主题，[4]为我国域名技术的引进和互联网域名管理法律制度的制定提供了政治保证和政策支持。

1992年党的十四大报告提出了建设有中国特色的社会主义的理论，进一步强调必须把发展生产力摆在首要位置，以经济建设为中心，推动社会全面进步；实行对外开放是改革和建设必不可少的，应当吸收和利用世界各国包括资本主义发达国家所创造的一切先进文明成果来发展社会主义；不要被一些姓

---

〔1〕《沿着有中国特色的社会主义道路前进》，中国共产党十三大报告。

〔2〕《沿着有中国特色的社会主义道路前进》，中国共产党十三大报告。

〔3〕邓小平：“邓小平南行讲话全文”，2011年12月31日，载http://finance.ifeng.com/opinion/zjgc/20111231/5389402.shtml，最后访问时间：2015年4月25日。

〔4〕《中共中央关于制定国民经济和社会发展十年规划和“八五”计划的建议》，1990年12月30日中国共产党第十三届中央委员会第七次全体会议通过，载http://www.people.com.cn/GB/other4349/4456/20010228/405430.html，最后访问时间：2015年6月25日。“八五”计划介绍了发展科技教育文化事业的任务和政策，详见30~48条。

"社"姓"资"的抽象争论束缚自己的思想和手脚，国外的资金、资源、技术、人才以及作为有益补充的私营经济，都应当而且能够为社会主所利用。"科学技术是第一生产力。振兴经济首先要振兴科技。只有坚定地推进科技进步，才能在激烈的竞争中取得主动。当前，我国经济正面临着加速发展、调整结构、提高效益的重大任务，尤其需要全社会提高科技意识，多方面增加科技投入，真正依靠科技进步。"[1]在加快科技进步和积极引进国际先进技术成果的政治氛围中，域名技术得以顺利引进。

自十一届三中全会至20世纪90年代初期，以改革开放、以经济建设为中心、大力发展生产力和科学技术是第一生产力为主旋律的政治环境为中国顶级域名的申请和互联网域名管理法律制度的形成提供了健康成长的摇篮。

二、法律环境

国际域名组织及国际域名惯例不仅约束我国申请注册国家顶级域名，也在很大程度上限制中国顶级域名管理法律制度的制定。同时，我国的社会主义法制环境也直接促进中国互联网域名管理法律制度的制定和形成。

（一）国际域名组织

在中国顶级域名注册及我国首部域名管理法律制度出台期间（1990-1997年），主要有互联网号码分配当局（Internet Assigned Numbers Authority，IANA）和互联网工程任务组（Internet Engineering Task Force，IETF）两个国际组织及RFCs（Requests for

[1] 江泽民：《加快改革开放和现代化建设步伐，夺取有中国特色社会主义事业的更大胜利——在中国共产党第十四次全国代表大会上的报告》，人民出版社1992年版。

Comments，RFCs）制度约束国家顶级域名的注册、授权及管理。

1. IANA

可以追溯到20世纪70年代的IANA〔1〕负责分配各种运行互联网所需的数字标识符。〔2〕从1970年代初开始，网络协议需要公开数字和名称目录。〔3〕1971年6月，史蒂夫·克罗克（Steve Crocker）请求南加州大学信息科学研究院（University of Southern California Information Sciences Institute，USC-ISI）的约翰·波斯特尔（John Postel）博士接管这份目录的记录和更新工作。〔4〕1990年3月，RFC-1060正式提出由IANA负责记录和更新该目录。〔5〕自此，IANA开始负责分配、管理和监督三种类型的网络识别符，即协议参数、IP地址和域名。〔6〕IANA改革前的主要职责为：①协调分配技术性的互联网协议参数；②管理与域名系统区域根服务器相关的某些工作；③分配互联网数字资源；④管理与.ARPA和.INT顶级域名相关的服务。〔7〕

〔1〕 1998年改革后的IANA是ICANN的一个部门，主要负责管理域名系统区域子服务器（国家顶级域名和通用顶级域名的分配）、协调分配全球IP地址和AS数字资源、存储大多数网络协议的名称和数字数据。参见：Introducing IANA，http://www.iana.org/.

〔2〕 ICANN，An introduction to IANA，（29 September 2008），Slide 5 IANA，https://www.iana.org/about/presentations/davies-atlarge-iana101-paper-080929-en.pdf.

〔3〕 Background on the IANA Functions NRO，https://www.nro.net/nro-and-internet-governance/iana-oversight/background.

〔4〕 SAC067，Overview and History of the IANA Functions，（15 August 2014），Slide 6 SSAC，https://www.icann.org/en/system/files/files/sac-067-en.pdf.

〔5〕 J. Reynolds and J. Postel，Assigned Numbers，（March 1990），IETF，http://tools.ietf.org/html/rfc1060.

〔6〕 SAC067，Overview and History of the IANA Functions，（15 August 2014），Slide 6 SSAC，https://www.icann.org/en/system/files/files/sac-067-en.pdf.

〔7〕 IANA Functions Contract NTIA，http://www.ntia.doc.gov/page/iana-functions-purchase-order；J. Reynolds and J. Postel，Assigned Numbers，（March 1990），IETF，http://tools.ietf.org/html/rfc1060.

IANA的职责由USC-ISI具体实施，而此时的USC-ISI与美国国防部高级研究项目署（Department of Defense Advanced Research Project，Agency，DARPA）存在正式的书面协议。[1]因此，在当时的域名系统区域服务器管理架构下，每个影响区域服务器或IANA注册数据库的请求都需要明确得到美国商务部国家电信和信息管理局（National Telecommunications and Information Administration of the U.S. Department of Commerce，NTIA）的批准。[2]据此，美国可以通过国家顶级域名注册程序将其影响力向全球扩散，每个国家与美国的关系直接影响着国家顶级域名的注册和授权的成功率。

2. IETF

IETF是一个由致力于网络架构的进化和网络平稳运行的网络设计者、运行者、供应商、研究者组成的大型开放的国际社团。[3]它的主要任务是提供高质量的相关技术和工程文件，如协议标准、最好的实践方法和各种信息文件。这些文件通过影响人们设计、使用和管理网络的方式以使网络运行得更好。[4]IETF对域名领域影响最深的是它发布的RFCs规则。这些具有正式约束力和非正式约束力的规则规制各个国家顶级域名政策

---

〔1〕　虽然很多学者认为USC-ISI和DARPA之间只存在非正式的非书面的协议，但是约翰·塞尔比（John Selby）已经在1983年至1985年期间由USC-ISI发送给DARPA的年度技术报告中找到书面证据证明这两个机构之间存在正式的书面协议。See John Selby，A New Institutional Economics Analysis of the History of the Regulation of the. AU Country-Code Top-Level Domain，PhD Thesis，The University of New South Wales，2013，p. 218.

〔2〕　J. Reynolds and J. Postel，Assigned Numbers，（March 1990），IETF，http://tools. ietf. org/html/rfc1060.

〔3〕　About the IETF，https://www. ietf. org/about/.

〔4〕　H. Alvestrand and Cisco Systems，A Mission Statement for the IETF，（October 2004），IETF，https://www. ietf. org/rfc/rfc3935. txt.

的制定和实施。

（二）国际域名制度

1983 年，乔恩·波斯特尔（Jon Postel）和保罗·莫卡派乔斯（Paul Mockapetris）等一批科学家开始研发域名系统，之后他们开始制定国家顶级域名政策。[1]在中国制定 .CN 国家顶级域名管理法律制度之前，主要有 RFCs 和ISO-3166 两个国际规则约束国家顶级域名的申请和注册，规范各个国家顶级域名管理法律制度的制定。

1. RFCs

1969 年，史蒂夫·克罗克（Steve Crocker）首创的 RFC 文件是记载 ARPANET[2]发展的非官方记录。时至今日，RFCs 已经成为网络规范、网络协议、网络程序及大事件的官方记录。[3] RFCs 文件集包含计算机网络、协议、程序、项目、概念、会议纪要等方面的技术和组织记录。[4]有些文件在世界范围内有约束力，有些文件只具有引导性的作用。其中，RFC-799、819、881、882、883、897、920、1032、1033、1034、1035 和 1591 对中国顶级域名的注册及域名管理法律制度的制定具有约束力。

（1）域名制度起源。RFC-799 规则认为随着网络名称的增加，让每个网络主机的名字地址栏里都包含其他所有主机的信息不具有可操作性。为了解决不同网络系统间命名系统的可兼

---

[1] P. Mockapetris, *RFC*-882, Domain Names-Concepts and Facilities, November 1983, IETF, https://www.ietf.org/rfc/rfc882.txt; J. Postel and J. Reynolds, *RFC*-920, Domain Requirements, (October 1984), IETF, https://tools.ietf.org/rfc/rfc920.txt.

[2] ARPANET 是第一个实施分组交换的网络，也是我们现今互联网的前身。See William Stewart, ARPANET--The First Internet, (7 January 2000), Living Internet, http://www.livinginternet.com/i/ii_ arpanet.htm.

[3] See Steve Crocker, *RFC*-1, Host Software, (7 April 1969), IETF, https://tools.ietf.org/html/rfc1.

[4] Request for Comments, (RFC), IETF, https://www.ietf.org/rfc.html.

容性，RFC-779 规则提出建设一个网络名称和网络地址对应的根文件，再用代理服务器对其进行解析。[1]该规则描述了网络域名命名规则的雏形，提出了用代理服务器进行域名解析的办法。RFC-819 认为传统的网络命名方法需要改进成为可以适应互联网络发展的复合命名系统，即域名系统。该系统的等级管理取代拓扑结构式的管理，即该系统不仅可以将命名服务分包，还可以实行等级管理。网络名称的申请和适用是一个独立运作的系统，这样可以使域名在全世界范围内被解析。[2]RFC-881 列举了在国防数据网（Defense Data Network，DDN）/高级研究项目署（Advanced Research Projects Agency，ARPA）网络社区中实施域名命名系统的计划和日程安排。[3]RFC-882 介绍了域名系统的概念框架，他们在 ARPA 网络邮件及主机地址中的用途以及实施域名系统的协议和服务器。[4]RFC-883 讨论了如何实施域名服务器和域名解析器，详细说明了传输格式，介绍了在现有的邮件系统和其他网络软件背景下域名的用途。[5]RFC-897 是关于在互联网中实施域名系统的政策说明，也是网络配置控制委员会（Internet Configuration Control Board，ICCB）和 DARPA 的官方政策说明。该规则更新了部分 RFC-881 条款，详细列举了实施域名系统的日常安排，解释了这个系统在索引文件中的

---

〔1〕 D. L. Mills，*RFC*-799，Internet Name Domains，（September 1981），IETF，https://www.ietf.org/rfc/rfc799.txt.

〔2〕 Zaw-Sing Su and Jon Postel，*RFC*-819，The Domain Naming Convention for Internet User Applications，（August 1982），IETF，https://www.ietf.org/rfc/rfc819.txt.

〔3〕 Jon Postel，*RFC*-881，The Domain Names Plan and Schedule，（November 1983），IETF，https://www.ietf.org/rfc/rfc881.txt.

〔4〕 P. Mockapetris，*RFC*-882，Domain Names-Concepts and Facilities，（November 1983），IETF，https://www.ietf.org/rfc/rfc882.txt.

〔5〕 P. Mockapetris，*RFC*-883，Domain Names-Implementation and Specification，（November 1983），IETF，https://tools.ietf.org/html/rfc883.

运行机制。[1]

（2）顶级域名制度起源。RFC-920 是一个关于在 ARPA 网络和 DARPA 研究团体中建立新域名的要求的政策说明，也是互联网架构委员会（Internet Architecture Board，IAB）和 DARPA 的官方政策说明。该规则重述和重新规定了域名的目的、域名一般要求、负责人资格、域名服务器、域名最短长度、注册规则、顶级域名要求、二级域名要求、国际互联网络信息中心（Network Information Center，NIC，前身为 InterNIC）的权力等。该规则规定域名系统为中心管理和分级管理模式，域名分为顶级域名、二级域名、三级域名等。即在每个顶级域名下可以细分出二级域名，二级域名下又可以细分出三级域名，如此类推。它还设置了最初的顶级域名，ARPA 暂时代表 ARPA 互联网主机，GOV 代表政府，EDU 代表教育机构，COM 代表商业团体，MIL 代表军队，ORG 代表组织。RFC-920 规定应根据 ISO-3166 的规则，一般情况下应该用两个英文字母代表一个国家域名。它还授予 NIC 在管理域名方面的两个权威：第一，NIC 是所有顶级域名的注册机构，第二，NIC 是一些顶级域名和一些二级域名的管理机构。[2]

（3）域名管理者。虽然在 RFC-1032 之前，RFCs 有很多零散的涉及域名管理者的规定，但是 RFC-1032 首次完整地阐述了域名管理者的主体、职责、技术要求等内容。RFC-1032 规定在 DDN 下的 NIC 注册域名的程序及创建和管理域名的指引主要适用于域名管理者。该规则阐明 NIC 是由美国国防通讯局授权

[1] Jon Postel, *RFC-897*, Domain Name System Implementation Schedule, (February 1984), IETF, https://tools.ietf.org/html/rfc897.

[2] J. Postel and J. Reynolds, *RFC-920*, Domain Requirements, (October 1984), IETF, https://tools.ietf.org/rfc/rfc920.txt.

在 DDN 和 DARPA 网络中提供域名系统注册服务的主体。作为顶级域名和二级域名的注册机构及 DARPA 和 DDN 网络的根域名服务器的管理者，NIC 负责维护根服务器的分区文件及其二进制数据。另外，NIC 也负责管理顶级域名 ARPA、COM、EDU、ORG、GOV 及暂时管理 MIL。它还规定域名管理者（Domain Administrator，DA）的角色是协调者、管理者和技术人员。每一级域名管理者必须向它的直接上级注册域名并服从上一级域名管理者的所有规章制度。域名或主机名的选择及域名的分配被认为是地方事务，因此在域名争议案件中，NIC 的政策并不卷入地方域名纠纷或者解决纠纷的决策过程。即使在顶级域名所有权的纠纷中，NIC 也不会扮演裁判的角色。域名的分配实行先申请，先注册原则。在 NIC 管辖的顶级域名注册领域，其不会将顶级域名授予个人主机。

想要注册顶级域名的国家需要遵守 ISO-3166 国际规则清单中的两个字母国家代码规则。但是，当有些国家的两个字母代码与美国某些州的代码冲突时，NIC 要求这些国家采用三个字母的代码以避免可能的冲突或混淆。[1]

RFC-1033 为域名管理者在运行域名服务器及维护数据库方面提供指引。[2]

RFC-1591 提供包括顶级域名在内的域名系统结构信息及域名管理信息。它规定 IANA 是分配 IP 地址、域名和其他网络参数的机构，负责总体协调和管理域名系统，授权部分顶级域名。互联网域名注册管理机构（Internet Registry，IR）及地方登记机

---

〔1〕 M. Stahl, *RFC*-1032, Domain Administrators Guide, (November 1987), IETF, https://tools.ietf.org/html/rfc1032.

〔2〕 M. Lottor, *RFC*-1033, Domain Administrators Operations Guide, (November 1987), IETF, https://www.ietf.org/rfc/rfc1033.txt.

构负责日常的IP地址分配、自动系统名分配、大多数顶级域名和二级域名的分配工作。每个国家的域名管理机构对其国家顶级域名进行规划。代表网络社区提供公共服务的这些域名管理机构可以把下级域名的管理权进一步授权。

大部分国家顶级域名的代码参考ISO-3166的规定，IANA不负责决定哪个地区是国家，哪个地区不是国家。通常，新顶级域名的创设及其管理一次性授权给指定的管理者。这个管理者必须能够承担主要责任，有能力承担合理的、公平的、诚实的和有竞争力的工作。注册的域名不具有任何商标性质。域名注册申请者负责其申请的域名不违反其他人的商标。如果在域名注册者和特殊名称所有者之间发生争议，域名注册机构不承担任何责任，其只负责为双方提供争议的域名注册信息。[1]

（4）域名协议及规范。RFC-1034废除了RFCs 882、883及973，它主要介绍域名、域名系统的概念、域名设备、域名系统的功能及域名正式协议。这个正式协议包括查询标准和大部分互联网类型的数据格式。然而RFC-1034认为域名系统会不断扩展，研究人员也会不断建议、实验和实施新的数据类型、查询类型、通信协议及功能等。因此，正式协议的构成要素应该保持相对的稳定性，实验行为应该是正式协议的延伸。[2]RFC-1035废除了RFCs 882、883及973，它详细介绍了域名系统及协议。包括域名空间的定义、资源记录（Resource Record，RR）定义、信息的格式和传输、管理员文件的格式和分区、域名服务器的实施（架构、查询程序标准、根文件的更新、重新处理、

〔1〕 J. Postel, *RFC*-1591, Domain Name System Structure and Delegation, (March 1994), IETF, https://www.ietf.org/rfc/rfc1591.txt.

〔2〕 P. Mockapetris, *RFC*-1034, Domain Names-Concepts and Facilities, (November 1987), IETF, https://www.ietf.org/rfc/rfc1034.txt.

可选择的反向查询、完成查询和结果）、域名解析器的实施（把用户的要求转化为一个查询、发送查询处理结果、使用缓存）、邮件支持（邮件交换约束、试验阶段的邮箱约束）。[1]

2. ISO-3166

国际标准化组织（International Organization for Standardization，ISO），ISO-3166 是国家代码及国内分区代码的国际标准，于 1974 年首次出版。其中表明了用两个英文字母（通用代码）、三个英文字母或三个字数的国家代码代替国家全名的好处是可以节省时间及避免错误。[2]在 ISO-3166 中，CN 代表 China。[3]该标准并非一成不变，而是不断在更新。ISO 3166-1，ISO 3166-2 及 ISO 3166-3 都是在 ISO-3166 的基础上更新的国际代码标准。受 RFCs 文件的约束，中国注册国家顶级域名时只能选择“. CN”。[4]

（三）中国法律环境

党的十三大报告首次提出加强社会主义法制建设。“社会主义民主和社会主义法制不可分割。没有全社会的安定团结，经济建设搞不成，经济体制改革和政治体制改革也搞不成。国家的政治生活、经济生活和社会生活的各个方面，民主和专政的各个环节，都应做到有法可依，有法必依，执法必严，违法必

〔1〕 P. Mockapetris, *RFC*-1035, Domain Names-Implementation and Specification, (November 1987), IETF, https://www.ietf.org/rfc/rfc1035.txt.

〔2〕 Country Codes - ISO - 3166 ISO, http://www.iso.org/iso/home/standards/country_ codes.htm.

〔3〕 ISO-3166, https://www.iso.org/obp/ui/#search.

〔4〕 虽然 1987 年发布的 RFC-1032 规定在 NIC 注册的国家顶级域名必须遵循 ISO-3166 的代码标准，但是也有例外情况。例如：ISO 3166-1 中规定英国的国家代码为 . GB（Great Britain），而英国的国家顶级域名则为 . UK（United Kingdom）。因为在 RFC-1032 未出台之前，. GB 就已经注册为英国的国家顶级域名。Ziyang Zhao, Heading to the Socialism Path with Chinese Characteristics, speech to the 13th National Congress of the Communist Party of China, 25 October 1987.

究。我们必须一手抓建设和改革，一手抓法制。法制建设必须贯串于改革的全过程。一方面，应当加强立法工作，改善执法活动，保障司法机关依法独立行使职权，提高公民的法律意识；另一方面，法制建设又必须保障建设和改革的秩序，使改革的成果得以巩固。”〔1〕

党的十四大报告进一步强调要“高度重视法制建设。加强立法工作，特别是抓紧制订与完善保障改革开放、加强宏观经济管理、规范微观经济行为的法律和法规，这是建立社会主义市场经济体制的迫切要求。要严格执行宪法和法律，加强执法监督，坚决纠正以言代法、以罚代刑等现象，保障人民法院和检察院依法独立进行审判和检察。加强政法部门自身建设，提高人员素质和执法水平”。〔2〕比起十三大报告，十四大报告具体明确地指出加强法制建设的方向和方法。在科技、法制与经济建设的论述中，十四大报告指出：“科技工作要面向经济建设主战场，在开发研究、高新技术及其产业、基础性研究这三个方面合理配置力量，确定各自攀登高峰的目标。在世界高科技领域中，中华民族要占有应有位置。通过深化改革，建立和完善科技与经济有效结合的机制，加速科技成果的商品化和向现实生产力转化。不断完善保护知识产权的制度。认真抓好引进先进技术的消化、吸收和创新。努力提高科技进步在经济增长中所占的含量，促进整个经济由粗放经营向集约经营转变。”〔3〕可

〔1〕《沿着有中国特色的社会主义道路前进》，中国共产党十三大报告。

〔2〕 江泽民：《加快改革开放和现代化建设步伐，夺取有中国特色社会主义事业的更大胜利——在中国共产党第十四次全国代表大会上的报告》，人民出版社 1992 年版。

〔3〕 江泽民：《加快改革开放和现代化建设步伐，夺取有中国特色社会主义事业的更大胜利——在中国共产党第十四次全国代表大会上的报告》，人民出版社 1992 年版。

见，十三大报告提倡要加强立法工作，十四大报告具体指出要加强与科技相关的立法工作，促进科技与经济的有效结合。这样的社会主义法制环境有利于促进我国首部域名管理法律制度的出台。

第二节　中国顶级域名的授权

一、技术支持

（一）德国对中国通信技术的支持

由于当时美国有禁止对华销售计算机的法令，而德国没有这个限制，所以 1982 年世界银行的中国大学发展计划 2 项目（Chinese University Development Project II）让中国进口了 19 台德国制造的西门子 BS2000 大型计算机，[1]自此，中国 19 所大学装备了西门子电脑。在此期间，中国与德国科研机构在电脑网络方面展开合作，并于 1987 年 9 月 14 日向德国发出第一封电子邮件。在德国卡尔斯鲁厄大学（University of Karlsruhe）的帮助下，中国于 1990 年注册了中国顶级域名 . CN，1994 年接管了 . CN 的根服务器。在长达 12 年的合作中，德国帮助中国建立了网络连接。1994 年的 5 月，我国终于开通了与美国之间的网络连接。[2]

---

〔1〕 Jay Hauben, "Across the Great Wall" The China-Germany Email Connection 1987~1994, (October 2004), Columbia, www. columbia. edu/~hauben/china-email. doc; Frank Cain, "Computers and the Cold War: United States Restrictions on the Export of Computers to the Soviet Union and Communist China", (2005) 40 (1), *Journal of Contemporary History*, p. 131.

〔2〕 Werner Zorn, *China's CSNET Connection* 1987-*Origin of the China Academic Network CANET*, (29 June 2012), Internet History, https://sites. google. com/site/internethistoryasia/book1/personal-essay-werner-zorn.

在1983年北京举行的第一届西德西门子计算机用户研讨会（West Deutschland Anwender von Siemens Computern Symposium，WASCO）上，德国卡尔斯鲁大学的维纳·措恩（Werner Zorn）教授与负责该项目的王运丰教授相识并建立了深厚的友谊，这段友谊为中德在计算机技术领域的友好合作奠定了良好的基础。[1]当1985年筹备第二届WASCO/CASCO（西门子计算机中国用户研讨会，Chinesische Anwender von Siemens Computern Symposium，CASCO）研讨会时，两国间的通信障碍使得德国与中国建立网络连接的愿望更加强烈。1985年7月16日，维纳·措恩教授给巴登-符腾堡州（Baden-Wurttemberg）前州长Lothar Späth写信，请求其援助一台节点计算机及相关运行成本。因为只有使用独立的节点计算机与中国建立网络连接才不会影响到德国与美国的网络连接。1985年秋天，该笔资金申请获得批准。虽然当时德国各党派的保守意见认为德国与中国的网络连接会损害德国与美国的网络连接，但维纳·措恩教授坚持认为独立的点对点连接可以解决此问题。虽说在技术上可以解决该问题，但是利用美国技术建立中德网络连接也是一个棘手的问题。因此，维纳·措恩教授向负责计算机科学网（Computer Science Network，CSNET）国际合作的威斯康星大学（University of Wisconsin）的劳伦斯·兰德韦伯（Lawrence Landweber）教授征求意见，他的肯定性答复使德国科研团队于1986年8月20日携带相关软件和雄心前往中国进行网络联通测试。在这之后不久，美国方面也传递出了与中国建立网络连接的兴趣。1986年5月15日至27日，科研人员将中德之间的网络接通并开始进行测试。1986年

[1] Jay Hauben, "Across the Great Wall" The China-Germany Email Connection 1987-1994, (October 2004), Columbia, www.columbia.edu/~hauben/china-email.doc.

8月26日，中德网络终于联通。[1]

但是从CSNET获得的测试中德网络连接的许可为口头同意而非正式批准，因此德国卡尔斯鲁厄大学的科研人员积极向负责此事的美国国家科学基金会（National Science Foundation，NSF）提出正式批准连接该网络的申请。1987年11月8日，NSF正式批准了世界教育网（the "Because It's Time" Network Means University Computer Network，BITNET）和CSNET同中国的网络连接。1990年11月28日，在中方王运丰教授和德方维纳·措恩教授的努力下，中国的顶级域名.CN完成注册。由于当时中国尚未实现与国际互联网的全功能连接，中国顶级域名服务器暂时设在德国卡尔斯鲁厄大学。[2]1994年5月21日，在钱天白教授和德国卡尔斯鲁厄大学的协助下，中国科学院计算机网络信息中心完成了中国国家顶级域名服务器的设置。此时，中国终于将暂放在德国卡尔斯鲁厄大学的中国顶级域名服务器装备在国内。[3]

（二）中国政府对通信技术研究的扶持

1988年3月，中国计算机科技网（Chinese Academic Net，

---

〔1〕 See Werner Zorn，"How China Was Connected to the International Computer Networks"，（2007）15（2），*The Amateur Computerist*，pp. 36~40；Wesley Shrum et al（ed），*Past*，*Present and Future of Research in the Information Society*，Springer，2007，pp. 52~53.

〔2〕 Jay Hauben，"Across the Great Wall" The China-Germany Email Connection 1987-1994，（October 2004），Columbia，www. columbia. edu/~hauben/china-email. doc，p. 48；CNNIC："1986年~1993年互联网大事记"，载http://www. cnnic. cn/hlwfzyj/hlwdsj/201206/t20120612_ 27414. htm，最后访问时间：2015年4月27日；Wesley Shrum et al（ed），*Past*，*Present and Future of Research in the Information Society*，Springer，2007，p. 53.

〔3〕 CNNIC："1994年~1996年互联网大事记"，载http://www. cnnic. cn/hlwfzyj/hlwdsj/201206/t20120612_ 27415. htm，最后访问时间：2015年4月27日。

CANET）项目启动，该项目旨在组织中国的大学、研究机构与世界范围内的计算机网络相连。1989 年 5 月，中国研究网（China Research Network，CRN）实现了与德国研究网（Deutsches Forschungsnetz，DFN）的互联。1989 年 11 月，国家计划委员会（现为国家发展与改革委员会）、中国科学院、国家自然科学基金会、国家教育委员会配套投资和支持向世界银行贷款的高技术信息基础设施项目：中国国家计算机与联网设施工程（National Computing and Networking Facility of China，NCFC）。〔1〕“1991 年 3 月，中国科学院高能物理研究所与美国斯坦福大学直线加速器中心（SLAC）的计算机网络连接建立。1993 年 3 月 2 日，中国科学院高能物理研究所租用 AT&T 公司的国际卫星信道接入美国 SLAC 的 64KDECnet 专线。由于国家自然科学基金委员会的大力支持，许多学科的重大课题负责人能够拨号连入这根专线，几百名科学家得以在国内使用电子邮件。”〔2〕1993 年 3 月 12 日，朱镕基主持会议时提出部署建设国家公用经济信息通信网（简称“金桥工程”）以促进科技与经济的有效结合。〔3〕“1993 年 8 月 27 日，李鹏批准使用 300 万美元总理预备费支持启动金桥前期工程建设。”〔4〕1993 年 12 月 10 日，国务院

〔1〕 参见 CNNIC：“1986 年～1993 年互联网大事记”，载 http://www.cnnic.cn/hlwfzyj/hlwdsj/201206/t20120612_27414.htm，最后访问时间：2015 年 4 月 27 日；Werner Zorn，“How China Was Connected to the International Computer Networks”，(2007) 15 (2)，*The Amateur Computerist*，pp. 36，49；Chen-Dong Tso，“Computer Scientists and China's Participation in Global Internet Governance”，(2008) 44 (2)，*Issues & Studies*，pp. 103，117.

〔2〕 参见 CNNIC：“1986 年～1993 年互联网大事记”，载 http://www.cnnic.cn/hlwfzyj/hlwdsj/201206/t20120612_27414.htm，最后访问时间：2015 年 4 月 27 日。

〔3〕 “中国科协‘金桥工程’活动巡礼”，载 http://scitech.people.com.cn/GB/25509/56813/63493/63757/4372635.html，最后访问日期：2015 年 6 月 30 日。

〔4〕 参见 CNNIC：“1986 年～1993 年互联网大事记”，载 http://www.cnnic.cn/hlwfzyj/hlwdsj/201206/t20120612_27414.htm，最后访问时间：2015 年 4 月 27 日。

批准成立国家经济信息化联席会议，时任国务院副总理的邹家华任主席。[1]

在国际层面，1993 年 6 月，NCFC 专家们在 INET'93 会议上重申了中国连入互联网的要求。该会议后，钱华林研究员参加了洲际研究网络协调委员会（Coordinating Committee for Intercontinental Research Networking，CCIRN），在专门讨论中国连入互联网问题的单元中，我国连入互联网的诉求获得了大部分到会人员的支持。[2]1994 年 4 月初，在美国华盛顿举行的中美科技合作联委会期间，中国科学院时任副院长胡启恒代表中方向 NSF 重申连入互联网的要求得到认可。1994 年 4 月 20 日，NCFC 工程通过美国 Sprint 公司连入互联网的 64K 国际专线开通，实现了与互联网的全功能连接。从此，我国成为真正拥有全功能互联网的国家。[3]

二、中国顶级域名管理权授权过程

（一）国际授权

1990 年 10 月 18 日，维纳·索恩教授向 NIC 发送注册 . CN 的预请求。

1990 年 11 月 26 日，维纳·索恩教授从 zorn@ ira. uka. de 向

---

〔1〕 参见“国家经济信息化联席会议”，载《电子科技导报》1994 年第 2 期；CNNIC：“1994 年~1996 年互联网大事记”，载 http://www. cnnic. cn/hlwfzyj/hlwdsj/201206/t20120612_ 27415. htm，最后访问时间：2015 年 4 月 27 日。

〔2〕 Lynn Behnke, *Final Minutes CCIRN Bodega Bay*,（7 October 1993）, Slide 8, CCIRN, http://ccirn. net/general/BodegaBayAug1993. pdf；参见 CNNIC：“1986 年~1993 年互联网大事记”，载 http://www. cnnic. cn/hlwfzyj/hlwdsj/201206/t20120612_ 27414. htm，最后访问时间：2015 年 4 月 27 日。

〔3〕 Ross Garnaut, *China: New Engine of World Growth*, ANU E Press, 2012, pp. 278~288；CNNIC：“1994 年~1996 年互联网大事记”，载 http://www. cnnic. cn/hlwfzyj/hlwdsj/201206/t20120612_ 27415. htm，最后访问时间：2015 年 4 月 27 日。

国际互联网中心 hostmaster@ nic. ddn. mil 正式申请注册中国顶级域名 . CN。中国计算机科技网（Chinese Academic Net，简称 CA-NET）作为中国顶级域名注册的主体。

1990 年 11 月 28 日，中国顶级域名 . CN 的申请获得批准。

1990 年 12 月 3 日，中国顶级域名 . CN 正式启用。

1991 年 1 月 3 日至 19 日，来自卡尔斯鲁厄大学的专家组到北京计算机应用计算研究所帮助中方配置域名系统服务器、相关软件、局域网及拨号服务。

1991 年 1 月至 1994 年 5 月，卡尔斯鲁厄大学暂时负责运行 . CN 的根域名服务器。

1992 年 1 月 9 日，中方将域名服务器安装在北京计算机应用技术研究所。

1994 年 5 月 21 日，中国互联网络信息中心接管暂设在卡尔斯鲁厄大学的中国顶级域名根服务器。[1]

（二）国内授权

1997 年 5 月 30 日，作为域名系统管理机构的国务院信息化工作领导小组办公室（以下简称“国务院信息办”）授权 CNNIC 负责日常管理和运行中国顶级域名 . CN。[2]

---

〔1〕 See Werner Zorn, China's CSNET Connection 1987 - Origin of the China Academic Network CANET, (29 June 2012), Internet History, http://www. informatik. kit. edu/downloads/ZornContribution_ to_ AsiaInternetHistory - 10Jul2012. pdf; Werner Zorn, "How China Was Connected to the International Computer Networks", (2007) 15 (2), The Amateur Computerist, pp. 36, 49; Werner Zorn, Connecting China to the International Computer Networks, (19 September 2007), Columbia University, http://www. columbia. edu/~hauben/netizens/tunis-ppf/wzorn. pdf; IANA, Root Zone Database IANA, http://www. iana. org/domains/root/db.

〔2〕《办法》(1997)，第 4 条。

第三节　中国互联网域名注册暂行管理办法

国家通过政府机关管理国家顶级域名的一个显著的方式是借助相关立法。规制域名的立法可能有两个目标。第一，立法可以规定管理国家顶级域名的主体，规定注册机构的结构、权利和义务。第二，在域名注册、撤销、争端解决等方面，立法本身可以设立明确的政策导向。[1]

《中国互联网络域名注册暂行管理办法》[以下简称《办法》(1997)] 于1997年5月30日由国务院信息办发布，自发布之日起施行。[2]《办法》(1997) 共分为6章，分别为总则、中国互联网络域名体系结构、域名注册的申请、域名注册的审批、注册域名的变更和注销及附则。

一、域名管理机构

《办法》(1997) 第一章第2条规定，国务院信息办是我国互联网络域名系统的管理机构，它的职责主要是：[3]①制定中国互联网络域名的设置、分配和管理的政策及办法；②选择、授权或者撤消顶级和二级域名的管理单位；③监督、检查各级域名注册服务情况。

"中国互联网络信息中心（以下简称CNNIC）工作委员会，协助国务院信息办管理我国互联网络域名系统。在国务院信息

〔1〕 Marc Watkins, "Government Regulation of the Dot-ca Domain Name Space", (2005) 2 (1), *University of Ottawa Law & Technology Journal*, pp. 145, 157.

〔2〕 国务院信息化工作领导小组：《关于印发〈中国互联网络域名注册暂行管理办法〉的通知》，国信办［1997］027号，1997年5月30日。

〔3〕 《办法》(1997)，第2条。

办的授权和领导下，CNNIC 是 CNNIC 工作委员会的日常办事机构，根据本办法制定《中国互联网络域名注册实施细则》，并负责管理和运行中国顶级域名 CN。”〔1〕“二级域名的增设、撤消、更名，由 CNNIC 工作委员会提出建议，经国务院信息办批准后公布。”〔2〕

中国的国家顶级域名管理采用逐级授权的方式确定三级以下（含三级）域名的管理单位。各级域名管理单位负责其下级域名的注册。〔3〕

二、域名体系结构

在中国国家顶级域名 . CN 下，我国采用层次结构设置各级域名。〔4〕二级域名分为“类别域名”和“行政区域名”。

《办法》（1997）第 8 条第 2 款规定，“类别域名” 6 个，分别为：AC-适用于科研机构；COM-适用于工、商、金融等企业；EDU-适用于教育机构；GOV-适用于政府部门；NET-适用于互联网络、接入网络的信息中心（NIC）和运行中心（NOC）；ORG-适用于各种非盈利性的组织。〔5〕

第 8 条第 3 款规定“行政区域名” 34 个，适用于我国的各省、自治区、直辖市。例如：BJ-北京市；TW-台湾；HK-香港；MO-澳门。〔6〕

〔1〕《办法》（1997），第 3 条、第 4 条。
〔2〕《办法》（1997），第 9 条。
〔3〕《办法》（1997），第 5 条。
〔4〕《办法》（1997），第 7 条。
〔5〕《办法》（1997），第 8 条。
〔6〕《办法》（1997），第 8 条。

三、域名命名原则

《办法》（1997）第 10 条规定，我国三级域名使用字母、数字和连接符组成，长度不得超过 20 个字符，[1]但依据第 11 条的规定，域名中不得含有以下内容：[2]①未经国家有关部门的正式批准，不得使用含有“CHINA”“CHINESE”“CN”“NATIONAL”等字样的域名；②不得使用公众知晓的其他国家或者地区名称、外国地名、国际组织名称；③未经各级地方政府批准，不得使用县级以上（含县级）行政区划名称的全称或者缩写；④不得使用行业名称或者商品的通用名称；⑤不得使用他人已在中国注册过的企业名称或者商标名称；⑥不得使用对国家、社会或者公共利益有损害的名称。

四、域名注册

“域名注册申请人必须是依法登记并且能够独立承担民事责任的组织。”[3]这些组织包括机关、事业单位、企业法人、社会团体法人及公司法人等各类组织，但不包括个人。此时，个人无权在 . CN 国家顶级域名下注册域名。

（一）申请人条件

《办法》（1997）第 14 条规定域名注册的申请人必须满足下列条件：[4]①申请注册的域名符合本办法的各项规定；②其主域名服务器在中国境内运行，并对其域名提供连续服务；③指定该域名的管理联系人和技术联系人各一名，分别负责该级域

---

〔1〕《办法》（1997），第 10 条。

〔2〕《办法》（1997），第 11 条。

〔3〕《办法》（1997），第 6 条。

〔4〕《办法》（1997），第 14 条。

名服务器的管理和运行工作。

（二）申请人责任

《办法》(1997) 第19条规定，域名申请人承担以下责任：[1] ①申请人必须遵守我国对互联网络的有关法规；②申请人对自己选择的域名负责；③申请人应当保证其申请文件内容的真实性，并且在申请人了解的范围内，保证其选定的域名的注册不侵害任何第三方的利益；申请人应当保证此域名的注册不是为了任何非法目的；④在申请被批准以后，申请人就成为该注册域名的管理单位，必须遵照本办法对该域名进行管理和运行。

（三）域名注册机构责任

《办法》(1997) 第23条规定："各级域名管理单位不负责向国家工商行政管理部门及商标管理部门查询用户域名是否与注册商标或者企业名称相冲突，是否侵害了第三者的权益。任何因这类冲突引起的纠纷，由申请人自己负责处理并承担法律责任。当某个三级域名与在我国境内注册的商标或者企业名称相同，并且注册域名不为注册商标或者企业名称持有方拥有时，注册商标或者企业名称持有方若未提出异议，则域名持有方可以继续使用其域名；若注册商标或者企业名称持有方提出异议，在确认其拥有注册商标权或者企业名称权之日起，各级域名管理单位为域名持有方保留30日域名服务，30日后域名服务自动停止，其间一切法律责任和经济纠纷均与各级域名管理单位无关。"[2]

（四）域名注册审批

《办法》(1997) 第20条规定："按照'先申请先注册'的原则受理域名注册，不受理域名预留。"[3]

---

〔1〕《办法》(1997)，第19条。

〔2〕《办法》(1997)，第23条。

〔3〕《办法》(1997)，第20条。

（五）注册域名的变更和注销

《办法》（1997）第24条规定："注册域名可以变更或者注销，不许转让或者买卖。"[1]

第四节　域名管理法律制度的移植

道格拉斯·诺斯（Douglass North）认为，技术的发展方向塑造了技术发展的路径依赖。因为一旦技术朝一个特定的方向发展并具有了既得收益递增的特点，替代发展路径和替代技术的发展就会受阻，技术就会一直朝着现有的方向发展。因此技术变迁和制度变迁有很多相似之处，它们不仅都体现了路径依赖的特点，都是社会进化和经济进化的基础要素，而且他们都依赖收益递增。技术变迁和制度变迁的差异体现在：①参与者的洞察力在制度变迁中起到一个更加核心的作用，因为意识形态信念影响模型的主观构建，模型又决定选择；②锁定效应和路径依赖在制度变迁中更加复杂。[2]因此，诺斯用社会进化、经济进化、路径依赖和收益递增四个因素将两者间接地联系到了一起，而其他新制度经济学家通过实证研究认为技术变迁导致经济制度、政治制度和社会制度变迁，[3]反之亦然，制度变

---

〔1〕《办法》（1997），第24条。

〔2〕 Douglass C. North, Institutions, Institutional Change, and Economic Performance, Cambridge University Press, 1990, 76, pp. 103~104.

〔3〕 See Ulrich Dolata, "Technological Innovations and Sectoral Change Transformative Capacity, Adaptability, Patterns of Change: An Analytical Framework", (2009) 38 (6), *Research Policy*, p. 1066; Totti Konnola, Gregory C. Unruh, and Javier Carrillo-Hermosilla, "Prospective Voluntary Agreements for Escaping Techno-institutional Lock-in", (2006) 57 (2), *Ecological Economics*, pp. 239, 249; Paul Upham, Paula Kivimaa, Venla Virkaki, "Path Dependence and Technological Expectations in Transport Policy: the Case of Finland and the UK", (2013) 32, *Journal of Transport Geography*, pp. 12, 14.

迁也促进技术变迁。[1]但是，由技术变迁导致的制度变迁的具体模式、变化形式和动态性研究还属于空白。[2]在此基础上，笔者试图发展新制度经济学关于技术变迁和制度变迁关系的理论，利用我国互联网域名管理法律制度的形成过程论证域名技术的路径依赖是否会引导相关域名管理法律制度的路径依赖。

一、域名管理机构

（一）管理模式

RFC-1591 规定 IANA 是分配 IP 地址、域名和其他网络参数的机构，负责总体协调和管理域名系统，授权部分顶级域名。IR 及地方登记机构负责日常的 IP 地址分配、自动系统名分配、大多数顶级域名和二级域名的分配工作。[3]NIC 是所有顶级域名的注册机构及一些顶级域名和一些二级域名的管理机构。[4]可见，IANA 是总负责机构，IR、NIC 及其他注册机构从属于 IANA。等级管理模式是国际域名管理惯例采用的模式。《办法》（1997）规定国务院信息办是中国互联网络域名系统的管理机构，[5] CNNIC 工作委员会协助国务院信息办管理中国互联网络域名系

〔1〕 Grazia Cecere et al，"Lock-in and Path Dependence: An Evolutionary Approach to Eco-innovations"，(2014) 24 (5)，*Journal of Evolutionary Economics*，pp. 1037，1055~1056；Jiang Yu，"From 3G to 4G: Technology Evolution and Path Dynamics in China's Mobile Telecommunication Sector"，(2011) 23 (10)，*Technology Analysis & Strategic Management*，pp. 1079，1090.

〔2〕 Ulrich Dolata，"Technological Innovations and Sectoral Change Transformative Capacity，Adaptability，Patterns of Change: An Analytical Framework"，(2009) 38 (6)，*Research Policy*，pp. 1066，1068.

〔3〕 J. Postel，*RFC*-1591，Domain Name System Structure and Delegation，(March 1994)，IETF，https://www.ietf.org/rfc/rfc1591.txt.

〔4〕 J. Postel and J. Reynolds，*RFC*-920，Domain Requirements，(October 1984)，IETF，https://tools.ietf.org/rfc/rfc920.txt.

〔5〕 《办法》(1997)，第2条。

统，CNNIC 是 CNNIC 工作委员会的日常办事机构，负责管理和运行中国顶级域名 . CN。[1]国务院信息办是总负责人，CNNIC 委员会及 CNNIC 听命于国务院。这是典型的等级管理模式。可见，中国顶级域名的管理模式沿袭了国际域名管理制度的等级管理模式。

（二）管理职责

RFC-920 规定即使创建了次级域名，顶级域名的负责人要最终对该域名系统下的所有次级域名和主机负责。[2]而《办法》（1997）规定国务院信息办是中国互联网络域名系统的管理机构。[3] 因此，RFC-920 认为顶级域名的管理者要对旗下的所有域名负全责，而国务院信息办承担的正是此角色。

RFC-920 规定第 N 级域名注册管理者必须在它的上一级域名管理者那里注册。[4]《办法》（1997）规定各级域名管理单位负责其下级域名的注册。[5]由此可见，我国的域名管理单位的职责和国际域名管理制度保持一致。

（三）管理方式

RFC-819 规定域名系统施行等级管理，[6]RFC-920 规定域名管理在一个中央管理模式下实行分级管理。[7]《办法》（1997）

---

〔1〕《办法》（1997），第 3 条、第 4 条。

〔2〕 J. Postel and J. Reynolds, *RFC*-920, Domain Requirements, (October 1984), IETF, https://tools. ietf. org/rfc/rfc920. txt.

〔3〕《办法》（1997），第 2 条。

〔4〕 J. Postel and J. Reynolds, *RFC*-920, Domain Requirements, (October 1984), IETF, https://tools. ietf. org/rfc/rfc920. txt.

〔5〕《办法》（1997），第 5 条。

〔6〕 Zaw-Sing Su and Jon Postel, *RFC*-819, The Domain Naming Convention for Internet User Applications, (August 1982), IETF, https://www. ietf. org/rfc/rfc819. txt.

〔7〕 J. Postel and J. Reynolds, *RFC*-920, Domain Requirements, (October 1984), IETF, https://tools. ietf. org/rfc/rfc920. txt.

规定中国顶级域名管理采用逐级授权的方式。[1] 因此，中国顶级域名的等级管理方式与国际域名管理制度规定的管理方式相一致。

二、域名体系结构

RFC-819 规定域名采用树形的等级结构。[2] RFC-920 规定域名是树形结构，它有一些顶级域名。在每个顶级域名下又可以细分出二级域名，二级域名下又可以细分出三级域名，如此类推。[3]《办法》（1997）规定在中国国家顶级域名 .CN 下采用层次结构设置各级域名。[4] 可见，中国顶级域名的体系结构与国际域名管理制度的规定相一致。

三、域名命名原则

（一）域名字符

RFC-897 规定域名由一串字符组成，例如：F. ISI. USC. ARPA。[5] RFC-1032 规定各级域名可以最多包含 64 个字符，但是 NIC 强烈建议域名管理者选择 12 个字符以内的域名命名政策。[6] RFC-1033 规定域名字符由“A-Z”“a-z”“0-9”“—”

---

〔1〕《办法》（1997），第 5 条。

〔2〕 Zaw-Sing Su and Jon Postel, *RFC*-819, The Domain Naming Convention for Internet User Applications, (August 1982), IETF, https://www. ietf. org/rfc/rfc819. txt.

〔3〕 J. Postel and J. Reynolds, *RFC*-920, Domain Requirements, (October 1984), IETF, https://tools. ietf. org/rfc/rfc920. txt.

〔4〕《办法》（1997），第 7 条。

〔5〕 Jon Postel, *RFC*-897, Domain Name System Implementation Schedule, (February 1984), IETF, https://tools. ietf. org/html/rfc897.

〔6〕 M. Stahl, *RFC*-1032, Domain Administrators Guide, (November 1987), IETF, https://tools. ietf. org/html/rfc1032.

和“ ”组成，用“.”将其隔开。[1]《办法》（1997）规定我国三级域名使用字母（A-Z，a-z）、数字（0-9）和连接符（-）组成，各级域名之间用实点（.）连接，长度不得超过20个字符。[2]虽然我国《办法》（1997）规定三级域名长度不超过20个字符，比RFC-1032强烈建议的12字符长，但仍然符合其规定的64个字符原则。我国三级域名的字符选择和各级域名连接符都严格遵循国际域名命名惯例。

（二）域名类别

RFC-1591规定可以用不同方式对国家顶级域名下的二级域名进行命名，二级域名可以是通用类别，或是行政区域，或是组织名称。[3]FRC-920规定GOV代表政府，EDU代表教育机构，COM代表商业机构，MIL代表军事机构，ORG代表组织，NET代表电脑网络供应商。[4]《办法》（1997）规定我国二级域名分为类别域名（即通用类别）和行政区域名。[5]我国“类别域名”有6个，“分别为：AC-适用于科研机构；COM-适用于工、商、金融等企业；EDU-适用于教育机构；GOV-适用于政府部门；NET-适用于互联网络、接入网络的信息中心（NIC）和运行中心（NOC）；ORG-适用于各种非盈利性的组织”。“行政区域名”共34个，适用于我国的各省、自治区、直辖市。[6]我国二级域名的命名类别完全符合国际域名规则的惯例。

---

〔1〕 M. Lottor, *RFC*-1033, Domain Administrators Operations Guide, (November 1987), IETF, https://www.ietf.org/rfc/rfc1033.txt.

〔2〕《办法》(1997)，第10条。

〔3〕 J. Postel, *RFC*-1591, Domain Name System Structure and Delegation, (March 1994), IETF, https://www.ietf.org/rfc/rfc1591.txt.

〔4〕 J. Postel and J. Reynolds, *RFC*-920, Domain Requirements, (October 1984), IETF, https://tools.ietf.org/rfc/rfc920.txt.

〔5〕《办法》(1997)，第8条。

〔6〕《办法》(1997)，第8条。

（三）域名名称

RFC-1032 规定域名或主机名的选择及域名的分配是地方事务。[1]《办法》（1997）第二章第 11 条规定了三级域名命名的限制原则。[2]因此，在中国顶级域名下设置三级域名的命名限制没有违背国际域名管理制度的要求。

四、域名注册

（一）域名申请原则

RFC-1032 规定在 NIC 管辖的顶级域名注册领域，其不会将顶级域名授予个人主机。[3]《办法》（1997）规定："域名注册申请人必须是依法登记并且能够独立承担民事责任的组织。"[4]国家顶级域名只会授权给组织，我国域名注册也遵循了只有组织才能在我国注册域名的原则。

RFC-819 规定每个域名注册的实体要根据其自身性质选择相应的域名。[5]《办法》（1997）规定第 12 条："申请人有选择上一级域名的权利。在'类别域名'下申请域名的单位，应当根据其单位的性质在相应的二级域名下申请注册域名。"[6]因此，中国注册域名类别的选择权与国际域名管理制度的规定相一致。

---

〔1〕 J. Postel, *RFC*-1591, Domain Name System Structure and Delegation, (March 1994), IETF, https://www.ietf.org/rfc/rfc1591.txt.

〔2〕《办法》（1997），第 11 条。

〔3〕 M. Stahl, *RFC*-1032, Domain Administrators Guide, (November 1987), IETF, https://tools.ietf.org/html/rfc1032.

〔4〕《办法》（1997），第 6 条。

〔5〕 Zaw-Sing Su and Jon Postel, *RFC*-819, The Domain Naming Convention for Internet User Applications, (August 1982), IETF, https://www.ietf.org/rfc/rfc819.txt.

〔6〕《办法》（1997），第 12 条。

（二）申请人责任

RFC-1591 规定注册的域名不具有任何商标性质。域名注册申请者负责其申请的域名不违反其他人的商标。[1]《办法》（1997）规定域名申请人对自己选择的域名负责，保证其选定域名的注册不侵害任何第三方的利益；申请人应当保证此域名的注册不是为了任何非法目的。[2]虽然我国对申请人责任的规定超越了 RFC-1591 规定的范围，但是两者的中心思想是一致的，即域名申请者对自己选择的域名承担相应的法律责任。

（三）域名注册审批

RFC-1032 规定域名的分配实行先申请，先注册原则。[3]《办法》（1997）第 20 条规定："按照'先申请先注册'的原则受理域名注册，……"[4]我国的规定承袭了国际域名管理制度的规定。

五、域名管理者在域名纠纷中的地位

RFC-1032 规定在域名争议案件中，NIC 的政策是不卷入地方域名纠纷或者介入解决纠纷的决策过程的。例如，在谁有权注册一个特定的顶级域名或二级域名的域名所有权的纠纷中，NIC 不会扮演裁判的角色，因为域名所有权纠纷是私人团体间的纠纷。域名注册者在向 NIC 注册域名前应该自行解决与其他相关团体的域名纠纷。[5]RFC-1591 规定如果在域名注册者和特

---

〔1〕 J. Postel, *RFC*-1591, Domain Name System Structure and Delegation, (March 1994), IETF, https://www.ietf.org/rfc/rfc1591.txt.

〔2〕《办法》(1997)，第 19 条。

〔3〕 M. Stahl, *RFC*-1032, Domain Administrators Guide, (November 1987), IETF, https://tools.ietf.org/html/rfc1032.

〔4〕《办法》(1997)，第 20 条。

〔5〕 M. Stahl, *RFC*-1032, Domain Administrators Guide, (November 1987), IETF, https://tools.ietf.org/html/rfc1032.

殊名称所有者之间发生争议，域名注册机构不承担任何责任，其只负责为双方提供该域名注册信息。[1]《办法》（1997）第23条规定："各级域名管理单位不负责向国家工商行政管理部门及商标管理部门查询用户域名是否与注册商标或者企业名称相冲突，是否侵害了第三者的权益。任何因这类冲突引起的纠纷，由申请人自己负责处理并承担法律责任。……一切法律责任和经济纠纷均与各级域名管理单位无关。"[2]因此，我国各级域名管理单位在域名纠纷中的中立地位和免责事项与国际域名管理制度的规定保持一致。

综上，在对《办法》（1997）和RFCs从域名管理机构、域名体系结构、域名命名原则、域名注册和域名管理者在域名纠纷中的地位五个方面比较的结果分析，中国的顶级域名管理制度的大部分条款几乎全部继承了RFCs的各项规定。虽然《办法》（1997）在某些方面作了更细致的规定，但它整体上沿袭了RFCs有关域名制度的各项规定和惯例。

六、域名法律制度路径依赖与域名技术路径依赖

毋庸置疑，我国的域名技术属于舶来技术，我国域名技术的发展沿袭国际上域名技术的发展路径，我国首部域名管理法律制度也继承和沿袭了国际域名管理制度。然而，域名管理法律制度的路径依赖跟我国域名技术的路径依赖之间是否存在联系呢？一般而言，技术的路径依赖并不会必然导致相关制度的路径依赖。以我国古代四大发明之一的火药为例，自火药技术相继从我国输出给其他国家以后，每个国家或地区都可以独立

---

〔1〕 M. Lottor, *RFC*－1033, Domain Administrators Operations Guide, (November 1987), IETF, https://www.ietf.org/rfc/rfc1033.txt.

〔2〕《办法》(1997)，第23条。

地使用火药技术，每个国家或地区对火药的管理制度都独立存在且不尽相同。如图 2-1 所示，火药技术的独立性使得一个国家虽然沿袭了我国火药技术的发展路径，但该国规制火药的制度并不必须沿袭我国的火药管理制度。因此，火药技术的路径依赖并没有引导火药管理制度的路径依赖。

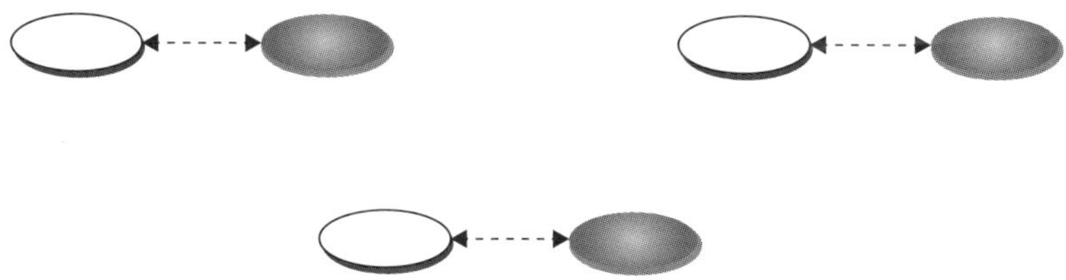

图 2-1　黑色圆圈代表具有独立性的火药技术，白色圆圈代表具有独立性的每个国家的火药管理制度

但是，域名系统的全球互联性和域名结构的等级性明显区别于具有独特性的火药技术。类似火药技术的独立使用和发展并不会降低该类技术的实用性和有效性，但是孤立地使用域名系统会极大地破坏域名的价值和效用。虽然从技术层面而言可以独立地开发及使用域名系统，但是只有全球互联的域名才能发挥它应有的价值。在域名体系中，每个使用域名的主体都是网络中的一个节点，互联网将所有域名联通在一起，它的等级结构性如图 2-2 所示。这个等级结构使得使用域名的人都是其中的一个节点，包括国家顶级域名及通用顶级域名在内的所有域名都受顶级域（根文件和根域名服务器）的管理和约束。由此，在全球域名体系内，所有下级域名只能依附于它的上级域名及顶级域。

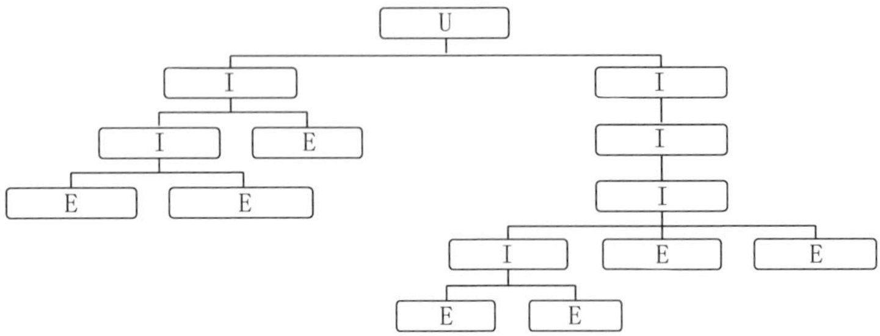

图 2-2　U 代表顶级域、I 代表中间域、E 代表端点域

＊资料来源：Zaw-Sing Su and Jon Postel, *RFC* 819, The Domain Naming Convention for Internet User Applications, (August 1982), IETF, https://www.ietf.org/rfc/rfc819.txt.

然而，并非所有的跟域名系统有关的一国国内的法律制度都沿袭了国际惯例。以域名纠纷解决机制为例，每个国家都可自己设计和实施符合自己国家国情的域名纠纷解决机制，即使一国的域名纠纷解决体制部分沿袭了国际惯例，也是因为国际惯例的优越性而非强制性。如图 2-3 所示，虽然域名系统具有等级性，但是域名纠纷解决机制并不具有等级性，各国可独立发展自己的域名纠纷解决机制。虽然一国的域名技术沿着他国域名技术的路径发展，但是域名纠纷解决机制却可在一国内独立形成和发展。

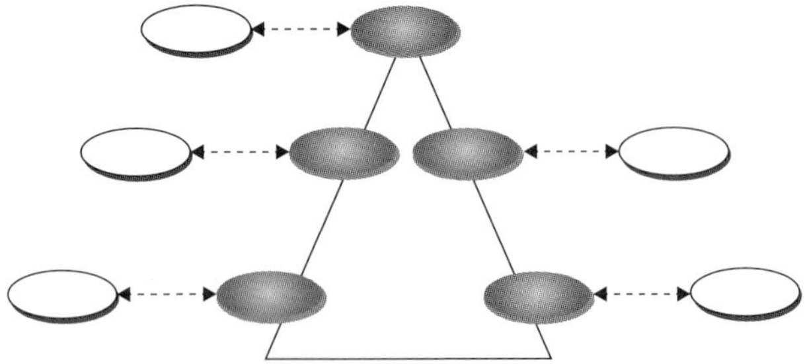

图 2-3　黑色圆圈及三角形代表具有等级性的域名，白色圆圈代表具有独立性的每个国家的域名纠纷解决机制

但是，设计域名的计算机科研人员却将域名管理制度设计成等级管理模式，就如域名结构一样，处于树形顶端的国际域名管理制度管理和约束旗下所有的域名制度。如图 2-4 所示，各级域名管理者和注册者要想使用域名，必须遵从他们上级设定的各项强制性规制。例如，RFC-920 规定顶级域名必须在 NIC 域名注册机构申请授权和注册，使用 ISO-3166 的标准确定代表国家顶级域名的两个英文字母。[1]由此，中国只能向 NIC 申请注册 .CN 作为国家顶级域名。RFC-1032 规定域名管理者的角色是协调者、管理者和技术人员，[2]国务院信息办在管理中国顶级域名方面的权责也仅限于上述三项。另外，中国域名制度的立法者除了要将国际域名管理制度中强制性规定的条款纳入到中国域名管理法律制度中外，还要考虑域名管理的习惯性做法。事实上，立法者为了保障中国顶级域名操作的全球兼容性，已经将部分国际域名管理制度中的习惯性管理方法纳入中国域名管理办法中。因此，我国互联网域名管理法律制度立法者在不得不接受国际域名管理制度的强制性规定的同时，为了保障域名技术操作的兼容性和域名使用的兼容性及互联性，自觉地沿袭了 RFCs 的很多习惯性域名管理办法。

---

〔1〕 J. Postel and J. Reynolds, *RFC*-920, Domain Requirements, (October 1984), IETF, https://tools. ietf. org/rfc/rfc920. txt.

〔2〕 M. Stahl, *RFC*-1032, Domain Administrators Guide, (November 1987), IETF, https://tools. ietf. org/html/rfc1032.

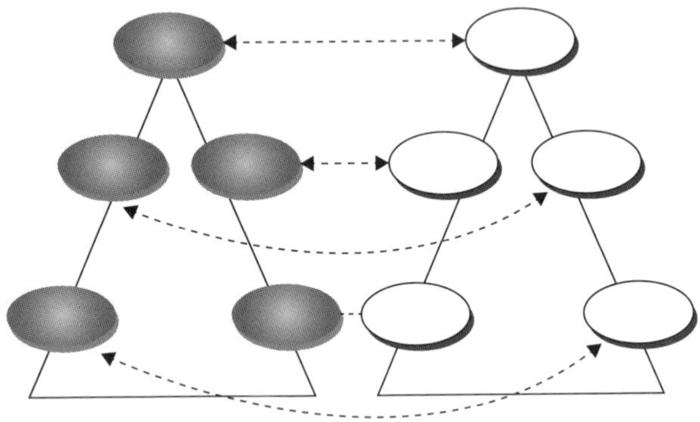

图 2-4　黑色圆圈及三角形代表具有等级性的域名，白色圆圈及三角形代表具有等级性的域名管理制度

综上所述，域名系统的全球互联性、域名结构的等级性及域名管理制度的等级模式引导了我国互联网域名管理法律制度的路径依赖。

第三章

互联网域名管理法律制度第一次变迁（2002年）——法律制度本土化

本章先介绍我国互联网域名管理法律制度在经历第一次变迁时所处的政治制度环境和法律制度环境，然后通过对比和分析《办法》（1997）和《中国互联网络域名管理办法》[1]［以下简称《办法》（2002）］的主要内容，分别从政治诱因、法律诱因、经济诱因、技术诱因四个方面阐述其引发的域名法律制度变迁。

第一节　域名法律制度变迁的制度环境

中国顶级域名管理制度从1997年颁布以后，于2002年经历了第一次变迁。从1997年至2002年间，中国的政治环境和约束顶级域名管理制度的国际、国内法律环境都发生了很大变化，这些变化直接影响中国顶级域名管理制度的变迁。本节主要通过介绍中国的政治体制改革和经济体制改革、国际域名管理组织和国际域名管理制度、国内法律环境来分析中国顶级域名管

〔1〕《中国互联网络域名管理办法》是在《中国互联网络域名注册暂行管理办法》的基础上修订，于2002年由原信息产业部颁布的。

理制度变迁时所处的制度环境。

一、政治环境

1997年，十五大报告提出我国要进行政治体制改革和经济体制改革并强调改革要在依法治国的框架下进行，要“从制度和法律上……保证党始终发挥总揽全局、协调各方的领导核心作用”。[1]

（一）政治体制改革

十五大报告指出政治体制改革的目标是：“必须有利于增强党和国家的活力，保持和发挥社会主义制度的特点和优势，维护国家统一、民族团结和社会稳定，充分发挥人民群众的积极性，促进生产力发展和社会进步。”[2]政治体制改革的主要任务是：“发展民主，加强法制，实行政企分开、精简机构，完善民主监督制度，维护安定团结。”在具体的实施方面，十五大报告提出要推进政府机构改革，“要按照社会主义市场经济的要求，转变政府职能”“根据精简、统一、效能的原则进行机构改革，建立办事高效、运转协调、行为规范的行政管理体系，提高为人民服务水平；把综合经济部门改组为宏观调控部门，调整和减少专业经济部门，加强执法监管部门，培育和发展社会中介组织。深化行政体制改革，实现国家机构组织、职能、编制、工作程序的法定化”。[3]

国家应分两步推行政府机构改革：第一步，在保证党中央

---

〔1〕《高举邓小平理论伟大旗帜，把建设有中国特色社会主义事业全面推向二十一世纪》，中国共产党十五大报告。

〔2〕《高举邓小平理论伟大旗帜，把建设有中国特色社会主义事业全面推向二十一世纪》，中国共产党十五大报告。

〔3〕《高举邓小平理论伟大旗帜，把建设有中国特色社会主义事业全面推向二十一世纪》，中国共产党十五大报告。

绝对领导权的前提下，将以往过分集中的权力适当下放到各级政府机构。因为相对分权的机构比集权具有更多的活力性、效率性及创新性。分权机构的这些特点能够使其及时作出决策、快速地处理日常行政事务。[1]第二步，将分权机构的部分职能承包给社会中介组织。在计划经济体制下，决策职能与执行职能[2]由政府机关统一实施。但在市场经济体制下，政府应当放弃对部分微观经济活动的控制，将工作重心放到对宏观经济活动的决策和调控上来。只有这样，政府才能从纷繁冗杂的日常行政事务中抽身，专注于经济的宏观调控以促进我国经济快速而健康地发展。根据社会的发展经验，社会中介组织可部分承担政府的执行功能。因为这些中介组织的灵活性和适应性可以使它们随工作量的大小而扩充或收缩。这种管理体制可以改变过去僵化的政府运行机制。政府把具体的行政事务承包给这些市场化的社会中介组织后，只需对其实施目标管理和责任监督就可达到十五大报告提出的政治体制改革目标。[3]

这次政治体制改革体现了政府机构的分权化、市场化特征，实现了由全能型政府向有限型政府的转变。[4]政府管理职能尽可能地放权给下一级政府，而下一级政府则尽可能地将一些具体的经济管理职能让渡给社会中介组织。[5]这次政治体制改革

---

〔1〕 许耀桐："跨世纪政治体制与行政体制改革的伟大部署——学习党的十五大报告的体会"，载《中国特色社会主义研究》1998年第1期。

〔2〕 沈荣华："关于转变政府职能的若干思考"，载《政治学研究》1999年第4期。

〔3〕 许耀桐："跨世纪政治体制与行政体制改革的伟大部署——学习党的十五大报告的体会"，载《中国特色社会主义研究》1998年第1期。

〔4〕 何颖："中国政府机构改革30年回顾与反思"，载《中国行政管理》2008年第12期。

〔5〕 参见沈荣华："关于转变政府职能的若干思考"，载《政治学研究》1999年第4期；何颖："中国政府机构改革30年回顾与反思"，载《中国行政管理》2008年第12期。

不仅影响着我国域名管理机构职能的转变，同时也促进了域名注册服务机构这种社会中介组织的产生和发展。

（二）市场体制改革

十五大报告提出的市场体制改革目标为："坚持和完善社会主义公有制为主体、多种所有制经济共同发展的基本经济制度；坚持和完善社会主义市场经济体制，使市场在国家宏观调控下对资源配置起基础性作用。"〔1〕这就意味着党已经不再拘泥于私有制经济是否姓"资"的伪命题中，而是要将市场经济看作一种平权经济。〔2〕在发展多种所有制经济的同时，公有制经济还必须保持其主体地位。因为所有制是生产关系的核心，是决定经济格局的基本要素。要保持国有经济的主导地位，就要在重要行业和关键领域占据支配地位，就要具有强大的科技开发能力和市场竞争能力以引导市场的发展。在保持公有制经济主体地位的同时，也要大力发展包括私有制经济在内的多种所有制经济。"改革开放初期，非公有制经济在所有制结构中只占1%左右，现在非公有制经济已经占到24%。"〔3〕因此，在促进非公有制经济发展的政治政策扶持下，域名注册所带动的非公有制经济增长的比重将会越来越大。

另外，十五大报告认为要实现经济体制改革就要"改革流通体制，健全市场规则，加强市场管理，清除市场障碍，打破地区封锁、部门垄断，尽快建成统一开放、竞争有序的市场体系，进一步发挥市场对资源配置的基础性作用"。经济体制改革

〔1〕《高举邓小平理论伟大旗帜，把建设有中国特色社会主义事业全面推向二十一世纪》，中国共产党十五大报告。

〔2〕黄文忠："党的十五大给私营经济带来了又一个春天——学习十五大报告关于所有制理论的体会"，载《社会科学》1998年第4期。

〔3〕桂世墉："当代中国的经济体制改革与经济发展——学习党的十五大报告的几点思考"，载《教学与研究》1998年第1期。

要“充分发挥市场和社会需求对科技进步的导向和推动作用，支持和鼓励企业从事科研、开发和技术改造，使企业成为科研开发和投入的主体”。同时，我国经济还要“积极参与国际经济合作和竞争”。[1]因此，中文域名系统的技术研究和推广应用成为域名系统发展的主旋律。

正如新制度经济学家所认为的那样，只有具有足够谈判能力的利益团体才能改变正式规则，才能引起正式制度架构的重大变迁。为了实现政治的或经济的目标，组织会逐渐改变制度架构。[2]我国为了实现政治稳定性和经济高速发展的目标，在十五大期间提出了政治体制改革和经济体制改革的目标和任务。中国顶级域名管理制度就是在这样的目标的催化下进行变迁的。

二、法律环境

约束中国顶级域名管理制度的法律制度环境主要分为国际法律环境和国内法律环境两部分。本部分将主要介绍国际法律环境中的国际域名组织（ICANN 和 ICANN 的政府咨询委员会）和国际域名惯例（RFC-2240，2353、统一争端解决政策、国家顶级域名产权纠纷的防范和解决实践指南）以及党的十五大提出的国内法律建设。

（一）国际法律环境

1. 国际域名组织

（1）ICANN。自互联网技术出现以来，域名管理和 IP 地址管理这样的关键技术功能一直在美国军方和 NSF 的合同下运作。

---

〔1〕《高举邓小平理论伟大旗帜，把建设有中国特色社会主义事业全面推向二十一世纪》，中国共产党十五大报告。

〔2〕 Douglass C. North, *Institutions, Institutional Change, and Economic Performance*, Cambridge University Press, 1990, pp. 68, 73.

外国政府对美国单边控制作为全球沟通架构的关键部分的域名和IP 地址越来越焦躁不安。随着域名的网络运行地位越来越重要，网络社会在域名政策和域名控制领域已经进入了无声的战争。[1] 在不断加剧的战争火药味的压力下，美国政府决定私有化域名系统。1997 年 7 月，美国商务部（United States Department of Commerce，DoC）最终启动了域名系统私有化的正式程序。[2] 1998 年 1 月，美国商务部在吸收了公众的意见后发布了一个改革域名系统管理的建议稿（*A Proposal to Improve Technical Management of Internet Names and Addresses*），即 DNS 绿皮书。该 DNS 绿皮书详细说明了克林顿政府的域名政策并解释了美国商务部拥有规制域名系统权力的原因。尽管 DNS 绿皮书只是一个咨询文件，但因它本身的诸多矛盾之处招致外界的诸多质疑。[3] 为此，美国商务部放弃了原来的决策计划。相反，它制定了一个不具有约束力的政策文件"网络名称和地址管理"（Management of Internet Names and Addresses），俗称 DNS 白皮书（the White Paper）。该 DNS 白皮书为新域名系统提出了四条基本原则：稳定性、竞争性、从下至上的私人协调和代表性。美国政府没有利用 DNS 白皮书来制定权力争议的解决规则，也没有成立一个

---

〔1〕 See A. Michael Froomkin, "Wrong Turn in Cyberspace: Using ICANN to Route around the APA and the Constitution", (2000) 50 (1), *Duke Law Journal*, p. 17; Milton L. Mueller, *Ruling the Root: Internet Governance and the Taming of Cyberspace*, The MIT Press, 2004, p. 2.

〔2〕 Milton L. Mueller, *Ruling the Root: Internet Governance and the Taming of Cyberspace*, The MIT Press, 2004, p. 2.

〔3〕 See Peter K. Yu, "The Origins of ccTLD Policymaking", (2004) 12 (2), *Cardozo Journal of International & Comparative Law*, pp. 387, 395; Wolfgang Kleinwaechter, "From Self-governance to Public-Private Partnership: The Changing Role of Governments in the Management of the Internet's Core Resources", (2003) 36 (3), *Loyola of Los Angeles Law Review*, pp. 1103, 1111.

专门组织来制定相关规则。相反，美国政府将责任丢给了各争议方，即由网络团体自主决定来建立一个新的非盈利公司管理域名和 IP 地址事务，[1]这个公司就是私营非盈利组织 ICANN。1998 年 11 月，美国商务部与 ICANN 达成一致，由 ICANN 取代 IANA 对域名系统进行管理。[2]ICANN 的主要目标不是技术协调，也不是创建技术标准的组织。它是把技术协调和相关行业管理联系到一起的全球监管机构，它的主要职能之一便是对全球范围内的域名系统进行协调和管理。[3]ICANN 的权威主要源自成员对其规则的自觉遵守。[4]

ICANN 在接管 IANA 的部分职能后把工作重心放在管理国家顶级域名事务上。1999 年，ICANN 发布了《互联网域名系统结构和授权（国家顶级域名管理和授权）》[Internet Domain Name System Structure and Delegation (ccTLD Administration and Delegation), ICP-1]。[5]ICP-1 合并了 RFC-1591 和 ccTLD News Memo #1，[6]加强了国内政府对国家顶级域名的

---

[1] Milton L. Mueller, *Ruling the Root: Internet Governance and the Taming of Cyberspace*, The MIT Press, 2004, pp. 2~3.

[2] Wolfgang Kleinwaechter, "From Self-governance to Public-Private Partnership: The Changing Role of Governments in the Management of the Internet's Core Resources", (2003) 36 (3), *Loyola of Los Angeles Law Review*, pp. 396~397.

[3] Milton L. Mueller, *Ruling the Root: Internet Governance and the Taming of Cyberspace*, The MIT Press, 2004, p. 218; ICANN, Welcome to ICANN! ICANN, https://www.icann.org/resources/pages/welcome-2012-02-25-en.

[4] Marc Watkins, "Government Regulation of the Dot-ca Domain Name Space", (2005) 2 (1), *University of Ottawa Law & Technology Journal*, pp. 145, 150.

[5] ICANN, *ICP-1*, Internet Domain Name System Structure and Delegation (*ccTLD Administration and Delegation*) (May 1999), https://www.icann.org/resources/pages/delegation-2012-02-25-en.

[6] IANA, *CCTLD*, News Memo #1, (23 October 1997), IANA, https://www.iana.org/reports/1997/cctld-news-oct1997.html.

控制权。[1] ICP-1 详细介绍了对已经授权的域名的管理规则，包括新顶级域名的授权、顶级域名管理者职责、公平处理、处理能力、域名授权的转移和争议、顶级域名授权的撤销、顶级域名的二次授权、域名权利、ISO 3166-1 的运用和根区文件的维护程序。[2] ICANN 的这些职能直接约束中国顶级域名管理者及中国顶级域名管理制度。

（2）ICANN-GAC。DNS 白皮书认为不论是具有主权的国家政府还是代表各个国家政府的国际政府间组织都不能参与网络域名管理。然而，各个国家的政府可以组成不具有投票权的政府咨询委员会（Governmental Advisory Committee，GAC）来参与域名和 IP 地址的全球管理。[3] 在 ICANN Bylaws1.0 的框架下，作为 ICANN 永久机构的 GAC 成立于 1999 年 3 月 2 日，其会员由国家政府、跨国政府间组织、协约组织组成。GAC 主要职责是为 ICANN 提供 ICANN 与各国政府之间关系的建议，特别是关系到 ICANN 政策、各种法律和国际协议方面的建议。[4] 虽然 ICANN 是个私营公司，但是从其成立之日起，政府就扮演了重要的角色。作为 GAC 的成员和观察员，将近 200 个国家政府参与

〔1〕 Peter K. Yu, "The Origins of ccTLD Policymaking", (2004) 12 (2), *Cardozo Journal of International & Comparative Law*, pp. 387, 397~398.

〔2〕 ICANN, *ICP-1*, Internet Domain Name System Structure and Delegation (*ccTLD Administration and Delegation*) (May 1999), https://www.icann.org/resources/pages/delegation-2012-02-25-en.

〔3〕 Milton L. Mueller, *Ruling the Root: Internet Governance and the Taming of Cyberspace*, The MIT Press, 2004, pp. 205~206.

〔4〕 ICANN Bylaws 1998 Art. VII, § 3 (a). See ICANN, *Bylaws*, (21 November 1998), https://www.icann.org/resources/unthemed-pages/bylaws-1998-11-23-en.

讨论与网络域名相关的政策。[1]中国在GAC成立之初便加入了该委员会，积极参与域名的全球治理。[2]在ICANN Bylaws2.0[3]出台后，GAC可以参与到ICANN的自下而上的政策决策程序中。[4]虽然成立GAC的最初目的是使各国政府不能插手ICANN的事务，但是GAC却变成了ICANN决策制定程序的主要推手。它除了不能染指董事会成员的选举事务外，它的影响力遍及ICANN的各种事务。[5]

在2000年2月，GAC向ICANN提交了《授权和管理国家顶级域名原则》（the Principles for Delegation and Administration of ccTLDs，GAC Principles）。[6] GAC Principles规定了ICANN、指派的域名管理者及相关政府在管理国家顶级域名方面的制衡关系，即提供了ICANN、国家顶级域名授权和相关国家政府或公共组织之间关系的制度模型。然而，这些原则和RFC-1591，ICP-1一样是不具有法律效力的文件。这些文件的权威主要来自于ICANN，因为ICANN可以在技术上将国家顶级域名重新授

〔1〕 Wolfgang Kleinwaechter, "From Self-governance to Public-Private Partnership: The Changing Role of Governments in the Management of the Internet's Core Resources", (2003) 36 (3), *Loyola of Los Angeles Law Review*, pp. 1103, 1115.

〔2〕 GAC, Communiqué of the Governmental Advisory Committee, (2 March 1999), ICANN, http://archive.icann.org/en/committees/gac/communique-02mar99.htm.

〔3〕 ICANN, Bylaws for Internet Corporation for Assigned Names and Numbers, (2002), ICANN, https://www.icann.org/resources/pages/governance/bylaws-en.

〔4〕 Wolfgang Kleinwaechter, "From Self-governance to Public-Private Partnership: The Changing Role of Governments in the Management of the Internet's Core Resources", (2003) 36 (3), *Loyola of Los Angeles Law Review*, p. 1122.

〔5〕 Milton L. Mueller, *Ruling the Root: Internet Governance and the Taming of Cyberspace*, The MIT Press, 2004, p. 206.

〔6〕 GAC, Principles for Delegation and Administration of ccTLDs Presented by Governmental Advisory Committee, (Feb. 23, 2000), ICANN, https://archive.icann.org/en/committees/gac/gac-cctldprinciples-23feb00.htm.

权给其他愿意受这些规则约束的主体。[1]

2. 国际域名惯例

（1）RFC-2240，2352。RFC-2240是为了解决顶级域名资源枯竭问题和不同组织争抢同一个域名的矛盾而发布。它认为通过创建更多的顶级域名以使不同的组织可以注册相同域名的办法有三个缺点：第一，用户会混淆特定组织与不同顶级域名之间的对应关系。第二，为避免用户混淆，有实力的大公司会在所有顶级域名下注册相同的域名，这不仅没有解决域名枯竭问题，还使情况变得更糟糕。第三，商标权利人或者其他合法名称持有者仍然可以主张新通用顶级域名下的域名所有权，这会导致更多的域名纠纷。因此，在创建新通用顶级域名的方法不能解决既有的矛盾时，在现有顶级域名下扩展二级域名的结构则可以解决上述问题。[2]RFC-2352在废除了RFC-2240的同时，具体提出了如何在国家顶级域名下扩展二级域名的结构。它建议二级域名的扩展应以合法注册的公司类型为基础。例如，在国家顶级域名下增设“.LTD”这个二级域名，所有在一国内合法注册的有限责任公司都可以在这个二级域名下申请域名。RFC-2352还强烈建议设置“综合二级域名”，不需要工商注册的公司、组织和社会团体等可以在这个二级域名下注册域名。[3]

（2）UDRP。统一域名争议解决政策（Uniform Domain Reso-

〔1〕 See Marc Watkins, “Government Regulation of the Dot-ca Domain Name Space”, (2005) 2 (1), *University of Ottawa Law & Technology Journal*, pp. 145, 154; Peter K. Yu, “The Origins of ccTLD Policymaking”, (2004) 12 (2), *Cardozo Journal of International & Comparative Law*, pp. 387, 398.

〔2〕 O. Vaughan, *RFC-2240*, A Legal Basis for Domain Name Allocation, (November 1997), IETF, https://tools.ietf.org/html/rfc2240.

〔3〕 O. Vaughan, *RFC-2352*, A Convention For Using Legal Names as Domain Names, (May 1998), IETF, https://tools.ietf.org/html/rfc2352.

lution Policy，UDRP）是 ICANN 用来解决域名所有者之间争议的主要政策之一，也是第一个对域名所有权纠纷进行规制的国际网络治理机制。[1]自 1999 年 9 月 29 日发布以来，[2]UDRP 被认为是解决电子商务纠纷的模板。除了美国商务部称赞 UDRP 是一个有效率的，不昂贵的解决纠纷程序外，其他政府也纷纷肯定 UDRP 在解决域名纠纷方面的重大作用。[3]虽然评论家批评 UDRP 程序的弱点，但是该政策在解决商标纠纷方面的简单性和经济性使它被广泛接受。自从 1999 年以来，UDRP 解决了成千上万的纠纷，且高效而圆满地解决了大部分案件。[4]该程序也是中国解决 . CN 域名纠纷的可借鉴模板。

（3）WIPO ccTLD Best Practices。DNS 白皮书的发布给世界知识产权组织（World Intellectual Property Organization，WIPO）一个契机来创建它自己的域名纠纷解决程序。[5]1990 年，WIPO 发布了“互联网域名程序总结报告”（Final Report of the WIPO Internet Domain Name Process，Final Report），提出了一个解决通用顶级域和知识产权冲突的在线纠纷解决程序。[6]该程序致力

---

〔1〕 Jay P. Kesan and Andres A. Gallo, “Pondering the Politics of Private Procedures: The Case of ICANN”, (2008) 4 (2), *A Journal of Law and Policy for the Information Society*, pp. 345, 356.

〔2〕 Uniform Domain Name Dispute Resolution Policy, (September 29, 1999), ICANN, https://archive. icann. org/en/udrp/udrp-policy-29sept99. htm.

〔3〕 Michael Froomkin, “ICANN's Uniform Dispute Resolution Policy-Causes and (Partial) Cures”, (2002) 67 (3), *Brooklyn Law Review*, pp. 605, 608~609.

〔4〕 Peter K. Yu, “The Origins of ccTLD Policymaking”, (2004) 12 (2), *Cardozo Journal of International & Comparative Law*, pp. 387, 405.

〔5〕 Michael Froomkin, “ICANN's Uniform Dispute Resolution Policy-Causes and (Partial) Cures”, (2002) 67 (3), *Brooklyn Law Review*, p. 624.

〔6〕 WIPO, The Management Of Internet Names And Addresses Intellectual Property Issues: Final Report of the WIPO Internet Domain Name Process, (April 30, 1999), WIPO, http://www. wipo. int/export/sites/www/amc/en/docs/report-final1. pdf.

于提供快速、高效和低成本的跨国仲裁。[1]2001年6月，WIPO又发布了《国家顶级域名产权纠纷的防范和解决实践指南》(WIPO ccTLD Best Practices for the Prevention and Resolution of Property Disputes，ccTLD Best Practices或实践指南)。该《实践指南》重点解决与知识产权保护相关的域名注册实践和程序问题，包括域名注册协议、域名注册者联系信息的收集及其可能性、解决域名争议的替代性纠纷解决机制（Alternative Dispute Resolution，ADR)。虽然每个国家国内法律程序千差万别，但是《实践指南》建议设立ADR时应至少满足以下条件：①ADR程序的强制性；②依据全部事实和情况作出判断；③纠纷解决前冻结域名转让；④直接执法；⑤快速结案；⑥费用适中；⑦对纠纷进行的裁决和管理均应独立于国家顶级域名管理机构；⑧ADR不取代法院诉讼程序，在该程序进行之前、当中或之后的任何时候，各方均可向法院提起诉讼；⑨明确规定ADR将解决哪些类型的冲突。该《实践指南》鼓励国家顶级域名管理者调整和本地化UDRP模型来建立自己国家内的替代性纠纷解决机制。[2]虽然《实践指南》设置了一些指导原则，但它同时又保留了国家顶级域名管理者在其管辖范围内制定域名政策的权力。例如，国家顶级域名管理者可以决定域名注册者是否必须具备本国国籍、是否服从UDRP的纠纷解决机制、是否在WHOIS数据库里披露个人信息等。[3]《实践指南》建议的ADR

---

〔1〕 Michael Froomkin, "ICANN's Uniform Dispute Resolution Policy - Causes and (Partial) Cures", (2002) 67 (3), *Brooklyn Law Review*, p. 636.

〔2〕 WIPO, ccTLD Best Practices for the Prevention and Resolution of Intellectual Property Disputes, (20 June 2001), WIPO, http://www.wipo.int/amc/en/domains/bestpractices/index.html.

〔3〕 Peter K. Yu, "The Origins of ccTLD Policymaking", (2004) 12 (2), *Cardozo Journal of International & Comparative Law*, pp. 387, 404.

模式成为中国域名纠纷解决办法的模板。

（二）国内法律环境

1997 年的十五大报告明确提出要“加强立法工作，提高立法质量，到二零一零年形成有中国特色的社会主义法律体系”。[1] 自党的十一届三中全会以来至 1999 年，除《宪法》（包括《宪法修正案》）外，全国人大和全国人大常委会共通过了法律 245 件，有关法律问题的决定 104 件；国务院共通过了 800 余件行政法规；法定地方人大及其常委会制定了 5500 多件地方性法规（包括民族自治地方人民代表大会的自治条例和单行条例）；国务院部委和法定地方人民政府颁布的规章也有 22 000 多件。[2] 当各行各业基本上有了规范自己行业的法律法规时，如何提高法律法规的质量，如何使法律法规适应不断变化的社会发展和经济发展是接下来几年国家和政府亟待解决的问题。同时，十五大报告指出还要“实施保护知识产权制度”。[3] 中国为了加入世界贸易组织（World Trade Organization，WTO），积极建立了知识产权保护制度且基本完成了与国际知识产权规则的接轨。[4] 然而，虽然中国的知识产权保护从立法、司法到行政管理有了很多积极的进步，[5] 但是从西方发达国家移植的知识产权制度

---

〔1〕《高举邓小平理论伟大旗帜，把建设有中国特色社会主义事业全面推向二十一世纪》，中国共产党十五大报告。

〔2〕 张世信、许江晖、张波：“试论宪法修正案的深远意义”，载《毛泽东邓小平理论研究》1999 年第 3 期。

〔3〕《高举邓小平理论伟大旗帜，把建设有中国特色社会主义事业全面推向二十一世纪》，中国共产党十五大报告。

〔4〕 参见沈木珠：“论 TRIPS 协议与中国知识产权保护”，载《江海学刊》2001 年第 3 期；乔生：“我国知识产权保护的现状与思考”，载《法商研究》2002 年第 3 期。

〔5〕 参见郑成思主编：《知识产权文丛》（第三卷），中国政法大学出版社 2000 年版，第 382 页。

与中国本土国情仍存在着一些排斥反应，致使目前中国知识产权的立法同司法不能充分衔接，理论同实践不能充分衔接，知识产权实践保护收效不高。[1]在此国情下，我国提出要实施知识产权保护，为相关部门如何处理域名与商标权的纠纷提供了政策指引。

另外，1999 年《宪法修正案》指出："国家在社会主义初级阶段，坚持公有制为主体、多种所有制经济共同发展的基本经济制度，坚持按劳分配为主体、多种分配方式并存的分配制度。"[2]"在法律规定范围内的个体经济、私营经济等非公有制经济，是社会主义市场经济的重要组成部分。" "国家保护个体经济、私营经济的合法的权利和利益。国家对个体经济、私营经济实行引导、监督和管理。"[3]通过明确个体经济、私营经济等非公有制经济在社会主义市场经济建设中的地位和作用，[4]引导各级政府重视并保护个体经济和私营经济的合法权益。这为域名注册服务机构和持有域名的个体经济及私营经济的健康而快速地发展提供了法律保障。

第二节　政治诱因引发的域名法律制度变迁

一、政府机构改革

1997 年的十五大报告指出要推进政府机构改革，"要按照社会主义市场经济的要求，转变政府职能"，"根据精简、统一、

〔1〕 曲三强："被动立法的百年轮迴——谈中国知识产权保护的发展历程"，载《中外法学》1999 年第 2 期。

〔2〕《中华人民共和国宪法修正案》(1999 年)，第 14 条。

〔3〕《中华人民共和国宪法修正案》(1999 年)，第 16 条。

〔4〕 史坤娥："试论宪法修正案的特点"，载《政法论丛》1999 年第 2 期。

效能的原则进行机构改革，建立办事高效、运转协调、行为规范的行政管理体系，提高为人民服务水平；把综合经济部门改组为宏观调控部门，调整和减少专业经济部门，加强执法监管部门，培育和发展社会中介组织”。[1]按照十五大报告的指示，国务院拟定了机构改革方案，政府机构改革迫在眉睫。“一方面，社会主义市场经济体制正在逐步建立，国际经济技术文化合作与交流不断扩大，现代化建设突飞猛进。另一方面，相当多的国有企业生产经营困难，下岗和失业人员增多，社会矛盾不容忽视；农业基础仍然薄弱，城乡、工农差别依然很大；盲目投资和重复建设造成大量不良贷款，潜伏着一定的金融风险；亚洲金融风暴的冲击遍及全球，对于我国经济发展已形成严峻挑战”。[2]在此背景下，国务院建议将现有的组成部门由40个减少为29个，不再保留15个部、委，新组建4个部、委［国防科学技术工业委员会（现已撤销）、信息产业部（现为工业和信息化部）、劳动和社会保障部、国土资源部（现为生态资源部）］，更名现有的3个部、委，保留22个部、委、行、署。[3]国务院将这些机构又划分为宏观调控部门和专业经济管理部门。“宏观调控部门的主要职责是：保持经济总量平衡，抑制通货膨胀，优化经济结构，实现经济持续快速健康发展；健全宏观调控体系，完善经济、法律手段，改善宏观调控机制。专业经济管理部门的主要职责是：制定行业规划和行业政策，进行行业

〔1〕《高举邓小平理论伟大旗帜，把建设有中国特色社会主义事业全面推向二十一世纪》，中国共产党十五大报告。

〔2〕罗干：“关于国务院机构改革方案的说明（1998年）”，载http://www.npc.gov.cn/wxzl/gongbao/1998-03/06/content_1480093.htm，最后访问日期：2015年6月8日。

〔3〕“国务院机构改革方案”，载http://www.npc.gov.cn/wxzl/gongbao/1998-03/10/content_1480060.htm，最后访问日期：2015年6月8日。

管理；引导本行业产品结构的调整；维护行业平等竞争秩序。专业经济管理部门都要实行政企分开，切实转变职能，不再直接管理企业。”原信息产业部属于专业经济管理部门，其主要职责是：“振兴电子信息产品制造业、通信业和软件业，推进国民经济和社会服务信息化；制定行业的规划、政策和规章；统筹规划国家通信主干网（包括本地和长途电信网）、广播电视网（包括无线和有线电视网）、军工部门和其他部门专用通信网，并进行行业管理；合理配置资源，避免重复建设，保证信息安全。”〔1〕上述国务院机构改革方案于1998年3月10日第九届全国人民代表大会第一次会议上通过。〔2〕同年，国务院信息化工作领导小组将其行政功能移交给原信息产业部。〔3〕

二、政府机构改革引发的域名法律制度变迁

《办法》（1997）第2条规定：“国务院信息化工作领导小组办公室（以下简称国务院信息办）是我国互联网络域名系统的管理机构”，〔4〕而《办法》（2002）第5条规定：“信息产业部负责中国互联网络域名的管理工作。”〔5〕自此，中国互联网络域名的管理机构由国务院信息办变更为信息产业部（现为工业和信息化部）。这完全符合国务院关于宏观调控部门和专业经济

---

〔1〕 罗干：“关于国务院机构改革方案的说明（1998年）”，载http://www.npc.gov.cn/wxzl/gongbao/1998-03/06/content_ 1480093.htm，最后访问日期：2015年6月8日。

〔2〕《第九届全国人民代表大会第一次会议关于国务院机构改革方案的决定》，载，http://cpc.people.com.cn/GB/64184/64186/66688/4494450.html，访问时间：2015年6月8日。

〔3〕 Hong Xue, “The Voice Of China: A Story Of Chinese-Character Domain Names”, (2004) 12 (2), *Cardozo Journal of International & Comparative Law*, pp. 559, 562.

〔4〕《办法》(1997)，第2条。

〔5〕《办法》(2002)，第5条。

管理部门的职能划分。

《办法》（2002）新增了对域名注册管理机构的规定，即域名注册管理机构负责运行和管理相应的域名系统，维护域名数据库，授权域名注册服务机构提供域名注册服务。[1]自此，CNNIC 不再直接受理用户注册域名的申请，该业务由域名注册服务机构承担。该项改革正是顺应了十五大关于将政府机构部分职能下放给社会中介组织的建议。

三、网络政治安全

影响中国网络政治安全的因素可以分为两类：一是来自国内的政治威胁，二是来自国外的政治威胁。[2]动荡的中亚局势，我国西部边疆地区复杂的民族成分和宗教信仰使得我国面临前所未有的网络信息控制权保卫战。[3]因此，信息边疆的安全关系到一个国家、一个民族在信息时代的安全与稳定。[4]

对中国网络政治安全构成较大威胁的组织为网络时代特有的新型组织："网络组党结社"，这些组织具有"政治诉求多元、组织发展隐秘、活动方式多变以及成员结构复杂等特性"。网络结社组织主要分为五种：第一种为以境外人员为主体组建的政治组织，第二种为境内部分对现状不满的人建立的组织，第三种为民族分裂势力和宗教极端势力创建的非法结社组织，第四

---

〔1〕《办法》（2002），第 9 条。

〔2〕刘文："网络化对社会主义国家政治安全的挑战及对策"，载《社会主义研究》2004 年第 2 期；陈印昌、朱新光："'棱镜门'事件及其对我国政治安全的影响和启示"，载《云南社会科学》2014 年第 3 期。

〔3〕刘建华："网络舆情传播对西部边疆民族地区政治安全的影响与对策"，载《理论导刊》2014 年第 8 期。

〔4〕刘文："论信息时代的我国政治安全战略"，载《南阳师范学院学报》2008 年第 5 期。

种为境内虚假“维权”人士创建的一些网站，第五种为围绕各类社会热点问题进行讨论的临时网络团体。[1]这些组织的形成与发展对中国网络政治安全造成了很大的冲击，削弱了政府对网络主流意识形态的控制权。为了应对网络对社会主义政治制度及社会主义主流意识形态造成的重重挑战，削弱网络社团组织的不良舆论影响，控制网络信息的发展方向，原信息产业部修改了规制中国顶级域名的相关条款。

四、网络政治安全引发的域名法律制度变迁

出于对中国网络政治安全的考虑，原信息产业部大量修改了域名命名的限制原则。《办法》（1997）第二章第 11 条规定三级以下（含三级）域名命名的限制原则：[2]①未经国家有关部门的正式批准，不得使用含有“CHINA”“CHINESE”“CN”“NATIONAL”等字样的域名；②不得使用公众知晓的其他国家或者地区名称、外国地名、国际组织名称；③未经各级地方政府批准，不得使用县级以上（含县级）行政区划名称的全称或者缩写；④不得使用行业名称或者商品的通用名称；⑤不得使用他人已在中国注册过的企业名称或者商标名称；⑥不得使用对国家、社会或者公共利益有损害的名称。

《办法》（2002）第四章第 19 条将域名命名限制规则改为任何组织或个人注册和使用的域名，不得含有下列内容：[3]①反对宪法所确定的基本原则的；②危害国家安全，泄露国家秘密，颠覆国家政权，破坏国家统一的；③损害国家荣誉和利益的；

[1] 王存奎：“网络组党结社与国家政治安全”，载《江南社会学院学报》2008 年第 1 期。

[2] 《办法》（1997），第 11 条。

[3] 《办法》（2002），第 19 条。

④煽动民族仇恨、民族歧视，破坏民族团结的；⑤破坏国家宗教政策，宣扬邪教和封建迷信的；⑥散布谣言，扰乱社会秩序，破坏社会稳定的；⑦散布淫秽、色情、赌博、暴力、凶杀、恐怖或者教唆犯罪的；⑧侮辱或者诽谤他人，侵害他人合法权益的；⑨含有法律、行政法规禁止的其他内容的。

通过对比两版域名命名规则的差异不难发现，1997年的《办法》将域名命名限制原则的重点放在国家名称、地区名称、组织名称、行业名称、通用商品名称、商标等方面的限制。而2002年的《办法》倾向于保护国家的团结与统一、维持社会稳定、维护国家及公众利益。

第三节 法律诱因引发的域名法律制度变迁

一、解决域名纠纷的法律法规

从1996年下半年至1997年初，海外机构抢注中国企业的商标名称或企业名称使“域名抢注”问题成为中国的热门话题。〔1〕由此，域名逐渐受到公司、企业及相关学者的重视。域名注册成本的低廉、注册程序的快捷及“先申请，先注册”原则等因素使有些个人及团体将大量的商标名称或企业名称注册为域名，由此引发了域名持有人同商标权利人之间的域名纠纷。中国法院自1998年下半年开始受理涉及网络方面的案件，1999年8月受理了第一件与域名有关的不正当竞争、商标侵权涉外纠纷案件。〔2〕从此拉开了域名持有人同相关名称权利人之间的域名争

〔1〕 郑成思：“‘域名抢注’与商标权问题”，载《电子知识产权》1997年第7期。

〔2〕 王范武、邵明艳：“关于域名纠纷案件中几个问题的思考”，载《知识产权》2000年第5期。

夺战。从中国的域名纠纷解决现状来看，司法诉讼是解决域名纠纷的主要方式。[1]但是法院在审理这类案件时，因国内现行法律法规中没有明确具体的条文规定，司法审判实践也没有可借鉴的判例和经验，[2]法院只能以《商标法》《民法通则》或《反不正当竞争法》等相关条款作为判决的基础，[3]进而导致各个法院在处理域名纠纷案件时，适用的法律条文不尽相同，判决结果也千差万别，域名纠纷案件判决结果不具有可预测性。再者，以诉讼方式解决域名争议还具有以下两个缺点：第一，域名争议案件的管辖权难以明确确定；第二，诉讼效率低，诉讼成本高。[4]包括诉讼费用在内的高昂的交易费用不利于无辜的域名注册者或商标权利人，因为大多数普通的域名注册者或商标权利人负担不起辩护费用。[5]很多公司更喜欢简单、便宜的方式解决域名争议，更倾向于比法院更有效率的解决争议模式。[6]因此，为域名纠纷设立专门的解决规则和解决办法成了当务之急。

为了统一北京地区的法院在审理域名纠纷案件时法律适用的问题，2000 年 8 月 15 日北京市高级人民法院发布了《关于审

---

〔1〕 郭丹、王伟："论我国域名保护法律机制的完善——兼评《中国互联网络信息中心域名争议解决办法》"，载《经济研究导刊》2007 年第 12 期。

〔2〕 王范武、邵明艳："关于域名纠纷案件中几个问题的思考"，载《知识产权》2000 年第 5 期。

〔3〕 殷志诚："商标法调整域名争议的实证分析"，载《西南政法大学学报》2005 年第 6 期。

〔4〕 胡廷松："域名争议在线解决机制探析"，载《重庆邮电大学学报（社会科学版）》2007 年第 3 期。

〔5〕 Milton L. Mueller, *Ruling the Root: Internet Governance and the Taming of Cyberspace*, The MIT Press, 2004, p. 123；郭玉军、肖芳："网上仲裁的现状与未来"，载《法学评论》2003 年第 2 期；CNNIC：《中国域名产业报告》，2009 年 5 月，第 48 页。

〔6〕 Jonathan Zittrain, "ICANN: Between the Public and the Private Comments before Congress", (1999) 14, *Berkeley Technology Law Journal*, pp. 1071, 1079.

理域名注册、使用而引起的知识产权民事纠纷案件的若干指导意见》，从域名纠纷案件的受理、管辖、案由、将他人驰名商标恶意注册、盗用为域名的行为的法律适用、恶意注册域名的认定、法律责任的承担这六个方面对北京各级法院审理域名纠纷案件中如何适用法律作了统一规定。[1]2001年7月17日，最高人民法院发布了《关于审理涉及计算机网络域名民事纠纷案件适用法律若干问题的解释》，用来指导全国各级法院审理域名纠纷案件。[2]自此，中国各省、市、自治区的各级法院终于可以依据该解释来统一审理和判决域名纠纷案件。

同时，负责中国顶级域名具体工作的CNNIC于2000年11月发布了《中文域名争议解决办法（试行）》。该试行办法只适用于中文域名和受中国法律保护的商标之间的争议，[3]且"争议解决机构所作出的裁决只能涉及注册域名自身状态的变化，不涉及任何其他救济方式及手段，且将无条件服从于有管辖权的司法机关与仲裁机构已经发生法律效力的裁判"。[4]根据《中文域名争议解决办法（试行）》的授权，中国国际经济贸易仲裁委员会（简称，贸仲委）（China International Economic and Trade Arbitration Commission，CIETAC）于2001年1月发布了《域名争议解决程序规则（试行）》。2002年9月，CNNIC又发布了《中国互联网络信息中心域名争议解决办法》和《中国互联网络信息中心域名争议解决办法程序规则》来解决域名争议。

---

〔1〕《关于审理因域名注册、使用而引起的知识产权民事纠纷案件的若干指导意见》，北京市高级人民法院办公室2000年8月15日发布。

〔2〕最高人民法院《关于审理涉及计算机网络域名民事纠纷案件适用法律若干问题的解释》于2001年6月26日由最高人民法院审判委员会第1182次会议通过，自2001年7月24日起施行。

〔3〕《中文域名争议解决办法（试行）》，第2条。

〔4〕《中文域名争议解决办法（试行）》，第5条。

作为域名争议解决机制的配套机构，由中国互联网络信息中心授权的贸仲委域名争议解决中心于2000年12月成立，负责解决与.CN和中文域名有关的域名争议。[1] 实践证明，该域名争议解决机制不仅减少了当事人的诉讼成本和法院的负担，而且高效、便捷。

中国的域名争议解决机制具有如下特点：[2] ①域名注册人在其签署的域名注册合同中保证，当注册域名的相关权利人向域名争议解决机构提出投诉时，域名注册人必须接受域名争议解决机构的管辖并参与域名争议解决程序。②域名争议解决中心受理的域名争议仅限于恶意注册引发的域名纠纷，不受理由相关的权利冲突引发的域名纠纷。③域名争议解决中心的裁决结果仅限于诉争域名自身状态的变化，不涉及经济赔偿。④不得在域名解决程序进行期间转让诉争域名。⑤在域名争议程序进行之前、之中或之后，当事人均可就域名争议事项向法院提起诉讼。

而在2001年6月WIPO发布的《国家顶级域名产权纠纷的防范和解决实践指南》中涉及的关于替代性纠纷解决机制的建议中也规定了类似的内容，中国域名争议解决机制采纳了其建议。

二、域名争议解决机制引发的域名法律制度变迁

因最高人民法院、CNNIC、CIETAC相继发布了有关域名争

[1] 贸仲委域名争议解决中心于2005年7月启用“贸仲委网上争议解决中心”名称，2007年8月以“贸仲委域名争议解决中心”和“贸仲委网上争议解决中心”名称对外开展工作并解决如下四类争议：1. 域名抢注纠纷（.CN/中文域名争议、.COM等通用顶级域名争议）；2. 通用网址抢注纠纷；3. 无线网址抢注纠纷；4. 短信网址抢注纠纷。参见：“中国国际经济贸易仲裁委员会域名争议解决中心”，载http://dndrc.cietac.org/static/ctrintrc/frmainctrintrc.html，最后访问日期：2015年6月9日。

[2] CNNIC：《中国域名产业报告》，2009年5月，第48~49页。

议的解决规则，以及贸仲委域名争议解决中心的成立，相较于《办法》（1997），《办法》（2002）新增了第五章“域名争议”。内容包括：[1]第 26 条规定，域名注册管理机构可以指定中立的域名争议解决机构解决域名争议；第 27 条规定，任何人就已经注册或使用的域名向域名争议解决机构提出投诉，并且符合域名争议解决办法规定的条件的，域名持有者应当参与域名争议解决程序；第 28 条规定，域名争议解决机构作出的裁决只涉及争议域名持有者信息的变更。域名争议解决机构作出的裁决与人民法院或者仲裁机构已经发生法律效力的裁判不一致的，域名争议解决机构的裁决服从于人民法院或者仲裁机构发生法律效力的裁判；第 29 条规定，域名争议在人民法院、仲裁机构或域名争议解决机构处理期间，域名持有者不得转让有争议的域名，但域名受让方以书面形式同意接受人民法院裁判、仲裁裁决或争议解决机构裁决约束的除外。

第四节　经济诱因引发的域名法律制度变迁

一、交易费用

商标和服务标记可以代表商品或服务的质量。《商标法》希望保护消费者免受欺诈、假冒和混淆，同时也保护商家建立的商誉。如果有人利用贴牌或者利用商标的相似性来提供劣质商品，受损失的是消费者和商家。[2]商标权利人已经花费了巨大费用来保护跟域名有关的权利，但是有些个人或团体故意、恶

---

〔1〕《办法》（2002），第 26~29 条。

〔2〕Michael Froomkin，“ICANN's Uniform Dispute Resolution Policy－Causes and (Partial) Cures”，(2002) 67 (3)，*Brooklyn Law Review*，pp. 605，613.

意注册知名商标或其他商标为域名，再把这些域名卖给商标所有权人或者借机不正当地利用这些商标的商誉。[1]不论是利用法院诉讼，还是专门的域名纠纷解决机制来解决域名争议都将耗费当事人的时间、精力、钱财等交易成本。不仅商标持有者希望域名制度能事先避免此类域名抢注带来的纠纷，像 amazon. com 这样的已经将域名赋予了品牌价值或将域名商标化的电子商务企业[2]也不希望其他主体在新开放的通用顶级域名或国家顶级域名下注册相同或相似的域名。再者，域名的唯一性使得域名的创建和分配不能以自发的和完全分散的方式实施，域名注册的协调必不可少。[3]

在法律制定及法律实施的过程中，规则不是绝对公平和中立的。这些规则总是会偏向一些利益集团，各种利益团体会不断给这些规则施加压力以使其朝着有利于自己的方向发展。[4]例如 2001 年，当北京正普科技发展有限公司欲申请注册“阿里巴巴”的中文域名时，发现 CNNIC 已将该中文域名预留给阿里巴巴网络技术有限公司，遂将 CNNIC 和阿里巴巴公司告上法庭，请求法院将 CNNIC 预留的“阿里巴巴”中文域名判归其所有。2001 年 12 月，北京市第一中级人民法院作出判决，依法驳回原

---

〔1〕 WIPO, The Management Of Internet Names And Addresses Intellectual Property Issues: Final Report of the WIPO Internet Domain Name Process, (April 30, 1999), WIPO, http://www.wipo.int/export/sites/www/amc/en/docs/report-final1.pdf.

〔2〕 Milton L. Mueller, *Ruling the Root: Internet Governance and the Taming of Cyberspace*, The MIT Press, 2004, p. 115.

〔3〕 Milton L. Mueller, *Ruling the Root: Internet Governance and the Taming of Cyberspace*, The MIT Press, 2004, p. 15.

〔4〕 Milton L. Mueller, *Ruling the Root: Internet Governance and the Taming of Cyberspace*, The MIT Press, 2004, p. 11.

告的诉讼请求。[1]原告不服，提起上诉。“2002 年 6 月北京市高级人民法院作出终审判决，驳回上诉、维持原判。”[2]此案的判决引起极大的争议，因为《办法》（1997）规定，域名注册采取“先申请先注册”原则，且不得预留域名。[3]但是，原告正普公司申请注册“阿里巴巴”的行为又属于恶意抢注，依照“公平、正义”原则，应保护被告阿里巴巴公司的域名权利。[4]这个案件反映了商标化域名和域名注册申请者之间的紧张关系，也是商标和域名纠纷的典型案例之一。在商标持有者或商标化域名持有者和域名注册申请者之间的博弈中，中国的域名政策制定机构更倾向于保护已经蕴含经济价值的商标或商标化域名。因为减少商标持有者或商标化域名持有者和域名注册申请者之间的纠纷，不单单节省了诉争主体可能花费的巨大的交易费用，更可以减轻法院的负担，进而提高域名资源的有效利用率。

二、交易费用引发的域名法律制度变迁

《办法》（1997）第 20 条规定，“不受理域名预留”。[5]而《办法》（2002）第 17 条规定了有条件的域名预留：[6]“域名注册管理机构可以在扩展域名注册范围时设立预注册期限，对部分保留字进行必要保护，并在其网站上提供查询。除前款规定

---

〔1〕 杨桦、迟素音：“域名预留合法吗？——北京正普科技发展有限公司和CNNIC、阿里巴巴公司的中文域名纠纷案”，载《经济月刊》2002 年第 2 期。

〔2〕 李燕蓉：“域名预留不合法　知名网站受保护”，载《北京工商》2003 年第 6 期。

〔3〕《办法》（1997），第 20 条。

〔4〕 杨桦、迟素音：“域名预留合法吗？——北京正普科技发展有限公司和CNNIC、阿里巴巴公司的中文域名纠纷案”，载《经济月刊》2002 年第 2 期。

〔5〕《办法》（1997），第 20 条。

〔6〕《办法》（2002），第 17 条。

外，域名注册管理机构和注册服务机构不得预留或变相预留域名。域名注册管理机构和注册服务机构在提供域名注册服务过程中不得代表任何实际或潜在的域名持有者。”

正如新制度经济学家所认为的那样，处于纠纷中的交易双方不太可能靠自己的力量获胜，他们必须形成联盟且需争取其他利益群体的支持。所以商标权利人或商标化域名权利人寻求域名政策制定者的支持，而原信息产业部也深知成功的经济都是通过制度创新来降低交易费用，使交易方从交易中获得更多的收益进而扩展市场，提高经济绩效。[1]为了减少商标和域名纠纷所消耗的巨大的交易费用，2002 年的中国域名管理制度采取了域名预留政策。

第五节　技术诱因引发的域名法律制度变迁

一、中文域名技术

2000 年以前，中国网络用户只能键入由英文字母和阿拉伯数字构成的域名名称，因此，中国网民经常反映拉丁文的域名不仅难以记忆也容易拼错。同时，中国企业也希望能注册容易记忆的中文域名以利于其开展贸易。[2]在对中文域名的强烈需求下，中国科研人员及相关机构开始研发中文域名技术。[3]科研人员不仅需要解决中文域名技术问题，什么样的中文可以注

---

〔1〕 Douglass C. North, *Institutions*, *Institutional Change*, *and Economic Performance*, Cambridge University Press, 1990, pp. 90, 108.

〔2〕 Hong Xue, “The Voice of China: A Story of Chinese-Character Domain Names”, (2004) 12 (2), *Cardozo Journal of International & Comparative Law*, pp. 559, 563.

〔3〕 See P. Faltstrom, P. Hoffman, and A. Costello, *RFC*-3490, Internationalizing Domain Names in Applications (IDNA), (March 2003), IETF, https://www.ietf.org/rfc/rfc3490.txt.

册为域名也亟需在不同地区进行协调。因为相同的域名字符在不同的国家、地区、文化或其他背景下可能是相同的意思，也可能具有不同的含义。不仅我国各省使用中文字符，香港特别行政区、澳门特别行政区和我国台湾地区的文字中也包含中文字符。[1]再者，中文又包括简体中文和繁体中文。如何协调各个地区中文域名的注册及如何使用简繁体中文域名需要各个国家和地区相互协调和合作。在此背景下，由“两岸四地”互联网络信息中心（CNNIC、TWNIC、HKNIC、MONIC）[2]组成的中文域名协调联合会（Chinese Domain Name Consortium，CDNC）于2000 年5 月 20 日在北京成立，承担中文域名的民间协调和规范工作。[3]

在中文域名注册服务方面，经原信息产业部于 2000 年 1 月18 日批准，CNNIC 推出中文域名试验系统。[4]然而在 2000 年 8月 22 日，美国 Network Solutions Inc.（NSI）公司声明他们也将于近期在“. COM”“. NET”“. ORG”下开放非英语域名注册测试平台。该测试平台最初能注册日文、韩文、中文（简体和繁体）域名，之后将能注册西班牙文、葡萄牙文和阿拉伯文的域名。NSI 公司计划于 10 月全面开放多语言注册服务。[5]中方对 NSI

---

〔1〕 K. Konishi, K. Huang, H. Qian, and Y. Ko, RFC - 3743, Joint Engineering Team (JET) Guidelines for Internationalized Domain Names (IDN) Registration and Administration for Chinese, Japanese, and Korean, (April 2004), IETF, https://tools.ietf.org/html/rfc3743.

〔2〕 财团法人台湾网络资讯中心，简称 TWNIC；香港网络信息中心，简称 HKNIC；澳门网络信息中心：MONIC。

〔3〕 “中文域名协调联合会（CDNC）介绍”，载 http://www.cdnc.org/gb/introduction/index.html，最后访问日期：2015 年 6 月 10 日。

〔4〕 CNNIC：“2000 年~2001 年互联网大事记”，载 http://www.cnnic.cn/hlwfzyj/hlwdsj/201206/t20120612_ 27417.htm，最后访问日期：2015 年 6 月 10 日。

〔5〕 Network Solutions Registry Opens Multilingual Domain Name Testbed to Registrars, (24 August 2000), The Free Library, http://www.thefreelibrary.com/Network+Solutions+Registry+Opens+Multilingual+Domain+Name+Testbed+to...-a064817441.

推出中文域名注册服务表示强烈抗议，针对这个问题，ICANN于2000年8月25日发表声明称域名国际化有利于非英语国家的互联网发展，但是域名系统国际化应具有开放的、非专有的和完全兼容的标准。[1] ICANN强烈赞同由IETF提议的域名国际化原则，即域名国际化最基础的要求是不能打乱现有域名系统的使用和运行，任何地方的域名系统都应能解析任何语言的域名。它将密切关注美国NSI公司推出的中文域名注册服务。[2]面对ICANN模糊的表态，中文域名协调联合会于2000年10月22日发表《CDNC关于NSI提供中文域名服务的公开声明》。该声明称“中文域名主要解决的是实现互联网应用本地化的问题。中文域名申请者和使用者主要是在‘两岸四地’，因此在中文域名注册、管理和使用过程中，‘两岸四地’的利益应该得到充分尊重和有力保障。在提供中文域名注册服务时，包括NSI推出的处于试验阶段的中文域名注册服务，应向广大互联网络用户说明有关事实和概念，以免有误导用户之嫌”。[3]“美国NSI公司推出中文域名系统既没有向中国政府征求意见，也没有与中国互联网主管部门协商，中国官方对此表示不满。”[4]面对国外公司开放中文域名注册服务的挑衅，CNNIC于2000年11月7日正式推出“‘.中国’‘.公司’‘.网络’为后缀的中文域名注册服

---

〔1〕 Hong Xue, “The Voice of China: A Story of Chinese-Character Domain Names”, (2004) 12 (2), *Cardozo Journal of International & Comparative Law* pp. 559, 568.

〔2〕 ICANN, ICANN Comment on NSI Registry Multilingual Domain Name Testbed, (25 August 2000), ICANN, https://www.icann.org/news/announcement-2000-08-25-en.

〔3〕 CDNC：“CDNC关于NSI提供中文域名服务的公开声明”，载http://www.cdnc.org/gb/news/xw00102201.html，最后访问日期：2015年6月10日。

〔4〕 董军：“NSI、CNNIC今秋斗法 域名战鼓因何而鸣?”，载http://www.people.com.cn/GB/channel5/745/20001114/312443.html，最后访问日期：2015年6月10日。

务”。〔1〕中文域名注册系统一开通，中国境内的域名注册服务机构几天内就收到了 50 多万份中文域名注册申请。〔2〕2000 年 11 月美国 NSI 公司也正式推出了中文域名注册服务，一天内就收到了 3 万多份中文域名注册申请。〔3〕然而，中国境内的中文域名数据库和美国 NSI 的中文域名数据库是两个不同的数据库且不互通，这意味着在一个数据库中注册的中文域名并不会被另外一个数据库解析。〔4〕中国政府除了要考虑域名技术和域名数据库的兼容外，还要兼顾网络言论管制、国家安全和经济发展策略等问题。〔5〕因此，原信息产业部于 2000 年 11 月发布了《信息产业部关于互联网中文域名管理的通告》。该通告第 3 条明确规定：“在中华人民共和国境内从事中文域名注册服务或注册代理活动，应获得信息产业部批准……未经批准，任何组织或个人不得从事中文域名注册管理、注册服务和注册代理活动。”CNNIC 也于 2000 年 11 月发布了《中文域名注册管理办法（试行）》以规范中文域名的注册和管理，发布了《中文域名争议解决办法（试行）》以解决中文域名注册和使用过程中发生的争议。

二、中文域名技术引发的域名法律制度变迁

《办法》（1997）第 2 条中规定了我国互联网络域名系统的

〔1〕 CNNIC：“2000 年～2001 年互联网大事记”，载 http://www.cnnic.cn/hlwfzyj/hlwdsj/201206/t20120612_27417.htm，最后访问日期：2015 年 6 月 10 日。

〔2〕 钟增胜：“浅析中文域名”，载《重庆商学院学报》2001 年第 3 期。

〔3〕 CDNC：“CDNC 关于 NSI 提供中文域名服务的公开声明”，载 http://www.cdnc.org/gb/news/xw00102201.html，最后访问日期：2015 年 6 月 10 日。

〔4〕 CNNIC：“2000 年～2001 年互联网大事记”，载 http://www.cnnic.cn/hlwfzyj/hlwdsj/201206/t20120612_27417.htm，最后访问日期：2015 年 6 月 10 日；肖琬蓉：“中文域名系统与中文网址技术辨析”，载《甘肃科技》2005 年第 4 期。

〔5〕 Hong Xue, “The Voice of China: A Story of Chinese-Character Domain Names”, (2004) 12 (2), *Cardozo Journal of International & Comparative Law* pp. 559, 575～581.

管理机构主要负责：[1]①制定中国互联网络域名的设置、分配和管理的政策及办法；②选择、授权或者撤消顶级和二级域名的管理单位；③监督、检查各级域名注册服务情况。

《办法》（2002）第5条中规定了我国互联网络域名系统的管理机构的主要职责是：[2]①制定互联网络域名管理的规章及政策；②制定国家（或地区）顶级域名CN和中文域名体系；③管理国家（或地区）顶级域名CN和中文域名的域名注册管理机构；④管理在中华人民共和国境内设置并运行域名根服务器的域名根服务器运行机构；⑤监督管理域名注册服务；⑥负责与域名有关的国际协调。

通过对比两个域名管理制度中关于中国域名管理机构的职责不难发现，2002年的域名管理机构职责新增了制定中文域名体系、管理中文域名的域名注册管理机构、负责与域名有关的国际协调这些内容。中文域名技术的发展和使用促使域名管理制度增加了中文域名规制方面的内容。

三、域名系统安全

DNS的安全隐患主要表现在协议设计脆弱性（域名欺骗和网络通信攻击等威胁）、实现脆弱性（由安全编码水平不高以及程序测试不全面导致的软件安全漏洞威胁）和操作脆弱性（配置攻击、域名注册攻击和信息泄漏等威胁）三类。[3]一旦DNS

---

〔1〕《办法》（1997），第2条。

〔2〕《办法》（2002），第5条。

〔3〕参见王垚等："域名系统安全研究综述"，载《通信学报》2007年第9期；戴沁芸等："5·19断网事件缘起DNS脆弱 域名系统安全应对能力亟待加强"，载《世界电信》2009年第9期。

服务器遭受攻击，[1]网络用户就不能正常浏览网页或进行相应的操作。[2]对域名服务器的控制不仅会干扰经济发展、还会影响政治、政策及法律的制定。[3]

2001 年 4 月 1 日，中美南海撞机事件引发了中美网络黑客对战。自 2001 年 4 月 4 日起，美国黑客袭击了至少 100 家中国网站，他们主要利用扫描工具来寻找域名系统中的安全漏洞对网站进行攻击。[4]而中国的黑客也计划于 2001 年 5 月 1 日至 5 月 7 日期间对美国网站发动攻击。[5]2001 年 4 月 28 日，中科院信息安全专家称："据有关统计，目前中美两国每天都要发生 40 到 50 起黑客攻击事件，而在撞机前这一数字仅为 1 到 2 起。"[6]不仅中国民间的网站受到美国黑客的攻击，中国政府的网站也接连遭受攻击。[7]这次中美黑客大战暴露了中国域名系统的安

〔1〕 2013 年 8 月 25 日至 26 日，中国国家顶级域名".CN"遭到史上最大规模的拒绝服务攻击。解析服务器和根服务器同时遭受攻击，致使所有 .CN 下所有域名均无法被解析。参见张业军"'.CN'遭最大规模攻击　疑为'网络黑帮'砸场"，载 http://news.sohu.com/20130828/n385221512.shtml，最后访问日期：2015 年 6 月 10 日。

〔2〕 戴沁芸等："5·19 断网事件缘起 DNS 脆弱　域名系统安全应对能力亟待加强"，载《世界电信》2009 年第 9 期。

〔3〕 Milton L. Mueller, *Ruling the Root: Internet Governance and the Taming of Cyberspace*, The MIT Press, 2004, p. 10.

〔4〕 Michelle Delio, Crackers Expand Private War, (18 April 2001), http://archive.wired.com/politics/law/news/2001/04/43134? currentPage=1.

〔5〕 Michelle Delio, Crackers Expand Private War, (18 April 2001), http://archive.wired.com/politics/law/news/2001/04/43134? currentPage=1；"美国黑客攻击上百中国网站"，载 http://www.cert.org.cn/publish/main/49/2012/20120330182930367788596/20120330182930367788596_.html，最后访问日期：2015 年 6 月 8 日。

〔6〕 "中科院安全专家提醒国内网站防范美国黑客"，载 http://www.cert.org.cn/publish/main/49/2012/20120330182847222755705/20120330182847222755705_.html，最后访问日期：2015 年 6 月 8 日。

〔7〕 "美国黑客把目光瞄准了中国的政府网站"，载 http://www.cert.org.cn/publish/main/49/2012/20120330182847363996605/20120330182847363996605_.html，最后访问日期：2015 年 6 月 8 日。

全隐患，网络信息安全问题亟待解决。[1]为了应对我国网络技术落后问题和网络安全意识欠缺的问题，国家信息化工作领导小组和计算机网络与信息安全管理工作办公室于2001年4月26日紧急发布《关于选择我国计算机网络安全服务试点单位的公告》，该公告称："根据国家赋予的'组织全国主网络安全保障体系，协调各行业的计算机网络安全应急工作'和'组织和协调计算机网络信息安全技术标准和网络安全等级标准的制订工作'的职责，决定组织建设我国计算机网络安全保障和应急处理体系，并酝酿制定我国计算机网络安全服务的行业规范。为积极稳妥地推进这两方面的工作，我办现面向社会选择我国计算机网络安全服务试点单位。"[2]2002年9月，国家计算机网络应急技术处理协调中心（简称"国家互联网应急中心"）成立。国家互联网应急中心为我国非政府非盈利的网络安全技术中心，是中国网络安全应急体系的核心协调机构，主要职责是："按照'积极预防、及时发现、快速响应、力保恢复'的方针，开展互联网网络安全事件的预防、发现、预警和协调处置等工作，维护国家公共互联网安全，保障基础信息网络和重要信息系统的安全运行。"[3] 正在中国加紧布防网络安全体系的时候，2001年9月11日发生在美国的恐怖袭击彻底改变了域名系统的监管环境。为了在世界范围内对付恐怖主义，布什政府把网络监管视为最重要的安保策略。网络设施的稳定性和安全性被视

---

[1] 周国平："网络发展对我国政治安全机制的冲击及对策"，载《学习与探索》2002年第5期。

[2] 2001年4月26日，《国家信息化工作领导小组、计算机网络与信息安全管理工作办公室关于选择我国计算机网络安全服务试点单位的公告》。

[3] "国家计算机网络应急技术处理协调中心"，载 http://www.cert.org.cn/publish/main/34/index.html，最后访问日期：2015年6月10日。

为高度敏感的安全问题。[1]此次事件让全世界意识到了域名系统安全关系到国家安全。

域名系统的安全不仅关系到国家安全，也影响着国家或地区的经济发展。在国内，利用域名系统进行网络攻击的情况也屡屡发生。"域名劫持（或域名欺骗）方法逐渐受到网络黑客的欢迎，其主要目标是网络钓鱼、信息窃取或散发恶意代码。黑客主要利用域名服务器的安全漏洞实施入侵，篡改域名记录，或者利用大批傀儡主机（'肉鸡'）等方法对域名服务器实施'暴力信息污染'，使网民在毫无察觉的情况下将其误导到陷阱网站后再进行攻击。利用域名发动攻击者可灵活、隐蔽地实施大规模网页挂马、僵尸网络控制、网络仿冒等恶意活动。"[2]这些网络恶意活动给网民和商家等带来了无法估量的经济损失。我国政府在面对国内外的域名系统安全隐患的严峻形势时，也及时相继出台或修改了规范网络安全行为的《计算机病毒防治管理办法》[3]《公用电信网间互联管理规定》[4]《人事部关于对利用计算机信息系统从事违法违纪活动的处理办法（试行）》[5]等规定。

---

〔1〕 Wolfgang Kleinwaechter, "From Self-governance to Public-Private Partnership: The Changing Role of Governments in the Management of the Internet's Core Resources", (2003) 36 (3), *Loyola of Los Angeles Law Review*, pp. 1103, 1120.

〔2〕 柳青："我国互联网域名系统的安全问题"，载《现代电信科技》2010 年第 4 期。

〔3〕《计算机病毒防治管理办法》，2000 年 3 月 30 日公安部部长办公会议通过，2000 年 4 月 26 日发布施行。

〔4〕《公用电信网间互联管理规定》，2001 年 5 月 10 日发布并施行。1999 年 9 月 7 日，原信息产业部发布的《电信网间互联管理暂行规定》同时废止。

〔5〕《人事部关于对利用计算机信息系统从事违法违纪活动的处理办法（试行）》，2001 年 11 月 19 日发布。

四、域名系统安全引发的域名法律制度变迁

相较于《办法》(1997),《办法》(2002)新增了有关“任何组织或者个人不得采取任何手段妨碍我国境内互联网域名系统的正常运行”[1]的条款,以应对新形势下的域名系统安全问题。

第六节　互联网域名管理法律制度变迁的特征

一、制度变迁的特征

新制度经济学认为相关价格的变化是制度变迁的源头,技术创新也是促进制度变迁的因素。[2]从公民作为需求者、政府作为供给者的角度分析,制度变迁也是社会中需求与供给相互作用的结果。[3]制度和组织的相互作用塑造经济制度的变迁。[4]法律制度或行为规范制度等约束力的一系列变迁会导致制度架构的巨大变迁。只有具有足够谈判能力的利益团体才能改变正式规则,才能引起正式制度架构的重大变迁。如果制度框架没有进化,交易双方没有解决纠纷的制度安排,从交易获得的潜在收益不能被确认,企业家们就会想要形成一个联盟,通

---

〔1〕《办法》(2002),第4条。

〔2〕Douglass C. North, *Institutions, Institutional Change, and Economic Performance*, Cambridge University Press, 1990, p. 7; Milton L. Mueller, *Ruling the Root: Internet Governance and the Taming of Cyberspace*, The MIT Press, 2004, p. 255.

〔3〕Lee J. Alston, Thrainn Eggertsson, and Douglass C. North (ed), *Empirical Studies In Institutional Change*, Cambridge University Press, 1996, pp. 26~27.

〔4〕Douglass C. North, "Economic Performance Through Time", (1994) 84 (3), *The American Economic Review*, pp. 359, 361.

过罢工、暴力或其他方式来打破这个僵局。[1]因此，新制度经济学家把制度变迁分为内源性制度变迁和外源性制度变迁。[2]内源性制度变迁指制度的内在性因素引发的制度变迁，例如高阶制度变迁引发的低阶制度变迁、相关价格的变化引发的制度变迁等；外源性制度变迁指由制度的外在因素引发的制度变迁，如技术创新或技术变迁引发的制度变迁、人口增长引发的制度变迁等。那么，2002 年的我国互联网域名管理法律制度变迁属于外源性制度变迁还是内源性制度变迁？或者是两者的综合？

二、域名管理法律制度变迁的特征

通过上述分析《办法》（1997）变迁到《办法》（2002）的内容，我国互联网域名管理法律制度变迁主要有政治体制改革诱因引发的域名法律制度变迁、域名纠纷解决机制诱因引发的域名法律制度变迁、交易费用引发的域名法律制度变迁和域名技术诱因引发的域名法律制度变迁。那么政治体制改革、域名纠纷解决机制、交易费用和域名技术是内源性因素还是外源性因素。根据新制度经济学对制度的分类：第一等级的制度为嵌入制度，包括规范、习惯、道德、传统、宗教等。第二等级的制度为制度环境，即正式规则，包括政体、宪法、法律、政府机构等。第三等级的制度为治理制度，包括法律实施方式、纠纷解决方式、市场、企业、政府机构等运作的游戏规则等。第四等级的制度为经济人层面的资源分配制度和雇佣制度，包括

〔1〕 Douglass C. North, *Institutions, Institutional Change, and Economic Performance*, Cambridge University Press, 1990, p. 90.

〔2〕 See Menno Fenger, Martijn van der Steen, and Lieske van der Torre, "The Responsiveness of Social Policies. Explaining Institutional Change in Three Policy Domains", (2014) 80 (3), *International Review of Administrative Sciences*, pp. 659, 660.

价格和数量的制度、激励制度等。[1]因此，政治体制改革属于第二等级的制度，域名纠纷解决机制属于第三等级的制度，交易费用属于第四等级的制度，这三个因素引发的制度变迁属于内源性制度变迁。而域名技术不属于制度中的任何一类，由域名技术引发的制度变迁属于外源性。综上所述，我国互联网域名管理法律制度的第一次变迁是内源性变迁和外源性变迁的综合体。

---

〔1〕 Oliver E. Williamson, "The New Institutional Economics: Taking Stock, Looking Ahead", (2000) 38 (3), *Journal of Economic Literature*, pp. 595, 596 ~ 600, 608; Oliver E. Williamson, "The Institutions of Governance", (1998) 88 (2), *The American Economic Review*, p. 75.

第四章

互联网域名管理法律制度第二次变迁（2004年）——法律制度特色化

2004 年，原信息产业部发布《中国互联网络域名管理办法》[以下简称《办法》（2004）] 并同时废止《办法》（2002），这标志着我国互联网域名管理法律制度完成了第二次变迁。互联网域名管理法律制度在经历了法律制度的移植和本土化两个阶段后，终于形成了具有中国特色的规制网络言论的法规条款。虽然互联网域名管理法律制度的变迁通常都会牵涉各方的相关利益者，如互联网技术团体；域名注册管理机构和域名注册服务机构；潜在的域名注册管理机构和域名注册服务机构；商标和知识产权利益相关者；网络服务提供商和其他涉及电信、电子商务行业的公司；提倡言论自由、反对知识产权扩张的利益相关者；寻求网络治理的国际政府间组织；一些国家政府机构等。[1]但这次的互联网域名管理法律制度变迁对倡导言论自由的个人和组织的影响最大。它形成了中国特色的网络言论规制模式，同时也完全实现了我国网络主权的话语权。

〔1〕 Milton L. Mueller, *Ruling the Root: Internet Governance and the Taming of Cyberspace*, The MIT Press, 2004, p. 69.

第一节 域名与网络言论的关系

域名具有的传统功能，如网站识别符和网站内容识别符的索引——如今已经演化成域名的网络言论表达功能。〔1〕即，域名本身就是一种网络言论的表达，或者域名作为一种标题指代它所链接网站的网络言论表达。〔2〕因域名系统已经成为一种政治技术，它的分配、存贮和检索互联网地址的功能是政治权力的重要来源。谁拥有控制集权化域名的权力，谁就拥有决定网络空间个体存在的权力和决定这个个体如何在网络空间行使权利的权力。〔3〕因此，各国政府所实施的国家顶级域名管理制度深刻而广泛地影响着个人的言论自由，政府通过对域名的掌控以控制公民利用域名行使言论自由的权利。〔4〕

一、作为网络言论的域名

域名本身作为一种网络言论表达，〔5〕可以与网络言论的分

---

〔1〕 Daniel T. Janis, "Internet Domain Names and the Lanham Act: Broadening Trademark Definitions and Their Implications for Speech on the Web", (2001) 25 (1), *The Columbia Journal of Law & the Arts*, p. 21, 23.

〔2〕 Mimi Rajapakse, "Domain Names As Protected Speech: A Reexamination of the Fourth Circuit's Decision in People for the Ethical Treatment of Animals V. Doughney", (2003) 31 (3), *AIPLA Quarterly Journal*, 353, pp. 372~373.

〔3〕 Monika Ermert and Christopher R. Hughes, "What's in a Name? China and the Domain Name System" in Christopher R. Hughes and Gudrun Wacker (ed), *China and the Internet: Politics of the Digital Leap forward*, RoutledgeCurzon, 2003, pp. 127, 127.

〔4〕 Sean P. Shecter, Freedom of Speech in the Changing World of Internet Domain Name Registration and Dispute Resolution: How the Increasing Influence of National Governments in Domain Name Policy Threatens Free Speech on the Internet, 22 January 2007, Slide, pp. 45, 48, Bepress Legal Series, http://law. bepress. com/expresso/eps/1954/.

〔5〕 Mimi Rajapakse, "Domain Names As Protected Speech: A Reexamination of the Fourth Circuit's Decision in People for the Ethical Treatment of Animals V. Doughney", (2003) 31 (3), *AIPLA Quarterly Journal*, pp. 353, 363, 373.

类相对应。根据劳伦斯·莱斯格（Lawrence Lessig）的观点，可以把网络言论分成三类，分别为：①每个人都有权利表达的言论，如有关公共事务的政治言论；②每个人都没有权利表达的言论，如淫秽言论和儿童色情言论；③有些人有权利表达，而有些人却没有权利表达的言论，如成人有权利而儿童没权利表达的不雅言论。[1]虽然，这是根据美国的情况对网络言论进行的划分，并不能完全应用于中国，但是可以借鉴其标准。根据我国《宪法》等相关法律的规定，有些言论任何人都没有权利在网络空间中表达，可以将其界定为禁止表达的网络言论。有些主体有权利表达而有些主体无权利表达的言论范围较为宽泛，我国的相关规定也较多。基于身份、团体、族群或性别等因素，有些主体就要慎言。比如，政府官员，法官和检察官等具有特殊身份的人，就不可以国家工作人员的身份在网络空间中随心所欲地发表观点，这些言论可以界定为限制表达的网络言论。未落入上述两种范围的网络言论是每个主体都可自由表达的言论，可界定为自由表达的网络言论。与网络言论的分类相对应，域名也可分为禁止注册的域名、限制注册的域名和自由注册的域名。

（一）禁止注册的域名

中国国家顶级域名管理制度中明确列举了几类言论不可注册为域名。《办法》（2004）第 27 条规定：“任何组织或个人注册和使用的域名，不得含有下列内容：（一）反对宪法所确定的基本原则的；（二）危害国家安全，泄露国家秘密，颠覆国家政权，破坏国家统一的；（三）损害国家荣誉和利益的；（四）煽动民族仇恨、民族歧视，破坏民族团结的；（五）破坏国家宗教

---

〔1〕 Lawrence Lessig and Paul Resnick, “Zoning Speech on the Internet: A Legal and Technical Model”, (1999) 98 (2), *Michigan Law Review*, pp. 395, 395.

政策，宣扬邪教和封建迷信的；（六）散布谣言，扰乱社会秩序，破坏社会稳定的；（七）散布淫秽、色情、赌博、暴力、凶杀、恐怖或者教唆犯罪的；（八）侮辱或者诽谤他人，侵害他人合法权益的；（九）含有法律、行政法规禁止的其他内容的。”〔1〕

因此，含有上述内容的域名在 .CN 下都被禁止注册，即禁止通过域名表达的网络言论。

（二）限制注册的域名

限制注册的域名指有些网络言论可附带条件地注册为域名。《办法》（2004）第 25 条第 1 款规定：“为维护国家利益和社会公众利益，域名注册管理机构可以对部分保留字进行必要保护，报信息产业部备案后施行。”〔2〕这些预留域名主要保护受中国法律保护的商标和国家机关、各级政府或事业单位等名称。为了平衡域名与商标权的纠纷，《办法》（2002）第 17 条就首次开创了域名预留制度。〔3〕当域名含有商标时，域名所有权和商标权发生冲突，商标权和言论自由权发生冲突。〔4〕有关商标使用的限制性规定影响谁的声音可以在网络上传播以及以何种形式传播。〔5〕在域名所有权、商标权、言论自由权的矛盾中，中国的国家顶级域名管理制度倾向于保护商标权，只有商标权利人才能在预留

〔1〕《办法》（2004），第 27 条。

〔2〕《办法》（2004），第 25 条。

〔3〕《办法》（2002）第 17 条第 1 款也规定“域名注册管理机构可以在扩展域名注册范围时设立预注册期限，对部分保留字进行必要保护，并在其网站上提供查询。”

〔4〕 Mimi Rajapakse, “Domain Names As Protected Speech: A Reexamination of the Fourth Circuit's Decision in People for the Ethical Treatment of Animals V. Doughney”, (2003) 31 (3), *AIPLA Quarterly Journal*, pp. 353, 361.

〔5〕 Daniel T. Janis, “Internet Domain Names and the Lanham Act: Broadening Trademark Definitions and Their Implications for Speech on the Web”, (2001) 25 (1), *The Columbia Journal of Law & the Arts*, pp. 21, 23, 25.

的时间段内将相关商标注册为域名。在国家机关、各级政府或事业单位等名称的保护方面，虽然《办法》(2004）没有保留《办法》（1997）第11条，[1]但是域名预留制度使得只有国家机关、各级政府或事业单位的权利主体才能将其名称注册为域名，其他主体无权注册。

（三）自由注册的域名

自由注册的域名指有些网络言论可自由地注册为域名。不属于禁止注册和限制注册类别之外的网络言论均可被注册为域名。例如，石家庄市的尚先生将“劝阿扁”注册为域名，为的是劝谏分裂势力。但是有些恶搞域名却钻了法律空子，给其他权利主体带来了烦忧。第一种为恶搞商标，如有人将“张裕”注册为域名（该域名指代坐便器，而“张裕”则为中国知名红酒品牌)。[2]第二种为恶搞商品，如有人将“中央一套”注册域名（该域名指代避孕套商品)。[3]第三种为恶搞名人，如有人“布什”注册为域名（该域名指代尿不湿，因“布什”与“不湿”谐音)。[4]虽然这些恶搞的域名所承载的言论自由权利与商标权、人格权发生了冲突，中国国家顶级域名管理制度倾向于保护域名所蕴含的网络言论自由权利。

〔1〕《办法》(1997）第11条第1项规定，未经国家有关部门的正式批准，不得使用含有“CHINA”“CHINESE”“CN”“NATIONAL”等字样的域名；第3项规定，未经各级地方政府批准，不得使用县级以上（含县级）行政区划名称的全称或缩写。

〔2〕夏红尧、李红：“‘中文域名’刮起抢注风　知名企业屡被恶搞”，载 http://www.413show.com/info/611.html，最后访问日期：2015年7月6日。

〔3〕王晓明：“名人被抢注　商标也恶搞”，载 http://www.66163.com/Fujian_w/news/fjgsb/299/1/2006927164559.htm，最后访问日期：2015年7月6日。

〔4〕王晓明：“名人被抢注　商标也恶搞”，载 http://www.66163.com/Fujian_w/news/fjgsb/299/1/2006927164559.htm，最后访问日期：2015年7月6日。

二、作为网络言论门户的域名

当网站将域名和IP地址绑定后，如果域名被删除或域名被禁止解析，网络用户将无法通过原域名访问该网站，即用户无法通过输入已经熟知、熟记的域名浏览依附于该网站下的信息。虽然，网民可以通过输入IP地址的方法继续访问该网站，但是现实生活中极少有人记住复杂、枯燥的IP地址。因此，域名是网民与网络言论平台之间的重要枢纽，也是网络用户找到特定网站的门户。[1]删除一个域名或禁止解析一个域名就可轻易地隔断网民正常浏览该域名所绑定网站的信息内容，这是最优雅和最高效的控制网络言论的方法。[2]掌控了规制域名系统的权力，就掌控了对网络言论内容进行规制的权力。[3]

例如，注册用户超过1亿的原创内容交流平台的天涯社区（域名：www.tianya.cn；IP地址：124.225.65.154）就是一个以开放、包容为宗旨的华人网络言论发表平台。如果该域名被删除或被禁止解析，用户只能通过输入IP地址124.225.65.154的方式访问天涯网站。而Facebook和Twitter等社交网站的域名

---

〔1〕 Michael V. LiRocchi et al., "Trademarks and Internet Domain Names in the Digital Millennium", (2000) 4 (2), *UCLA Journal of International Law and Foreign Affairs*, pp. 377, 381; Daniel T. Janis, "Internet Domain Names and the Lanham Act: Broadening Trademark Definitions and Their Implications for Speech on the Web", (2001) 25 (1), *The Columbia Journal of Law & the Arts*, pp. 21, 23.

〔2〕 Andrew D. Murray, "Regulation and Rights in Networked Space", (2003) 30 (2), *Journal of Law and Society*, pp. 187, 201.

〔3〕 A. Michael Froomkin, "Wrong Turn in Cyberspace: Using ICANN to Route around the APA and the Constitution", (2000) 50 (1), *Duke Law Journal*, pp. 17, 21.

被中国政府禁止解析后，[1]中国大陆网民则无法登录和浏览这些网站。对域名注册和域名维护的规制能力可以转化为规制网站的能力，再通过控制网站的方式规制网络言论。[2]由此可见，域名是网民通向网络言论发表平台的重要门户，控制域名就可在一定程度上管制网络言论的发表和传播。

第二节 ICANN-UDRP 对网络言论的影响

当美国商务部向互联网名称与数字地址分配机构（The Internet Corporation for Assigned Names and Numbers，ICANN）移交全球域名系统管理权时，它并没有考虑到言论自由的问题，也未能预见 ICANN 的政策在规制网络言论方面可能发挥的重大作用。[3]同时，也没有国际公约或国家组织直接规制与域名有关的言论自由问题。[4]因此，ICANN 发布的域名政策都未直接涉及言论自由。然而，ICANN 对域名系统和根服务器的控制能力可

---

〔1〕 Facebook 和 Twitter 于 2009 年被禁止访问。See Cynthia Liu，"Internet Censorship as a Trade Barrier：A Look at the WTO Consistency of the Great Firewall in the Wake of the China-Google Dispute"，（2011）42（4），*Georgetown Journal of International Law*，pp. 1199，1205～1206. 中国政府也禁止中国境内的代理服务器访问 Facebook 和 Twitter 等社交网站的 IP 地址，所以中国大陆的网民也无法通过输入 IP 地址的方法访问这些网站，除非使用境外的代理服务器进行登录。

〔2〕 Dawn C. Nunziato，"Freedom of Expression，Democratic Norms，and Internet Governance"，（2003）52（1），*Emory Law Journal*，pp. 187，201.

〔3〕 Dawn C. Nunziato，"Freedom of Expression，Democratic Norms，and Internet Governance"，（2003）52（1），*Emory Law Journal*，pp. 187，190，192.

〔4〕 Sean P. Shecter，Freedom of Speech in the Changing World of Internet Domain Name Registration and Dispute Resolution：How the Increasing Influence of National Governments in Domain Name Policy Threatens Free Speech on the Internet，（22 January 2007），Slide 13-14 Bepress Legal Series，http://law. bepress. com/expresso/eps/1954/.

转化为对网络言论的控制能力。[1] 例如，它颁布的域名注册政策限制匿名网络言论，统一域名争议解决政策（Uniform Dispute Resolution Policy，UDRP）限制批评性言论。[2]当 ICANN 意识到上述问题并想要解决时，它面临两个困境：其一，没有任何政策规定 ICANN 该如何保护跟域名相关的个人言论；其二，各国政府质疑作为私人公司的 ICANN 控制跟域名相关的言论自由裁决的合法性。[3]虽然 ICANN 可借鉴《世界人权宣言》（Universal Declaration of Human Rights，UDHR）的第 19 条[4]和联合国颁布实施的《公民权利和政治权利国际公约》（International Covenant on Civil and Political Rights，ICCPR）的第 19 条第 2 款中规定的“人人有自由发表意见的权利；此项权利包括寻求、接受和传递各种消息和思想的自由，而不论国界，也不论口头的、书写的、印刷的、采取艺术形式的，或通过他所选择的任何其他媒介”，对言论自由进行保护，但是 ICCPR 的第 19 条第 3 款又规定为“尊重他人的权利或名誉”，“保障国家安全或公共秩序，或公共卫生或道德”，可对言论自由权利进行限制。第 20

---

〔1〕 Dawn C. Nunziato, “Freedom of Expression, Democratic Norms, and Internet Governance”, (2003) 52 (1), *Emory Law Journal*, pp. 190, 196.

〔2〕 禁止网站匿名运行的域名注册政策使个人很难在网络上匿名发表言论，对域名持有者和商标持有者纷争的裁决政策—UDRP—压制了批评性言论。这些看似微不足道的政策却对网络言论自由产生了巨大的杠杆效应。See Dawn C. Nunziato, “Freedom of Expression, Democratic Norms, and Internet Governance”, (2003) 52 (1), *Emory Law Journal*, pp. 187, 188, 189, 193.

〔3〕 因为不能扰乱现存的人权和言论自由保护体系，因此不用在域名系统管理原则中特别囊括该方面的内容。The United States Department of Commerce, Management of Internet Names and Addresses, ICANN, https://www.icann.org/resources/unthemed-pages/white-paper-2012-02-25-en.

〔4〕《世界人权宣言》第 19 条：“人人有权享有主张和发表意见的自由；此项权利包括持有主张而不受干涉的自由，和通过任何媒介和不论国界寻求、接受和传递消息和思想的自由。”

条规定：“一、任何鼓吹战争的宣传，应以法律加以禁止。二、任何鼓吹民族、种族或宗教仇恨的主张，构成煽动歧视、敌视或强暴者，应以法律加以禁止。”〔1〕每个国家、地区对上述条款的理解都不同、实施保护言论自由的程度也不同，这成为 ICANN 制定统一的域名政策保护言论自由权利的最大障碍。再者，各国政府纷纷通过政府咨询委员会（Governmental Advisory Committee，GAC）向 ICANN 施加压力并声称国家顶级域名是国家主权的一部分，ICANN 不应通过域名政策干涉应归各国国内法规制的网络言论。〔2〕

虽然 ICANN 在制定国家顶级域名政策方面面临重重压力和障碍，但是它的通用顶级域名政策却得以顺利实施。ICANN 通过域名注册合同要求所有注册通用顶级域名（gTLD）的用户必须接受 UDRP 来解决域名纠纷。〔3〕这些域名纠纷大致可以分为以下五种类型：①商标与域名抢注的纠纷；②商标与言论自由的纠纷；③商标间的纠纷；④姓名与域名的纠纷；⑤文化域名或地域域名之间的纠纷。〔4〕而商标权与言论自由权的纠纷成为近年来关注的焦点。因为 ICANN 设计 UDRP 的初衷主要是为了解决域名抢注

〔1〕 International Covenant on Civil and Political Rights 1966，（World）Article 20.

〔2〕 *ICANN Bylaws* 1998 Art. VII，§ 3（a）. See ICANN，Bylaws，（21 November 1998），https://www.icann.org/resources/unthemed-pages/bylaws-1998-11-23-en；Sean P. Shecter，Freedom of Speech in the Changing World of Internet Domain Name Registration and Dispute Resolution：How the Increasing Influence of National Governments in Domain Name Policy Threatens Free Speech on the Internet，（22 January 2007），Slide 15-16 Bepress Legal Series，http://law.bepress.com/expresso/eps/1954/.

〔3〕 Milton Mueller，A New Profile of Domain Name Trademark Disputes under ICANN's UDRP，（24 June 2002），Slide 1 The Center for Convergence and Emerging Network Technologies，http://ccent.syr.edu/wp-content/uploads/2014/05/markle-report-final.pdf.

〔4〕 Jacqueline Lipton and Mary Wong，"Trademarks and Freedom of Expression in ICANN's New gTLD Process"，（2012）38（1），*Monash University Law Review*，pp. 188，190.

问题，其他跟域名相关的纠纷都留给了各国法院。[1]事实上，UDRP 确实高效地解决了域名抢注问题，但是 UDRP 的超国家的法律和管辖权的性质使得它只是快速而成本低廉地解决了简单的域名纠纷，而其对商标和言论自由纠纷的裁决却备受争议。[2]

网站所有者试图将与网站类别或网站内容较贴切的词语、数字等注册为域名以增加访问量。[3]因此，作为网络言论门户的域名的可廉价获得性和公众可自由访问性使得商标权利人、网络言论评论家都将域名视为网络空间中的有价资产。[4]而商标法限制其他主体自由使用商标权人的商标使得商标和言论自由之间存在固有的紧张关系。[5]在解决这类域名纠纷时，UDRP 法规条款的文本解释成为平衡商标权和言论自由权的主要依据。

---

〔1〕 Andrew D. Murray, "Regulation and Rights in Networked Space", (2003) 30 (2), *Journal of Law and Society*, pp. 187, 202; Dawn C. Nunziato, "Freedom of Expression, Democratic Norms, and Internet Governance", (2003) 52 (1), *Emory Law Journal*, pp. 187, 204.

〔2〕 Milton Mueller, A New Profile of Domain Name Trademark Disputes under ICANN's UDRP, (24 June 2002), Slide 1 The Center for Convergence and Emerging Network Technologies, http://ccent. syr. edu/wp-content/uploads/2014/05/markle-report-final. pdf, Slide III; Graeme B. Dinwoodie, " (National) Trademark Laws and the (Non-National) Domain Name System", (2000) 21 (3), *University of Pennsylvania Journal of International Economic Law*, pp. 495, 511.

〔3〕 Daniel T. Janis, "Internet Domain Names and the Lanham Act: Broadening Trademark Definitions and Their Implications for Speech on the Web", (2001) 25 (1), *The Columbia Journal of Law & the Arts*, pp. 21, 35~36.

〔4〕 Jude A. Thomas, "Fifteen Years of Fame: The Declining Relevance of Domain Names in the Enduring Conflict Between Trademark and Free Speech Rights", (2011) 11 (1), *John Marshall Review of Intellectual Property Law*, pp. 1, 5, 13.

〔5〕 Mark A. Lemley, "The Modem Lanham Act and the Death of Common Sense", (1999) 108 (7) *Yale Law Journal*, pp. 1687, 1715; Daniel T. Janis, "Internet Domain Names and the Lanham Act: Broadening Trademark Definitions and Their Implications for Speech on the Web", (2001) 25 (1), *The Columbia Journal of Law & the Arts*, p. 25; David C. Najarian, "Internet Domains and Trademark Claims: First Amendment Considerations", (2001) 41 (1), *IDEA: The Journal of Law and Technology*, pp. 127, 144~145.

在适用以限制域名抢注为初衷的法规来解决这两者权利之间的冲突时，裁决之间不具有一致性则不足为奇。〔1〕

米尔顿·米勒（Milton Mueller）在对 1999 年至 2002 年间根据 UDRP 规则裁决的 6000 多域名纠纷案件的分析后发现，绝大多数的委员会致力于保护商标权，较少考虑域名使用时所牵涉的言论自由问题。〔2〕一些委员会认为域名注册者的言论自由利益不能扩展到域名使用权，一些委员会则习惯性地倾向于保护商标权。〔3〕安德鲁·D. 默里（Andrew D. Murray）于 2002 年开展的 UDRP 服务调查显示，两大机构世界知识产权组织（WIPO）和国家仲裁院（NAF）提供的 UDRP 委员中有 57%没有裁决经验，两机构雇佣的委员中超过半数没有裁决经验。这些可能导致在涉及言论自由权和商标权矛盾的复杂案件的裁决中，委员会会惯性地保护商标权。〔4〕因为保护驰名商标免遭恶意注册是

---

〔1〕 Jude A. Thomas, "Fifteen Years of Fame: The Declining Relevance of Domain Names in the Enduring Conflict Between Trademark and Free Speech Rights", (2011) 11 (1), *John Marshall Review of Intellectual Property Law*, p. 6.

〔2〕 Milton Mueller, A New Profile of Domain Name Trademark Disputes under ICANN's UDRP, (24 June 2002), Slides, p. 1, 23; The Center for Convergence and Emerging Network Technologies, http://ccent. syr. edu/wp - content/uploads/2014/05/markle-report-final. pdf.

〔3〕 Sean P. Shecter, Freedom of Speech in the Changing World of Internet Domain Name Registration and Dispute Resolution: How the Increasing Influence of National Governments in Domain Name Policy Threatens Free Speech on the Internet, (22 January 2007), Slide 35 Bepress Legal Series, http://law. bepress. com/expresso/eps/1954/; Andrew D. Murray, "Regulation and Rights in Networked Space", (2003) 30 (2), *Journal of Law and Society*, pp. 187, 210; Milton Mueller, A New Profile of Domain Name Trademark Disputes under ICANN's UDRP, (24 June 2002), Slides, p. 23.

〔4〕 Milton Mueller, A New Profile of Domain Name Trademark Disputes under ICANN's UDRP, (24 June 2002), Slides, pp. 203~204; Dawn C. Nunziato, "Freedom of Expression, Democratic Norms, and Internet Governance", (2003) 52 (1), *Emory Law Journal*, pp. 187, 206.

WIPO 成员国达成的一致意见。[1]他们认为如果一个网站以恶意攻击商标权利人为目的，该网站的域名就属于恶意使用。[2]所以大多数的 WIPO 委员会认为域名注册者不能为了批评或评论而单独使用其他主体的标记。当一个域名由商标构成且无其他附加和可区别于该商标的文字时，即使网站内容显示该网站的目的是批评或评论商标或商标持有人，这些批评言论所指向的言论自由也不足以构成合理使用。WIPO 委员会也会认为即使是没有注册的商标（如名人姓名等）也不可作为域名合理使用的辩护理由。[3]

并非所有的 UDRP 程序下的委员会都秉持上述意见。有些委员会认为如果网站主要以恶搞、评论或批评为目的，且非用于商业用途，该网站的域名构成合理使用时应受言论自由权利的保护。[4]一些 WIPO 委员会认为即使域名包含的文字不足以区别于商标或撇清与商标持有人的关系，只要是该域名下绑定的网站用于批评或评论，域名注册者仍然可以保留域名使用权。如果一个网站利用商标来表达积极的观点，且这个网站的域名没有出卖或其他获利的意图，例如名人的粉丝网站，那么该域

---

〔1〕 Graeme B. Dinwoodie, "（National）Trademark Laws and the（Non-National）Domain Name System",（2000）21（3）, *University of Pennsylvania Journal of International Economic Law*, pp. 495, 508.

〔2〕 Sheldon Burshtein, "Domain Names At the Intersection of Free Speech and Trade-Mark Law on the Internet",（2007）56, *University of New Brunswick Law Journal*, pp. 47, 60.

〔3〕 W. Scott Creasman, "Free Speech and 'Sucking' — When Is the Use of A Trademark In A Domain Name Fair?",（2005）95（5）, *Trademark Reporter*, pp. 1034, 1043～1044.

〔4〕 Graeme B. Dinwoodie, "（National）Trademark Laws and the（Non-National）Domain Name System",（2000）21（3）, *University of Pennsylvania Journal of International Economic Law*, pp. 59, 60.

名就可构成合理使用，而非侵犯了商标权。[1]例如，在审理 Bridgestone 案件时，WIPO 委员会认为言论自由属于 UDRP 第 4（C）条第 3 款 UDRP Policy 4（c）（iii）规定的合法的非商业性合理使用，且言论自由应该是网络法的根基之一。[2]

上述研究表明，UDRP 现在的政策对网络自由言论将构成较大的威胁。[3]它的非商业用途和合理使用的辩护条款削弱了言论自由的价值。[4]虽然言论自由是合理使用域名的一个辩护理由，但不同文化、不同背景的人对言论自由有不同的理解，再加上不同的人对 UDRP 条款的解读也不同，导致 UDRP 委员会之间缺乏统一的裁决标准。这使得域名注册者和商标权利人不可预测域名纠纷的结果，对未来的域名注册者也不具有任何的导向性。[5]有学者认为，既然在 UDRP 程序中有不公平地压制言论自由的案件，那么 ICANN 就应该采取适当的措施保证言论

---

〔1〕 Sheldon Burshtein, "Domain Names At the Intersection of Free Speech and Trade-Mark Law on the Internet", (2007) 56, *University of New Brunswick Law Journal*, pp. 1045~1046; Jude A. Thomas, "Fifteen Years of Fame: The Declining Relevance of Domain Names in the Enduring Conflict Between Trademark and Free Speech Rights", (2011) 11 (1), *John Marshall Review of Intellectual Property Law*, p. 24.

〔2〕 Bridgestone Firestone, Inc., "Bridgestone/Firestone Research, Inc., and Bridgestone Corporation v. Jack Myers", (2000), WIPO D2000-0190, WIPO Arbitration and Mediation Center.

〔3〕 Milton Mueller, A New Profile of Domain Name Trademark Disputes under ICANN's UDRP, (24 June 2002), Slide 27 The Center for Convergence and Emerging Network Technologies, http://ccent. syr. edu/wp-content/uploads/2014/05/markle-report-final. pdf.

〔4〕 A. Michael Froomkin, "ICANN's 'Uniform Dispute Resolution Policy' -Causes and (Partial) Cures", (2002) 67 (3), *Brooklyn Law Review*, pp. 605, 663.

〔5〕 Jude A. Thomas, "Fifteen Years of Fame: The Declining Relevance of Domain Names in the Enduring Conflict Between Trademark and Free Speech Rights", (2011) 11 (1), *John Marshall Review of Intellectual Property Law*, pp. 1, 25, 31.

自由权利。[1]尽管ICANN在维护商标的合法利益的同时可以尽力保护蕴含在言论自由中的公共利益，但若如无各国国内法的确认与保护，即使UDRP委员会确认了跟域名相关的言论自由权利，个人言论自由也无法得到保障。[2]因为向UDRP提起申诉并不妨碍当事人向一国法院提起诉讼，这些复杂的跟言论自由相关的域名纠纷还要靠各国法院解决，因为每个国家对言论自由的理解和规制方式都不同。[3]况且，国际组织无法干预各国国家顶级域名管理制度的制定，也无法达成统一的与域名相关的言论自由保护标准。虽然各国政府应该合作来制定统一的与国家顶级域名相关的言论自由公约来保障言论自由权利，但不同国家对言论自由的不同保护程度和不同的规制方法使之成为制定统一公约的障碍。[4]例如，美国致力于最大限度地保护言论自由，而有些国家几乎限制和审查所有形式的表达。[5]在缺乏全球统一的国家顶级域名政策的规范下和强制性政策的约束下，

---

〔1〕 Andrew D. Murray, "Regulation and Rights in Networked Space", (2003) 30 (2), *Journal of Law and Society*, pp. 187, 211.

〔2〕 Jacqueline Lipton and Mary Wong, "Trademarks and Freedom of Expression in ICANN's New gTLD Process", (2012) 38 (1), *Monash University Law Review*, pp. 188, 193; Sean P. Shecter, Freedom of Speech in the Changing World of Internet Domain Name Registration and Dispute Resolution: How the Increasing Influence of National Governments in Domain Name Policy Threatens Free Speech on the Internet, (22 January 2007), Slide 50 and 64 Bepress Legal Series, http://law. bepress. com/expresso/eps/1954/.

〔3〕 Graeme B. Dinwoodie, " (National) Trademark Laws and the (Non-National) Domain Name System", (2000) 21 (3), *University of Pennsylvania Journal of International Economic Law*, pp. 495, 511~513.

〔4〕 Andrew D. Murray, "Regulation and Rights in Networked Space", (2003) 30 (2), *Journal of Law and Society*, pp. 50, 74; Kevin M. Rogers, "The Early Ground Offensives in Internet Governance", (2007) 21 (1), *International Review of Law, Computers & Technology*, pp. 5, 10.

〔5〕 Andrew D. Murray, "Regulation and Rights in Networked Space", (2003) 30 (2), *Journal of Law and Society*, p. 21.

我国政府得以根据本国国情制定具有中国特色的互联网域名管理法律制度以规制中国的网络言论，从而在此方面掌控网络主权。

第三节　中国特色的网络言论规制模式

当通信技术威胁到国家主权时，所有政府都认为有必要对网络进行规制，以保证敏感数据的安全和预防网络犯罪。即使是自由民主的国家，在面对儿童色情、种族、煽动暴力言论、右翼极端主义和仇恨言论等问题时也认为有必要对其进行规制。这不足为奇，每个国家都出台了规制网络活动的法律。而2001年9月11日针对纽约和华盛顿的恐怖袭击使全世界的人们重新思考“公民自由和国家安全”的议题。[1]在中国这样具有几千年文明史的社会里，由网络技术推动的言论自由对公民参政议政、监督公权力、推动民主化进程具有一定程度的积极意义。[2]但网络言论自由也存在负面效应，例如，反动言论对公共安全和国家安全的威胁，虚假言论对社会秩序的冲击，不良信息对青少年的误导，信息披露对个人隐私权的侵犯等。[3]在这种情况下，我国政府规制网络的政策承袭自规制传统媒体的方式，即阻止

---

〔1〕 Gudrun Wacker, “The Internet and Censorship in China” in Christopher R. Hughes and Gudrun Wacker (ed), *China and the Internet: Politics of the Digital Leap forward*, RoutledgeCurzon, 2003, pp. 58, 59.

〔2〕 郑永晓、汤俏：“‘网络暴力’喧嚣背后的政治与文化——兼论近年来网络文化的监管与疏导”，载《西北师大学报（社会科学版）》2009年第6期；方明：“论网络言论自由的法律规制”，载《山东社会科学》2009年第12期；虞崇胜、舒刚：“社会转型期网络舆情治理创新——基于政治安全的视角”，载《行政论坛》2012年第5期。

〔3〕 杨兴越：“论网络空间的言论自由”，载《吉林省经济管理干部学院学报》2004年第2期。

具有煽动颠覆政权和扰乱社会主义社会秩序等不良信息在网络上自由传播。〔1〕

政府主导、政府指导下的行业自律和行业主导是目前世界各国对网络言论进行监管的三种基本模式。我国是政府主导模式，即政府通过立法、行政、技术等手段加强对网络言论的监管以维护国家安全、保障执政党地位、维持社会稳定和主导主流价值观。〔2〕在具体的网络言论监管方式上，劳伦斯·莱斯格认为法律、架构、社会规范和市场这四个约束力都可约束个体的行为。同时，它们又相互作用并形成一种混合的社会控制力共同作用于行为主体。虽然这四个约束力对个体的约束强度不同、规制方式不同、作用效果也不同，且任何一个约束力的变化都会引起其他约束力的改变，进而影响对个体行为的综合约束情况，但是可以将它们作为一个整体综合考量其如何约束网络言论。〔3〕

一、法律规制

（一）法律规制方法

1997 年，中共中央规定国务院新闻办公室为网络新闻宣传的归口管理机构。2000 年 4 月，国务院新闻办公室成立网络新闻管理局，专门管理网络新闻传播事务。各省、自治区、直辖

〔1〕 Shaojung Sharon Wang and Junhao Hong, "Discourse behind the Forbidden Realm: Internet Surveillance and Its Implications on China's Blogosphere", (2010) 27 (1), *Telematics and Informatics*, pp. 67, 73.

〔2〕 罗楚湘："网络空间的表达自由及其限制——兼论政府对互联网内容的管理"，载《法学评论》2012 年第 4 期。

〔3〕 Lawrence Lessig, "The New Chicago School", (1998) 27 (S2), *The Journal of Legal Studies*, pp. 661, 662~664; Robert C. Ellickson, *Order without Law: How Neighbors Settle Disputes*, Harvard University Press, 1991, pp. 131~132.

市新闻办公室也相继成立网络新闻管理机构。自此，我国自上而下的网络新闻管理体系基本形成。除了国务院新闻办公室负责管理网络言论外，中共中央宣传部、工业和信息化部、国家新闻出版广电总局（已撤销）、文化部（已撤销）、教育部、公安部、国家保密局等部门都负责审查和管理网络言论。[1]这种多头部门的监管模式虽然可以从公司注册、营业执照颁发、数据保留要求、内容过滤等各个方面对网络言论施以全方位的规制，但是各个部门的规定都比较概括和模糊，判断的标准又完全掌控在政府手中。[2]再者，规制网络言论的程度又取决于管理部门对网络言论议题的态度和容忍度。例如，对与政治相关的敏感言论容忍度较低，对一般的社会生活言论或不涉及反党反社会等极端言论的其他言论则容忍度较高。[3]因此，网络服务商既要协调网络用户的兴趣爱好和国家的要求，又要揣摩法律条款的模糊言词和各地、各部门执法的不一致性。他们要自己判断行政当局的态度和底线，这使得各个负责过滤网络言论的主体之间缺乏统一的过滤标准。[4]

为了防止极端分裂分子和国外敌对势力利用网络传播反动

---

〔1〕 陈远等："对我国网络社区信息传播管理法规的思考"，载《山东社会科学》2008 年第 5 期。

〔2〕 Shaojung Sharon Wang and Junhao Hong, "Discourse behind the Forbidden Realm: Internet Surveillance and Its Implications on China's Blogosphere", (2010) 27 (1), *Telematics and Informatics*, pp. 67, 73；陈桃生："网络环境中的言论自由及其规制"，载《贵州大学学报（社会科学版）》2006 年第 1 期。

〔3〕 陈红梅："网络传播与公众表达——网上公众表达的现状与影响研究"，复旦大学 2005 年博士学位论文，第 98 页；Gudrun Wacker, "The Internet and Censorship in China" in Christopher R. Hughes and Gudrun Wacker (ed), *China and the Internet: Politics of the Digital Leap forward*, Routledge Curzon, 2003, pp. 58, 70.

〔4〕 Gudrun Wacker, "The Internet and Censorship in China", in Christopher R. Hughes and Gudrun Wacker (ed), *China and the Internet: Politics of the Digital Leap forward*, Routledge Curzon, 2003, p. 69.

言论来破坏和分裂中国，我国加大了对网络言论的管理和监控力度。为了维护国家安全及确保国家意识形态安全，政府采取各种措施审查和控制网络言论。〔1〕1998 年 1 月 20 日，研发软件的企业家林某因通过邮件向中国 30 000 用户发送美国在线民主杂志被判处煽动颠覆国家罪，处以有期徒刑 2 年。这是中国第一起网络言论刑事犯罪案件。〔2〕自此，我国开启了利用法律规制网络言论的新征程。

总体而言，我国规制网络言论的法律法规具有以下特点：第一，国家逐渐加强对网络言论的监管；第二，多头部门监管，但各部门之间缺乏清晰的职责划分；第三，在立法技术方面，将规制传统言论的法律条款修改或补充后直接移植或延伸到规制网络言论的法律法规；第四，专门规制网络言论的法律法规位阶较低；第五，规制网络言论的法律法规条款言词模糊且缺乏统一的过滤网络言论的标准。〔3〕

（二）中国规制网络言论的相关法律条款

中国《宪法》是保护公民言论自由和限制言论自由的最高法律。《宪法》第 35 条规定："中华人民共和国公民有言论、出版、集会、结社、游行、示威的自由。"网络言论也属于公民言

〔1〕 虞崇胜、舒刚："社会转型期网络舆情治理创新——基于政治安全的视角"，载《行政论坛》2012 年第 5 期；Dawn C. Nunziato, "Freedom of Expression, Democratic Norms, and Internet Governance", (2003) 52 (1), *Emory Law Journal*, pp. 187, 193.

〔2〕 Human Rights Watch, Computer Industry Must Speak out on Chinese Internet Case, (20 January 1999), Human Rights Watch, https://www.hrw.org/news/1999/01/20/computer-industry-must-speak-out-chinese-internet-case; Andrew L. Shapiro, "The Internet", (1999) 等 115 *Foreign Policy*, pp. 14, 15.

〔3〕 陈远等："对我国网络社区信息传播管理法规的思考"，载《山东社会科学》2008 年第 5 期；陈建云："我国网络信息传播立法考察"，载《当代传播》2005 年第 4 期。

论的一种，公民的网络言论自由权利也受中国《宪法》的保护。但是，公民在行使网络言论自由权利时，“不得损害国家的、社会的、集体的利益和其他公民的合法的自由和权利”。〔1〕所以，中国公民的网络言论自由是附带条件的权利。〔2〕除了《宪法》外，各种法规对网络言论也有相似的规定。早在1998年实施的《电子出版物管理规定》第6条就规定：“电子出版物不得含有以下内容：(一）反对宪法确定的基本原则的；（二）危害国家的统一、主权和领土完整的；(三）危害国家的安全、荣誉和利益的；(四）煽动民族分裂，侵害少数民族风俗习惯，破坏民族团结的；(五）泄露国家秘密的；(六）宣扬淫秽、迷信或者渲染暴力，危害社会公德和民族优秀文化传统的；(七）侮辱或者诽谤他人的；(八）法律、法规规定禁止的其他内容的。”〔3〕

《互联网信息服务管理办法》(2000年）第15条规定：“互联网信息服务提供者不得制作、复制、发布、传播含有下列内容的信息：(一）反对宪法所确定的基本原则的；（二）危害国家安全，泄露国家秘密，颠覆国家政权，破坏国家统一的；(三）损害国家荣誉和利益的；（四）煽动民族仇恨、民族歧视，破坏民族团结的；(五）破坏国家宗教政策，宣扬邪教和封建迷信的；（六）散布谣言，扰乱社会秩序，破坏社会稳定的；(七）散布淫秽、色情、赌博、暴力、凶杀、恐怖或者教唆犯罪的；(八）侮辱或者诽谤他人，侵害他人合法权益的；(九）含有法律、行政法规禁止的其他内容的。”〔4〕(简称“九不准原

---

〔1〕《宪法》，第51条。

〔2〕关于网络言论自由的特征、作用、网络言论自由的限制及责任承担，参见丁春燕：“现代通讯工具下的公民言论自由”，载《中山大学法律评论》2014年第2期。

〔3〕《电子出版物管理规定》，原新闻出版总署1997年发布。

〔4〕《互联网信息服务管理办法》，国务院2000年发布。

则”）

2000年颁布的《关于互联网站从事登载新闻业务管理暂行规定》第13条规定了互联网站登载的新闻不得含有“九不准原则”的内容。[1]2000年颁布的《互联网电子公告服务管理规定》第9条除了规定任何人不得在电子公告服务系统中发布含有“九不准原则”的信息外，[2]第13条还规定：“电子公告服务提供者发现其电子公告服务系统中出现明显属于本办法第九条所列的信息内容之一的，应当立即删除，保存有关记录，并向国家有关机关报告。”第14条规定：“电子公告服务提供者应当记录在电子公告服务系统中发布的信息内容及其发布时间、互联网地址或者域名。记录备份应当保存60日，并在国家有关机关依法查询时，予以提供。”第15条规定：“互联网接入服务提供者应当记录上网用户的上网时间、用户账号、互联网地址或者域名、主叫电话号码等信息，记录备份应当保存60日，并在国家有关机关依法查询时，予以提供。”这些条款为国家有关部门追查网络言论发布者的身份提供了法律保障。2001年《出版管理条例》第26条规定任何出版物除了不得含有“九不准原则”的内容外，还不得含有“危害社会公德或者民族优秀文化传统”的内容（简称“十不准原则”）。[3]2002年《互联网出版管理暂行规定》第17条规定互联网出版不得载有“十不准原则”的内容。[4]2003年《互联网文化管理暂行规定》第17条规定互联网文化单位不得提供载有“十不准原则”内容的文化产品。[5]

---

[1]《互联网站从事登载新闻业务管理暂行规定》，国务院新闻办公室、原信息产业部2000年发布。

[2]《互联网电子公告服务管理规定》，原信息产业部2000年发布。

[3]《出版管理条例》，国务院2001年发布。

[4]《互联网出版管理暂行规定》，原新闻出版总署、原信息产业部2002年发布。

[5]《互联网文化管理暂行规定》，原文化部2003年发布。

除了各种规定外，2004 年《最高人民法院、最高人民检察院关于办理利用互联网、移动通讯终端、声讯台制作、复制、出版、贩卖、传播淫秽电子信息刑事案件具体应用法律若干问题的解释》对办理该类刑事案件做了具体解释。

除了对网络言论具体内容进行规制外，2000 年《网站名称注册管理暂行办法》第 10 条规定："注册网站名称不得含有以下内容和文字：（一）有损于国家、社会公共利益的；（二）可能对公众造成欺骗或者使公众误解的；（三）有害于社会主义道德风尚或者有其他不良影响的；（四）其他具有特殊意义的不宜使用的名称。"第 11 条规定："注册网站名称含有以下内容的，需向注册主管机关提交有关证明材料：（一）政党名称、党政军机关名称、群众组织名称、社会团体名称；（二）国际组织名称；（三）驰名商标的文字部分；（四）其它法律、法规有规定的。"〔1〕

2000 年《网站名称注册管理暂行办法实施细则》对注册网站名称的申请、审查和核准、变更及转让、年度检验、注销和撤销做了详细规定。

根据截至 2004 年 12 月的涉及规制网络言论的法律法规的汇总（参见表 4-1），可见我国政府对信息控制的敏感性反应在对出版、广播、电信和网络等行业的持续而严格的控制。〔2〕这些规定对互联网域名管理法律制度产生了深远的影响。

二、架构规制

对网络言论的控制可以分为对物理层、逻辑层、应用层和

---

〔1〕《网站名称注册管理暂行办法》，北京市原工商行政管理局 2000 年发布。

〔2〕 Ian Weber, "Communicating Styles: Balancing Specifity and Diffuseness in Developing China's Internet Regulations", (2002) 23 (3), *Journal of Intercultural Studies*, pp. 307, 311~312.

内容层的控制。[1]第一层是物理层，即连接网络的物理设备。通过对网络基础设施的部署和控制可以控制网络连接。第二层为逻辑层，即TCP/IP等网络通讯协议。目前，政府还未直接参与控制逻辑层。第三层为应用层，即各种网络应用系统或软件，也包括软件和硬件结合的应用。第四层为内容层。[2]本书将物理层的网络基础设施定义为规制网络言论的硬架构，将逻辑层、应用层和内容层的代码定义为规制网络言论的软架构。有些类型的架构会使网络言论更容易被规制，而有些类型的架构会使网络言论更难被规制。因此，选择不同的架构就是选择不同的规制方式。[3]

（一）硬架构规制

如果架构被有效地控制，则政府有限的规制力就可通过这些架构扩展为极其强大的规制力。[4]政府通过对电信基础设施的控制就可加强对网络言论的控制。[5]1996年《中华人民共和国计算机信息网络国际联网管理暂行规定》第6条规定："计算机信息网络直接进行国际联网，必须使用邮电部国家公用电信网提供的国际出入口信道。任何单位和个人不得自行建立或者使用其他信道进行国际联网。"[6]这条规定确保了中国政府可以

---

〔1〕 Kevin Werbach, "A Layered Model for Internet Policy", (2002) 1 (1), *Journal on Telecommunications & High Technology Law*, pp. 37, 59~65; Philip J. Weiser, "Regulatory Challenges and Models of Regulation", (2003) 2 (1), *Journal on Telecommunications & High Technology Law*, pp. 1, 3.

〔2〕 Philip J. Weiser, "Regulatory Challenges and Models of Regulation", (2003) 2 (1), *Journal on Telecommunications & High Technology Law*, pp. 3~5.

〔3〕 Lawrence Lessig, "What Things Regulate Speech: CDA 2.0 vs. Filtering", (1998) 38 (4), *Jurimetrics*, pp. 629, 637.

〔4〕 Lawrence Lessig, *Code: And Other Laws of Cyberspace, Version* 2.0, Basic Books, 2006, p. 282.

〔5〕 Joel R Reidenberg, "Governing Networks and Rule-making in Cyberspace", (1996) 45 (3), *Emory Law Journal*, pp. 911, 912.

〔6〕《中华人民共和国计算机信息网络国际联网管理暂行规定》，国务院1996年发布。

有效地控制国际和国内之间的信息传播。截止到 2004 年 12 月，提供网络基础设施的 9 家公司都是国有控股公司。[1]由此，我国政府可以通过直接控制提供网络基础设施的公司而间接控制网络言论在国内或国际和国内间的传播。

（二）软架构（代码）规制

镶嵌在软件和硬件中的代码是规制网络空间的软架构。这些不断变化的代码是网络空间的规制规则。[2]无论是把代码当作法律还是说代码就是法律，撰写代码的程序员可被控制，这就决定了代码也可被规制。[3]代码是一种很有效的规制方法，对软件代码技术上的小调整就可实现一种巨大的入侵性规制。[4]代码可以把网络设计成完全不能被政府规制的空间，也可以将其设计成完全被政府掌控的空间。政府可以采取措施改变网络的设计，进而影响网络的规制性。[5]

利用代码拦截网站或过滤网络言论主要有以下八种方法：过滤 TCP/IP 源头、过滤 TCP/IP 内容、篡改域名系统、过滤 HTTP 代理服务器、混合过滤 TCP/IP 和 HTTP 代理服务器、拒绝解析

〔1〕 Eric Harwit and Duncan Clarksource, "Shaping the Internet in China: Evolution of Political Control over Network Infrastructure", (2001) 41 (3), *Asian Survey*, pp. 377, 386; CNNIC："中国互联网络发展状况统计报告"，载 http://www. cnnic. cn/hlwfzyj/hlwxzbg/200906/P020120709345359935070. pdf，最后访问日期：2015 年 8 月 22 日。

〔2〕 Lawrence Lessig, *Code: And Other Laws of Cyberspace, Version* 2. 0, Basic Books, 2006, pp. 79, 121.

〔3〕 Andrew L. Shapiro, "Disappearance of Cyberspace and the Rise of Code", (1998) 8 (3), *Seton Hall Constitutional Law Journal*, pp. 703, 718; Lawrence Lessig, *Code: And Other Laws of Cyberspace, Version* 2. 0, Basic Books, 2006, pp. 5, 149.

〔4〕 Lawrence Lessig, "The Zones of Cyberspace", (1996) 48 (5), *Stanford Law Review*, pp. 1403, 1408; Jonathan Zittrain, "A History of Online Gatekeeping", (2006) 19 (2), *Harvard Journal of Law & Technology*, pp. 253, 298.

〔5〕 Lawrence Lessig, "The Law of the Horse: What Cyberlaw Might Teach", (1999) 113 (2), *Harvard Law Review*, pp. 501, 514.

服务、注销域名、关闭服务器。[1]商业公司看准政府规制网络的技术需求，纷纷开发合适的技术帮助政府审查和过滤网络言论。例如，在金盾工程下建设的中国防火墙就是一种自动拦截和过滤有害的信息或网站的过滤系统；“地理定位”程序可以通过IP 地址定位用户的地理位置。[2]1996 年中国政府启动的中国万维网建设项目允许警察跟踪中国国家防火墙内所有终端用户的在线活动，包括上网、聊天、下载、收发邮件等。

外交部时任发言人的孔泉在答记者会上表示，中国政府不允许有害国家安全和社会秩序的网络言论在中国境内自由传播。[3]

虽然我国对国际网络言论实施严格的审查，且所有国营或私营的网络服务供应商都直接或间接地被工信部所掌控，但是中国规制网络的方法并非滴水不漏。[4]很多网络用户会利用诸

---

〔1〕 Steven J. Murdoch and Ross Anderson, “Tools and Technology of Internet Filtering” in Ronald Deibert et al (ed), *Access Denied: The Practice and Policy of Global Internet Filtering*, MIT Press, 2008, pp. 57, 59~65.

〔2〕 Gudrun Wacker, “The Internet and Censorship in China” in Christopher R. Hughes and Gudrun Wacker (ed), *China and the Internet: Politics of the Digital Leap forward*, Routledge Curzon, 2003, pp. 58~59, 61; Cynthia Liu, “Internet Censorship as a Trade Barrier: A Look at the WTO Consistency of the Great Firewall in the Wake of the China-Google Dispute”, (2011) 42 (4), *Georgetown Journal of International Law*, pp. 1199, 1207; Jack Linchuan Qiu, “Virtual Censorship in China: Keeping the Gate between the Cyberspaces”, (1999) (4), *International Journal of Communications Law and Policy*, pp. 1, 13.

〔3〕 Peter S. Goodman and Mike Musgrove, *China Blocks Web Search Engines*, (12 September 2002), Washington Post, http://www.washingtonpost.com/archive/business/2002/09/12/china-blocks-web-search-engines/5ec4d5a1-dedc-41fd-8f65-0dc6ccfecc53/.

〔4〕 Xueyang Xu, Z. Morley Mao, and J. Alex Halderman, “Internet Censorship in China: Where Does the Filtering Occur?” (2011), in *Proceedings of the 12th Passive and Active Measurement Conference*, pp. 133, 141; Eric Harwit and Duncan Clarksource, “Shaping the Internet in China: Evolution of Political Control over Network Infrastructure”, (2001) 41 (3), *Asian Survey*, pp. 377, 389.

如代理服务器等方法越过政府的封锁和限制来访问被中国政府禁止的网站。中国政府也在利用各种资源和技术防范和阻止这种漏洞。例如，关闭代理服务器或散发虚假的IP地址引诱“翻墙”的网络用户连接到国家安全局的网站上。[1]因此，在网络2.0时代，无边界的网络变成了有边界，有边界的法律变成了无边界，代码的规制变成了被规制的代码。[2]

三、其他规制

在信息时代政府除了利用法律规定对网络言论进行规制外，还通过扶持官方媒体来引导网络言论往预想的方向发展。[3]这种行政权力的扩张可以最大程度地控制网络言论的讨论范围。[4]但是长期依靠中央政策和各级政府的行政命令管理网络言论的方法使个别政府部门和领导侵犯网络言论自由权的事件时有发生，从而削弱了政府的公信力。[5]为了改观这种乱象，1999年“政府在线”项目启动。该项目意在促进部委、行政机构和地方政府建立网站，通过向市民提供更多的信息以提高行政机关的

〔1〕 Gudrun Wacker, “The Internet and Censorship in China” in Christopher R. Hughes and Gudrun Wacker (ed), *China and the Internet: Politics of the Digital Leap forward*, Routledge Curzon, 2003, pp. 58, 71.

〔2〕 Michael A. Geist, “Cyberlaw 2.0”, (2003) 44 (2), *Boston College Law Review*, pp. 323, 332.

〔3〕 为了支持如人民日报和新华日报等主流媒体的发展，国务院拨款1.21亿美元以促进和增加主流媒体在网络上的市场竞争力。Ian Weber, “Communicating Styles: Balancing Specifity and Diffuseness in Developing China's Internet Regulations”, (2002) 23 (3), *Journal of Intercultural Studies*, p. 63.

〔4〕 陈桃生：“网络环境中的言论自由及其规制”，载《贵州大学学报（社会科学版）》2006年第1期。

〔5〕 林凌：“论依法引导网络舆论——兼论网络言论自由权保护”，载《学海》2012年第2期。

透明度和问责制，以威慑腐败和欺诈。[1]“2004 年 6 月 10 日，以举报违法信息，维护公共利益为宗旨的《违法和不良信息举报中心》网站（net. china. cn）开通。这标志着我国互联网在加强行业自律和公众监督方面又迈出实质性一步。”[2]同年，《互联网站禁止传播淫秽、色情等不良信息自律规范》也颁布实施。因此，有序疏导、自律审查和自律规范的网络言论规制方法逐渐成形。[3]

综上，每一种规制网络言论的方法都需要交易成本。规制者需要平衡成本与收益，需要考量哪一种约束最能有效地达到预期目的。[4]虽然法律和架构对网络言论的规制较强且最有效，道德准则和市场对网络言论的规制程度较弱，但只有综合这几种约束力量才能最大效能地发挥规制效果。[5]

---

〔1〕 Xueyang Xu，Z. Morley Mao，and J. Alex Halderman，“Internet Censorship in China：Where Does the Filtering Occur?”（2011），in *Proceedings of the 12th Passive and Active Measurement Conference*，pp. 133，141；Eric Harwit and Duncan Clarksource，“Shaping the Internet in China：Evolution of Political Control over Network Infrastructure”，（2001）41（3），*Asian Survey*，p. 58.

〔2〕 CNNIC：“2004 年中国互联网发展大事记”，载 http://www. cnnic. cn/hlwfzyj/hlwdsj/201206/t20120612_ 27419. htm，最后访问日期：2015 年 8 月 22 日。

〔3〕 Xueyang Xu，Z. Morley Mao，and J. Alex Halderman，“Internet Censorship in China：Where Does the Filtering Occur?”（2011），in *Proceedings of the 12th Passive and Active Measurement Conference*，pp. 133，141；Eric Harwit and Duncan Clarksource，“Shaping the Internet in China：Evolution of Political Control over Network Infrastructure”，（2001）41（3），*Asian Survey*，p. 68.

〔4〕 Lawrence Lessig，“The New Chicago School”，（1998）27（S2），*The Journal of Legal Studies*，pp. 661，668.

〔5〕 杨福忠：“网络言论自由的规制方法与保护程度——以公务人员名誉权保护为视角的考察”，载《首都师范大学学报（社会科学版）》2012 年第 2 期。

第四节 互联网域名管理法律制度规制网络言论的方法

一、域名法律制度的变迁背景

党的十六大报告指出稳定是改革和发展的前提，我国必须保持长期和谐稳定的社会环境，坚持稳定压倒一切的方针。因此，在加强中国特色社会主义共同理想的思想道德建设的同时，各级党委和政府还要正确运用经济、行政和法律等手段依法严厉打击各种犯罪活动，防范和惩治邪教组织的犯罪活动，警惕国际国内敌对势力的渗透、颠覆和分裂活动，坚持一个中国原则，保持安定团结的局面。[1]

各国政府和ICANN对域名系统应在多大程度上辅助特定形式的言论进行传播存在分歧。这种分歧使各国政府不断加强对国家顶级域名系统内言论自由的控制。[2]而对域名实施严格管控是国家控制网络行为的一种非常有效的方式。[3]国家顶级域名管理制度不仅可以直接规制各主体的域名注册行为，还可通过网络代理商间接地规制网民的网络言论。[4]

---

〔1〕江泽民：《全面建设小康社会，开创中国特色社会主义事业新局面——在中国共产党第十六次全国人民代表大会上的报告》，人民出版社2002年版。

〔2〕Sean P. Shecter, Freedom of Speech in the Changing World of Internet Domain Name Registration and Dispute Resolution: How the Increasing Influence of National Governments in Domain Name Policy Threatens Free Speech on the Internet, (22 January 2007), Slide 13~14, Bepress Legal Series, http://law.bepress.com/expresso/eps/1954/.

〔3〕Jack Goldsmith and Tim Wu, *Who Controls the Internet?: Illusions of a Borderless World*, Oxford University Press, 2006, p. 79.

〔4〕Lawrence Lessig, "The New Chicago School", (1998) 27 (S2), *The Journal of Legal Studies*, pp. 661, 671.

二、对作为网络言论的域名的规制

作为网络言论的域名不可在.CN下随意注册。《办法》（2004）第25条明确规定域名注册管理机构可以对部分保留字段进行预留，[1]第27条规定禁止注册含有“九不准原则”内容的域名。[2]这种直接规制作为网络言论的域名虽然简单，但却非常有效。

三、对作为网络言论门户的域名的规制

想要探寻网络规制的本质，就要研究政府如何通过直接规制网络代理商来间接控制网络。[3]原信息产业部对网络言论的系统审查和监视，离不开对域名注册管理机构和域名注册服务机构的规制。[4]除了《办法》（2004）第11条至第15条规定了对申请成为域名注册管理机构和域名注册服务机构的各项条件和要求外，第21条第2款还规定：“因国家安全和处置紧急事件的需要，域名注册管理机构和域名注册服务机构应当服从信息产业部的统一指挥与协调，遵守并执行信息产业部的管理要求。”[5]在这条规定下，域名注册管理机构和域名注册服务机构在必要时必须服从原信息产业部的领导，执行原信息产业部的要求。同时，《办法》（2004）第35条规定：“域名注册管理机构和

---

〔1〕《办法》（2004），第25条。

〔2〕《办法》（2004），第27条。

〔3〕 Gudrun Wacker, “The Internet and Censorship in China” in Christopher R. Hughes and Gudrun Wacker (ed), *China and the Internet: Politics of the Digital Leap forward*, RoutledgeCurzon, 2003, pp. 58, 60.

〔4〕 Rebecca Mackinnon, “China's ‘Networked Authoritarianism’”, (2011) 22 (2), *Journal of Democracy*, pp. 32, 35~37.

〔5〕《办法》（2004），第21条。

域名注册服务机构有义务配合国家主管部门开展网站检查工作，必要时按要求暂停或停止相关的域名解析服务。”〔1〕这条规定透露出两条信息：第一，多头部门管理模式，即只要有权规制网络言论的政府部门都有权力对域名注册管理机构和域名注册服务机构下达任务；第二，域名注册管理机构和域名注册服务机构有义务永久拦截或暂时禁止网民访问相关主管部门下令禁止访问的网站。

我国政府通过规制域名注册管理机构和域名注册服务机构已将很多不良外国网站拦截，但其拦截网站的数量和过滤内容的标准不是静止的，而是随着社会环境的变化而变化。〔2〕再者，中央政府有统一的过滤政策，各个地方政府各有其侧重过滤的内容，负责实施这些过滤政策的各个公司又有不同的过滤目标、过滤程序，因此每个省控制言论自由的程度不同，每个公司控制言论自由的程序也不同。

在暂停或停止相关的域名解析服务过程中，当域名注册管理机构或域名注册服务机构故意拒绝域名解析结果时，访问的网站或网页会显示如下错误类型：服务器无效、超时、域名不存在；当域名注册管理机构或域名注册服务机构故意操纵域名解析结果时，他们会将欲访问的网站替换成其他网站。乔斯·赖特（Joss Wright）通过对中国境内 278 台域名解析服务器中的具有远程域名查询功能的 187 台域名解析服务器的远程查询发现，大部分被拦截的域名并非被禁止访问，而是被替换成其他

---

〔1〕《办法》（2004），第 35 条。

〔2〕 Andrew L. Shapiro, “The Internet”, (1999) 115, *Foreign Policy*, pp. 14, 18; Jonathan Zittrain and Benjamin Edelman, Internet Filtering in China, (March/April 2003), Slides 6－7 Social Science Research Network, http://papers.ssrn.com/sol3/papers.cfm?abstract_ id=399920.

网站。[1]

为了监管和拦截争议性内容或有害内容，我国政府要求所有在中国境内运作的网络公司为其在搜索引擎、微博平台、社交网络上等出现的所有内容负责。通过吊销营业执照和停业整顿等方法，政府将网络信息审查和监视的任务层层下放给私人网络公司。这些网络公司利用各自的过滤技术、内容分级技术和内容贴标签技术等不同的方法和标准来审查和拦截含有不当网络言论的网站。[2]

四、对互联网域名管理法律制度规制网络言论的评议

我国关于规制网络言论的大部分法律法规都是从方便监管的角度出发制定相关条款的，大部分内容都是对网络代理商和网络言论传播主体规定以严苛的义务，其目的就是限制公民言论自由的无条件实现。虽然权利的赋予应当伴随着权利的救济，但是规制网络言论的法律法规大都“强调网络经营者或网民违反相关规定时应承担的责任”，而无公民言论自由权利受侵害时的救济方法的规定。[3]再者，政府要求域名注册管理机构或域名注册服务机构暂停或停止解析不良网站，但却没有公开公布统一的拦截标准。即使负责网络规制的各个政府部门之间也没

---

〔1〕 Joss Wright, “Regional Variation in Chinese Internet Filtering”, (2014) 17 (1), *Information, Communication & Society*, p. 138.

〔2〕 Rebecca Mackinnon, “China's ‘Networked Authoritarianism’”, (2011) 22 (2), *Journal of Democracy*, pp. 32, 38; James X. Dempsey and Daniel J. Weitzner, Protecting the Human Right to Freedom of Expression on the Global Internet Global Internet Liberty Campaign, http://www.gilc.org/speech/report.

〔3〕 陈桃生：“网络环境中的言论自由及其规制”，载《贵州大学学报（社会科学版）》2006年第1期。

有统一的和公开的拦截标准。[1]

政府对网络言论的规制程度归根结底取决于以下三个因素：第一，政府多大程度上允许外国文化影响本国的文化和公民；第二，本国政府如何保护它的公民免遭外国异类文化的侵蚀；第三，本国公民有多大能力在本国境内实践外来文化。[2]所以，不同时期和不同地方的政府对网络言论的规制程度随着社会环境的变化而变化。且人们之间最重要也是最大的分歧是价值观，拥有不同价值观的人对接收的信息类型和信息类型的有害性存有不同见解。[3]这就导致即使各个域名注册管理机构和域名注册服务机构面对统一的拦截网站的政策，具体的执行者之间也会存在不同的判断标准和实施不同的域名拦截措施。因此，政府应定期公开拦截域名的标准，通过广大网民的共同监督来减少执法不一的情况。

第五节　互联网域名管理法律制度的效率

一、制度效率

新制度经济学认为能产生社会效益的制度可能不会出现，而低效率的制度可能会出现并存活下来。[4]因为制度没有必要或甚

---

〔1〕 Jonathan Zittrain and Benjamin Edelman, Internet Filtering in China, (March/April 2003), Slide 2 Social Science Research Network, http://papers.ssrn.com/sol3/papers.cfm? abstract_ id=399920.

〔2〕 Lawrence Lessig, *Code: And Other Laws of Cyberspace, Version* 2.0, Basic Books, 2006, p. 300.

〔3〕 Jack Goldsmith and Tim Wu, *Who Controls the Internet?: Illusions of a Borderless World*, Oxford University Press, 2006, p. 150.

〔4〕 Malcolm Rutherford, "Institutional Economics: Then and Now", (2001) 15 (3), *Journal of Economic Perspectives*, pp. 173, 188.

至通常不需要具有社会效率，正式制度的存在至少是为了满足具有谈判能力的团体的利益。[1]政府是影响一个社会所有制度安排的重要因素。要理解政府制定或修订一个制度的动机，就要了解其在制度供给时所考虑的交易费用、意识形态、不同群体的利益冲突等问题。这些因素的约束有时导致国家并不能提供最有效率的制度安排。[2]下文将通过第二次变迁的《办法》(2004)中对网络言论的相关规制条款论证政府是否会供给低效率的制度安排。

二、域名法律制度效率

我国是社会主义国家，党的政策是各种制度安排的风向标，直接或间接地影响着政府的各种制度选择。[3]2002 年党的十六大报告指出中国必须保持长期和谐稳定的社会环境，坚持稳定压倒一切的方针。各级党委和政府要正确运用经济、行政和法律等手段保持我国安定团结的局面。[4]因此，网络领域的攻坚战便是拦截一切有损我国团结稳定的网络言论。2004 年经历第二次制度变迁的《办法》(2004) 很好地贯彻了党的这一政策主张。我国互联网域名管理法律制度通过对域名注册管理机构和域名注册服务机构的设立及运行的规制，使其服从国家相关主管部门对网络言论的各种拦截和过滤要求。他们暂停或停止解

---

〔1〕 Douglass C. North, "Institutions and Economic Theory", (1992) 36 (1), *The American Economist*, pp. 3, 5.

〔2〕 Justin Yifu Lin, "An Economic Theory of Institutional Change: Induced and Imposed Change", (1989) 9 (1), *Cato Journal*, pp. 1, 4.

〔3〕 Justin Yifu Lin, "An Economic Theory of Institutional Change: Induced and Imposed Change", (1989) 9 (1), *Cato Journal*, pp. 3, 15.

〔4〕 江泽民:《全面建设小康社会，开创中国特色社会主义事业新局面——在中国共产党第十六次全国人民代表大会上的报告》，人民出版社 2002 年版。

析列在政府清单中的网站域名，从而彻底隔断网民访问相关网站的通道。

网络是跨国界的，但并不能否认一国政府对网络的巨大规制力。地理位置不同，人们的喜好也不大相同，各个国家、政府在它们的领土内运用其强制力实施法律的方式有时更是南辕北辙。评价一项制度安排的效率时不能不考虑它所处社会环境中的其他相关制度安排。[1]因此，从提倡网络言论自由的角度出发，互联网域名管理法律制度是低效率的制度安排；从保护我国国家安全和维护社会安定团结的角度出发，互联网域名管理法律制度却是高效率的制度安排。

表 4-1[2]　涉及规制网络言论的法律法规（截至 2004 年 12 月）

序号	效力层次	名称	实施时间	制定部门
1	决定	《关于维护互联网安全的决定》	2000 年 12 月 28 日	全国人民代表大会常务委员会
2	司法解释	《关于办理利用互联网、移动通讯终端、声讯台制作、复制、出版、贩卖、传播淫秽电子信息刑事案件具体应用法律若干问题的解释》	2004 年 9 月 6 日	最高人民法院、最高人民检察院

〔1〕 Jack Goldsmith and Tim Wu, *Who Controls the Internet?: Illusions of a Borderless World*, Oxford University Press, 2006, p. 183.

〔2〕 陈建云："我国网络信息传播立法考察"，载《当代传播》2005 年第 4 期；高文苗：《马克思自由观视阈下网络言论行为研究》，人民出版社 2016 年版，第 95~96 页。

续表

序号	效力层次	名称	实施时间	制定部门
3	行政法规	《中华人民共和国计算机信息系统安全保护条例》	1994年2月18日	国务院
4		《中华人民共和国计算机信息网络国际联网管理暂行规定》	1996年2月1日	国务院
5		《中华人民共和国电信条例》	2000年9月25日	国务院
6		《互联网信息服务管理办法》	2000年9月25日	国务院
7		《互联网上网服务营业场所管理条例》	2002年11月15日	国务院
8	行政规章	《中国公用计算机互联网国际联网管理办法》	1996年4月9日	原邮电部
9		《计算机信息网络国际联网出入口信道管理办法》	1996年4月9日	原邮电部
10		《计算机信息网络国际联网安全保护管理办法》	1997年12月30日	公安部
11		《电子出版物管理规定》	1998年1月1日	原新闻出版总署
12 13		《中华人民共和国计算机信息网络国际联网管理暂行规定实施办法 》	1998年2月13日	国务院信息化工作领导小组
14		《网站名称注册管理暂行办法》	2000年9月1日	北京市原工商行政管理局
15		《互联网电子公告服务管理规定》	2000年11月6日	原信息产业部

续表

序号	效力层次	名称	实施时间	制定部门
16		《关于互联网站从事登载新闻业务管理暂行规定》	2000 年 11 月 17 日	国务院新闻办公室、原信息产业部
17		《互联网出版管理暂行规定》	2002 年 8 月 1 日	原新闻出版总署、原信息产业部
		《互联网文化管理暂行规定》	2003 年 7 月 1 日	原文化部
18	行业自律	《中国互联网行业自律公约》	2002 年 3 月 26 日	中国互联网协会
19		《互联网站禁止传播淫秽、色情等不良信息自律规范》	2004 年 6 月 10 日	中国互联网协会互联网新闻信息服务工作委员会

第五章 实现网络主权的路径建议

基于对我国互联网域名管理法律制度形成和变迁过程的研究，笔者对我国通过域名管理实现网络主权提出以下建议：①应积极参与和影响 ICANN 的政策制定，从被动接受规则到主动制定规则，从而主动掌控网络主权；②应前瞻政治、法律、经济、域名技术等影响因素的变革方向，在保障与域名相关的合法权益和惩罚违法、违规行为的同时捍卫网络主权；③应提高顶级域名管理制度的立法等级，使之成为法院判决的法律依据；④应建立域名禁止解析信息披露制度，以减少执法不一的情况和保障公民的言论自由权利。

第一节 积极参与 ICANN 的政策制定——掌控网络主权

虽然我国政府对中国顶级域名管理法律制度的制定具有很大程度的自由裁量权，但是 ICANN 制定的国家顶级域名政策却在根本上为一国政府制定本国顶级域名管理制度的权限范围划定了界限。我国互联网域名管理法律制度形成及变迁的历史也表明，中国政府在 .CN 管理制度创建初期追随了国际惯例的管理办法，并没有制定适合于中国自己互联网发展特点的顶级域名管理法律制度。虽然我国互联网域名管理法律制度在随后两次的变迁过程中逐步体现了我国执政党和政府的管理特色和域名市场的发展特点，但其大部分规定还是承袭了ICANN颁布的具有世界影响力的国家顶级域名政策。我国若想扭转这种被动接受规则的状况，就要积极参与ICANN的国家顶级域名政策制定过程。尽管我国政府已经派员参加ICANN的各种组织及会议，努力建构域名基础资源服务体系，〔1〕但是作为互联网用户大国和国家顶级域名注册大国，我国对ICANN制定国家顶级域名政策的影响力还没有达到一个域名用户大国的地位。

2013年6月，爱德华·斯诺登曝光了美国“棱镜计划”（PRISM），该计划对他国的大规模监视和情报活动致使各国及其他组织对美国主导的互联网治理模式缺乏信任。迫于国际社会的压力，美国政府于2014年3月14日发表声明，拟向全球互联网社群移交ICANN的监管权。〔2〕“2015年3月，美国政府宣布将把涉及互联网域名和IP地址管理的核心之一——IANA职能的管理权移交给全球互联网社群。全球互联网社群投入了大量时间和精力，共同讨论制定移交方案，最终目标是将ICANN转变成一个全球的、独立的和负责的机构。”〔3〕值此之际，我国

---

〔1〕“12月10日下午，2015国家域名安全联盟峰会暨注册服务机构RDE TPP合作签约仪式在北京举行。会上，CNNIC宣布成为全球唯一一家同时拥有ICANN四大资质的基础资源管理机构，他们分别是：应急托管服务（EBERO）、注册管理机构数据托管（DEA）、全球商标信息交换库（TMCH）和注册服务机构数据托管（RDE TPP）。”张晶：“CNNIC成为同时拥有ICANN四大资质的基础资源管理机构”，载《人民邮电》2015年12月15日。

〔2〕崔聪聪：“后棱镜时代的国际网络治理——从美国拟移交对ICANN的监管权谈起”，载《河北法学》2014年第8期；程群：“互联网名称与数字地址分配机构和互联网国际治理未来走向分析”，载《国际论坛》2015年第1期。

〔3〕王峰：“ICANN北京合作中心主任宋崤：‘没有谁能单独控制互联网’”，载《21世纪经济报道》2015年12月31日。

国家主席习近平在“互联互通、共享共治——构建网络空间命运共同体”为主题的第二届世界互联网大会开幕上就网络主权和网络治理问题指出：“《联合国宪章》确立的主权平等原则是当代国际关系的基本准则，覆盖国与国交往各个领域，其原则和精神也应该适用于网络空间。我们应该尊重各国自主选择网络发展道路、网络管理模式、互联网公共政策和平等参与国际网络空间治理的权利，不搞网络霸权，不干涉他国内政，不从事、纵容或支持危害他国国家安全的网络活动。”〔1〕全球互联网治理体系变革需要遵循“四项原则”和共同构建网络空间命运共同体的“五点主张”，〔2〕这被称为全球网络空间治理的“中国方案”。〔3〕另外，CNNIC 主任兼总工程师李晓东也指出：“国家域名系统作为互联网关键基础设施，其安全稳定直接关系整个互联网安全。加强国家域名安全交流与合作，共享基础资源安全信息，共同预防、发现和处置域名系统安全事件，整体上提升国家基础网络安全水平。”〔4〕

“网络主权是国家主权在网络空间的自然延伸，是一国能独

〔1〕 http://news.xinhuanet.com/politics/2015-12/16/c_1117481089.htm，最后访问日期：2016 年 2 月 24 日。

〔2〕 互联网治理“四项原则”：“习近平指出，推进全球互联网治理体系变革，应该坚持尊重网络主权、维护和平安全、促进开放合作、构建良好秩序这四项原则。”“五点主张”：“习近平指出，第一，加快全球网络基础设施建设，促进互联互通。第二，打造网上文化交流共享平台，促进交流互鉴。第三，推动网络经济创新发展，促进共同繁荣。第四，保障网络安全，促进有序发展。第五，构建互联网治理体系，促进公平正义。”潘婧瑶、陈孟：“解读习近平乌镇讲话：以互联网治理推动全球治理”，2015 年 12 月 16 日，载 http://politics.people.com.cn/n1/2015/1216/c1001-27937787.html，最后访问时间：2016 年 2 月 24 日。

〔3〕 王峰：“ICANN 北京合作中心主任宋崤：‘没有谁能单独控制互联网’”，载《21 世纪经济报道》2015 年 12 月 31 日。

〔4〕 参见张晶：“CNNIC 成为同时拥有 ICANN 四大资质的基础资源管理机构”，载《人民邮电》2015 年 12 月 15 日。

立自主地管理本国网络和对外开展网络交流合作、平等参与国际互联网治理体系并享有相应权利和承担相应义务的资格与能力。只有在尊重和保障网络主权的前提下，一个国家才能选择最符合本国实际的网络发展道路、网络管理模式、互联网公共政策，才能平等参与国际网络空间治理，并切实保障网络安全。”〔1〕但是，我国施行的社会主义法治理念和法治实践在很多方面不同于其他国家主导的法治理念和法治实践方式。因此，我国同其他国家在管理国家互联网域名方面和网络治理方面的分歧和矛盾在所难免。为了避免我国陷入他国网络霸权主义的泥沼和主动实施我国的治网理念和互联网域名管理政策，我国政府应当积极地对 ICANN 的国家顶级域名政策制定施加进一步地影响，同时积极参与 ICANN 管理权的移交，以在 ICANN 和其他国际社会上为我国和我国人民争取最大和最优的利益，从而主动掌控我国的网络主权。

第二节　前瞻核心影响因素的变革方向
——捍卫网络主权

新制度经济学理论指出，上一等级的制度对下级制度有约束力，而下级制度又将信息反馈给上级制度。因此，作为第二等级制度的政治和法律对第三等级制度的我国互联网域名管理法律制度具有约束力。〔2〕政治、法律方面的变革必然会影响域名管理法律制度的制定和实施。只有密切关注上一等级制度的

〔1〕 支振锋：“网络主权是网络安全的根本保障”，载《法制日报》2015 年 12 月 18 日。

〔2〕 Oliver E. Williamson, “The New Institutional Economics: Taking Stock, Looking Ahead”, (2000) 38 (3), *Journal of Economic Literature*, pp. 595, 596 ~ 599.

进化或变迁趋势，才能使我国互联网域名管理法律制度作出适当调整，以符合政治政策的倾向以及较好地对接高阶层的法律，使互联网域名管理法律制度可以更好地保障公民的合法权益。例如，2016 年 11 月颁布的《网络安全法》第一章第 1 条已经明确指出我国要保障网络安全和维护网络空间主权。互联网域名管理法律制度应包含捍卫我国网络主权的具体条款和实施措施。

作为第四等级制度的经济因素为经济人层面的资源分配制度和雇佣制度，包括价格和数量的制度、激励措施等。〔1〕这些经济制度对互联网域名管理法律制度具有反馈作用。立法机构在法律制度变迁过程中除了要考虑政治政策和上层法律制度的发展外，还要兼顾域名市场的发展规律以及出现的新权益纠纷等问题，以使互联网域名管理法律制度满足域名市场发展的需要，为域名权利相关人的合法权益提供法律保障。

除了政治、法律、经济等内源性制度因素可以影响互联网域名管理法律制度变迁外，属于外源性因素的技术变迁也可以引发法律制度变迁。〔2〕域名本身就是一种技术，域名技术的变迁必然会影响互联网域名管理法律制度的实施效果。本书第二章已经论证，域名技术发展的路径依赖已经引导互联网域名管理法律制度发展的路径依赖。因此，为了立法前瞻性的需要，立法机构在制定我国互联网域名管理法律制度时应密切关注世界及我国域名技术变革的方向，将可能因技术发展而带来的新型法律纠纷和新型权益提前预设在法律框架下，从而为预防纠纷、解决纠纷及权益保护提供法律保障，为有效惩罚犯罪提供

〔1〕 Oliver E. Williamson, "The New Institutional Economics: Taking Stock, Looking Ahead", (2000) 38 (3), *Journal of Economic Literature*, p. 600.

〔2〕 Ulrich Dolata, "Technological innovations and sectoral change Transformative capacity, adaptability, patterns of change: An analytical framework", (2009) 38 (6), *Research Policy*, pp. 1066, 1067.

法律依据。

为了改变美国政府对国际域名系统根区文件和系统的事实上的单边控制，遏制美国通过国家网络安全将网络霸权主义扩展至全球网络空间，[1]我国应在全球网络治理改革的大潮中，以政治、法律、经济和技术等核心影响要素为突破口，捍卫我国的网络主权。2013 年 3 月，北约卓越合作网络防御中心撰写的《塔林网络战国际法手册》第 1 条宣称，一国有权对其主权领土内的网络基础设施和行为实施控制，行使主权。[2]虽然该手册并没有明确提出网络主权的概念，但是为了控制我国领土内的网络及网络设施，应当在国际法及国内法框架内，以域名等相关互联网核心技术为主要着力点，从政治、法律、经济和技术层面全方位捍卫我国的网络主权。

第三节 提高互联网域名管理法律制度的立法等级

现行有效的《互联网域名管理办法》[以下简称《办法》(2017)]是由工业和信息化部于 2017 年颁布并于同年 11 月 1 日起实施，属于政府部门规章。法院在审理涉及域名管理纠纷、域名注册纠纷、域名争议纠纷等案件时无法将《办法》(2017)的相关规定作为判决依据。这一方面会导致各地法院在判决相关类似域名案件时出现同案不同判的现象，可能会削弱司法公信力，也会损害域名权利人或其他权利人的合法权益。另一方面，当《办法》(2017)规定的各种权利无法在诉讼程序中得到

---

〔1〕 沈逸："网络主权与全球网络空间治理"，载《复旦关系国际评论》2015 年第 2 期。

〔2〕 参见朱莉欣："《塔林网络战国际法手册》的网络主权观评介"，载《河北法学》2014 年第 10 期。

保障或各种违规行为无法得到适度惩罚时，随着域名用户的大量增长，投机者会扰乱域名市场的正常秩序和稳定性，很可能出现劣币驱逐良币的现象。

在制度生命周期的模型中，处于每一阶段的制度都有一段平衡期。在平衡期，制度可以发挥有效的作用，平衡各个利益团体的纷争。但随着经济利益等各种利益的增加和市场的扩容，外来利益集团会的加入使纠纷大量涌现，致使制度的作用失去均衡，从而导致制度的进化或变迁。制度的进化和变迁过程参见图 5-1。

自 1990 年我国申请 . CN 作为中国顶级域名后至 1997 年我国首部互联网域名管理法律制度出台之前，域名市场处于初始阶段。自《办法》（1997）出台后至《办法》（2002）出台前，域名市场处于拓荒阶段。自《办法》(2002) 出台后至《办法》(2004) 出台前，域名市场处于快速发展阶段。《办法》（2004）出台后，标志着域名市场进入成熟阶段。在成熟阶段，需要正式制度来减少零和博弈类的域名纠纷，以提高域名市场的稳定性和维持域名市场的繁荣发展。但是我国互联网域名管理办法的立法等级太低，无法作为法律来抑制投机和保护各方的合法权益。我国立法机关应抓住契机进行法律制度变迁，结合以往域名管理纠纷、域名注册纠纷、域名争议纠纷的特点和类型，出台具有法律地位的互联网域名管理法，以迎合日渐成熟且不断壮大的域名市场。

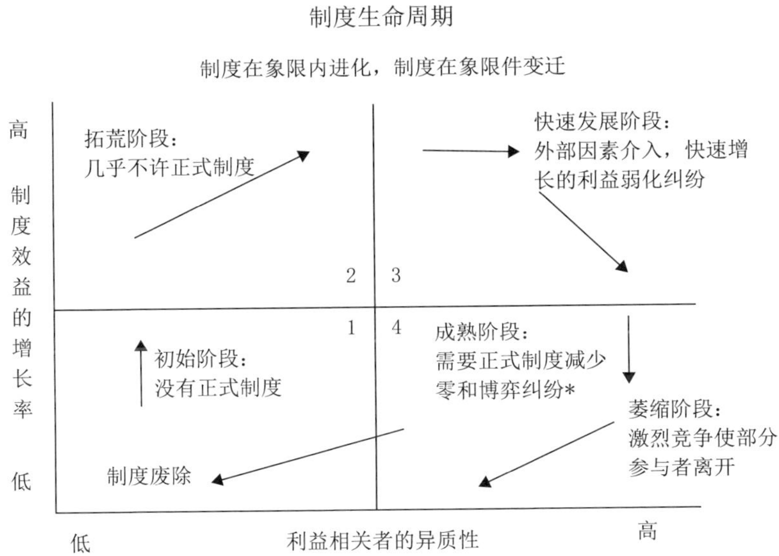

图 5-1[*]

John Selby, A New Institutional Economics Analysis of the History of the Regulation of the. au country-code Top-Level Domain, PhD Thesis, The University of New South Wales, 2013, p. 95.

“随着我国法律体系的形成和不断完善，法律的配套规定在法的贯彻实施中的作用和地位愈发重要和突出，配套立法的任务也相应地日趋紧迫和繁重。法律的配套规定不仅是我国法律体系的必要组成部分，而且是依法行政、依法司法的重要依据。”〔1〕然而，立法实践中关于互联网域名管理的法律配套规定却通常雷同或出现法律规定的真空地带，这不仅不符合完善中国特色社会主义法律体系的目标，在很大程度上也“弱化了立法目标的全面实现和法律的有效实施，损害了法的权威尊严和

〔1〕 徐向华、周欣：“我国法律体系形成中法律的配套立法”，载《中国法学》2010 年第 4 期。

法律体系的严谨科学，危及了社会的公平正义，影响了法治的顺利推进”。[1]为了不断完善我国的法律体现，权力机关在制定与互联网域名相关的法律制度时，一方面应提高现有互联网域名管理办法的立法等级以在法律体系中起支撑作用，另一方面更新与互联网域名管理相关的承担细化和补充功能的配套规则。总体而言，我国政府应当“摒弃粗放型的法制模式而追崇精细化的体系模式以符合我国法律体系形成并不断完善的根本宗旨和基本需求”。[2]“既然所有的法律规范都必然是以体系化的方式被连接在一起，那么它们同样需要彼此借鉴来理解自身，以使得其具有更多的内部融贯性。这意味着，所有的法律规范都可以、也必须被放入整个法律体系中加以理解。同时，如果体系中存在着法律规范的效果相互冲突的情形，它们间的优先关系也必须在整个法律体系的视角下形成。”[3]然而，我国关于互联网域名的相关规定大部分属于政府部门规章，这些域名法律制度之间的效力等级相当。因此，为了以体系化的方式将互联网域名各种法律制度融贯于我国社会主义法律体系之中，应当提升《互联网络域名管理办法》的立法等级，使域名法律制度间形成金字塔式的域名管理法律体系，以确保域名法律制度得以在社会主义法律体系内有效运行。

---

〔1〕 徐向华、周欣：“我国法律体系形成中法律的配套立法”，载《中国法学》2010 年第 4 期。

〔2〕 徐向华、周欣：“我国法律体系形成中法律的配套立法”，载《中国法学》2010 年第 4 期。

〔3〕 雷磊：“融贯性与法律体系的建构——兼论当代中国法律体系的融贯化”，载《法学家》2012 年第 2 期。

第四节　建立域名禁止解析信息依申请披露制度

中国工业和信息化部对网络言论的系统审查和监视，离不开对域名注册管理机构和域名注册服务机构的规制。[1]《办法》(2017) 的相关条款也赋予相关机构权力以使域名注册管理机构和域名注册服务机构暂停解析很多含有不同政见的外国网站和不符合中国法律、民俗风俗或传统文化等方面的国内和国外网站。但相关机构拦截网站的数量和过滤内容的标准不是静止的，而是随着社会环境的变化而变化。[2]再者，中央政府有统一的过滤政策，各个地方政府各有其侧重过滤的内容，负责实施这些过滤政策的各个公司又有不同的过滤目标、过滤程序，因此每个省控制言论自由的程度不同，每个公司控制言论自由的程序也不同。[3]这种政策混乱和操作混乱使一些不应该被屏蔽的网站也被拦截，进而致使公民自由浏览无害信息的权利受到一定程度地侵害。社会运用网络技术影响网络的社会影响力，但要避免把网络塑造成适应特定政治需求时却没有任何技术规范限制。[4]因此，为了保障宪法赋予公民的言论自由权利，[5]相

---

〔1〕 Rebecca Mackinnon, "China's 'Networked Authoritarianism' ", (2011) 22 (2), *Journal of Democracy*, pp. 32, 35~37.

〔2〕 Jonathan Zittrain and Benjamin Edelman, Internet Filtering in China, March/April 2003, Slides 6-7 Social Science Research Network, http://papers. ssrn. com/sol3/papers. cfm? abstract_ id=399920.

〔3〕 Joss Wright, "Regional Variation in Chinese Internet Filtering", (2014) 17 (1), *Information, Communication & Society*, pp. 121, 122.

〔4〕 Monika Ermert and Christopher R. Hughes, "What's in a Name? China and the Domain Name System" in Christopher R. Hughes and Gudrun Wacker (ed), *China and the Internet: Politics of the Digital Leap Forward*, RoutledgeCurzon, 2003, pp. 127, 127.

〔5〕 言论自由权利不仅包括自由发表言论的权利，还包括可以自由地获取信息的权利。

关机构应建立域名禁止解析信息依申请披露制度，以使相关研究者可以及时发现禁止解析域名清单中包含的合法、合规网站。域名禁止解析信息的透明化和公开化有助于网民监督域名解析服务，促进域名解析服务的有序运转，这也符合依法治国的法治理念。

随着基础经济和网络技术和应用的不断发展，以利益诉求多元化为特征的网络言论呈现多元化发展趋势。而网络言论的多元化与公权力之间紧张关系应当通过清晰的法权界定加以解决。〔1〕互联网域名管理法律制度应当通过立法对域名禁止或暂停解析的标准加以规范，以及通过对标准的透明化、公开化来保护我国公民的网络言论自由，切实提升公民网络言论自由的保障水平。从通过网络言论折射的网络民主所发挥的作用和功能的角度来衡量，普通公民“由于突破了原有的以政治统治集团或者机构为垄断的信息占有和交换体系而获得了前所未有的知情权、监督权以及话语权，因而其自我表达、各种权益维护、公共事务参与等方面的诉求在不断地向着网络空间渗透的同时，也在不断地反射到现实生活中的方方面面。因此，一方面，网络民主可以保障公民权益、维护社会公平正义、保证公民高效参与各种公共事务治理等权利的实现；另一方面，以网络为互动空间而形成的网络集体行动也往往具有突发性、规模性和难以控制性的特征，这同样也会影响社会稳定，危及国家安全”。〔2〕具体而言，普通公民“在政治监督和政策制定两个方面所发挥的作用和功能远远超出了其他政治领域，主要体现在其对权力监

〔1〕 肖榕：“网络言论在公民基本权利平衡实现中的地位”，载《法学》2012年第5期。

〔2〕 杨嵘均：“论网络空间草根民主与权力监督和政策制定的互逆作用及其治理”，载《政治学研究》2015年第3期。

督与政策制定的网络造势与政府回应的双向互逆运动和作用方面”。[1]因此，我国制定互联网域名管理法律制度的政府机关应正视这种普通公民越来越倾向于利用网络来监督公权力的趋势，通过域名管理法律制度对域名暂停或禁止解析服务进行适当调整以平衡政府的公权力和公民的私权利，从而实现不断提升国家治理能力的目标。

2013年，党的十八届三中全会将“完善和发展中国特色社会主义制度，推进国家治理体系和治理能力现代化”作为全面深化改革的总目标。[2]“在现代国家，法治是国家治理的基本方式，是国家治理现代化的重要标志，国家治理法治化是国家治理现代化的必由之路。通过健全和完善国家治理法律规范、法律制度、法律程序和法律实施机制，形成科学完备、法治为基的国家治理体系，使中国特色社会主义制度更加成熟、更加定型、更加管用，并不断提高运用社会主义法治体系有效治理国家的能力和水平。”[3]法治体系是治国之道，是强国之路，是民生之本，是社会公平正义之基，是弘扬民主之魂。[4]“完善和发展中国特色社会主义制度，推进国家治理体系和治理能力现代化，对于巩固党的执政地位，确保国家长治久安，保证经济持续发展，维护社会和谐稳定，实现中国特色社会主义善治，具有深远的历史意义；全面推进依法治国、加快建设法治中国，

〔1〕 杨嵘均：“论网络空间草根民主与权力监督和政策制定的互逆作用及其治理”，载《政治学研究》2015年第3期。

〔2〕《中共中央关于全面深化改革若干重大问题的决定》，人民出版社2013年版，第3页。

〔3〕 张文显：“法治与国家治理现代化”，载《中国法学》2014年第4期。

〔4〕 李龙：“建构法治体系是推进国家治理现代化的基础工程”，载《现代法学》2014年第3期。

对于实现国家治理现代化具有重大的现实意义。”[1]因此，我国互联网域名管理法律制度应符合我国治理体系和治理能力现代化的要求，通过对域名法律制度的完善和细化贡献于我国的法治建设。

第五节 研究展望

本书由于数据的局限性、方法论的局限性以及研究水平的局限，致使无法深入研究很多问题。也由于篇幅的限制及研究重点的禁锢，无法探讨很多前沿问题。本书的研究重点为1990年至2004年我国互联网络域名管理法律制度的形成及变迁过程，而没有对域名纠纷解决办法、域名争议解决程序规则、域名注册实施细则、中国国际经济贸易仲裁委员会域名争议解决中心程序规则、相关司法解释、2004年之后我国互联网域名管理法律制度的发展展开研究。对该领域有兴趣的研究者可以就这些方面开展更为细致的研究。另外，在相关行政机关披露更多关于域名管理方面的信息后，也可以在本书的研究基础上作更进一步地挖掘，或者由于更多资料和信息的公开，可以对本书引证的错误资料或论证的错误结论展开批评。

[1] 张文显："法治与国家治理现代化"，载《中国法学》2014年第4期。

参考文献〔1〕

一、中文著作

[1]《邓小平文选》(第3卷),人民出版社1993年版。
[2]《中共中央关于全面深化改革若干重大问题的决定》,人民出版社2013年版。
[3] 曹全来:《国际化与本土化——中国近代法律体系的形成》,北京大学出版社2005年版。
[4] 陈红梅:《网络传播与公众表达——网上公众表达的现状与影响研究》,甘肃人民出版社2005年版。
[5] 陈进、曹淑艳主编:《电子商务中的知识产权》,对外经济贸易大学出版社2008年版。
[6] 陈奎、刘宇晖编著:《网络法十六讲》,对外经济贸易大学出版社2014年版。
[7] 薛虹:《知识产权与电子商务》,法律出版社2003年版。
[8] 程永顺主编:《商标与域名判例》(第18辑),知识产权出版社2010年版。
[9] 邓正来、[美] 杰弗里·亚历山大主编:《国家与市民社会——一种社会理论的研究路径》,上海人民出版社2006年版。
[10] 杜宴林主编:《法理学》,清华大学出版社2014年版。
[11] 冯玉军:《法理学》,中国人民大学出版社2012年版。

〔1〕按首字母为序,排名不分先后。

[12] 付子堂主编:《法理学进阶》(第4版), 法律出版社2013年版。
[13] 高鸿钧:《现代法治的出路》, 清华大学出版社2003年版。
[14] 高其才:《法理学》(第3版), 清华大学出版社2015年版。
[15] 高文苗:《马克思自由观视阈下网络言论行为研究》, 人民出版社2014年版。
[16] 葛洪义主编:《法理学》, 中国政法大学出版社2012年版。
[17] 公丕祥主编:《法理学》(第2版), 复旦大学出版社2008年版。
[18] 郭丹主编:《网络知识产权法律保护》, 哈尔滨工业大学出版社2008年版。
[19] 郭道晖:《社会权力与公民社会》, 译林出版社2009年版。
[20] 何勤华等:《法律移植论》, 北京大学出版社2008年版。
[21] 黄金兰:《法律移植研究——法律文化的视角》, 山东人民出版社2010年版。
[22] 季卫东:《法治秩序的建构》, 中国政法大学出版社1999年版。
[23] 贾静:《知识产权在网络及电子商务中的法律保护研究》, 山东大学出版社2007年版。
[24] 蒋剑鸣:《互联网域名与商标冲突研究》, 中国人民公安大学出版社2011年版。
[25] 雷安军:《比较法研究中的功能主义原则、法律文化和法律移植》, 中国政法大学出版社2013年版。
[26] 李步云:《论法治》, 社会科学文献出版社2008年版。
[27] 李东涛、于忺:《限制数字——网络法典型案例50篇》, 金城出版社2007年版。
[28] 李龙主编:《法理学》, 武汉大学出版社2011年版。
[29] 李其瑞主编:《法理学》(第2版), 中国政法大学出版社2011年版。
[30] 李艳主编:《网络法》, 中国政法大学出版社2008年版。
[31] 李扬:《网络知识产权法》, 湖南大学出版社2002年版。
[32] 梁清华:《世界知识产权组织域名争议解决案例选评》, 对外经济贸易大学出版社2008年版。
[33] 罗胜华编著:《网络法案例评析》, 对外经济贸易大学出版社2012

年版。
[34] 马长山主编:《法理学导论》,北京大学出版社 2014 年版。
[35] 沈宗灵主编:《法理学》(第 4 版),北京大学出版社 2014 年版。
[36] 寿步、张慧、李健主编:《信息时代知识产权教程》,高等教育出版社 2003 年版。
[37] 舒国滢主编:《法理学》(第 3 版),中国人民大学出版社 2012 年版。
[38] 宋方青主编:《法理学》,厦门大学出版社 2013 年版。
[39] 宋英辉等:《法律实证研究本土化探索》,北京大学出版社 2012 年版。
[40] 苏国良编著:《统一域名争议解决政策——案例与评析》,法律出版社 2003 年版。
[41] 苏力:《法治及其本土资源》(修订版),中国政法大学出版社 2004 年版。
[42] 孙国华、朱景文主编:《法理学》(第 4 版),中国人民大学出版社 2015 年版。
[43] 孙国华主编:《法理学》(第 2 版),中央广播电视大学出版社 2011 年版。
[44] 孙笑侠主编:《法理学》,浙江大学出版社 2011 年版。
[45] 汪习根主编:《权力的法治规约——政治文明法治化研究》,武汉大学出版社 2009 年版。
[46] 王健主编:《网络法的域外经验与中国路径》,中国法制出版社 2014 年版。
[47] 肖光辉:《法律移植与传统法律文化的变迁——基于中、日、印、土亚洲四国观》,山东人民出版社 2010 年版。
[48] 徐显明主编:《法理学》,中国政法大学出版社 2007 年版。
[49] 徐亚文主编:《西方法理学新论——解释的视角》,武汉大学出版社 2010 年版。
[50] 薛虹:《网络时代的知识产权法》,法律出版社 2000 年版。
[51] 严存生主编:《法理学》,中国政法大学出版社 2009 年版。
[52] 姚建宗主编:《法理学》,科学出版社 2010 年版。

[53] 叶秋华等主编:《借鉴与移植:外国法律文化对中国的影响》,中国人民大学出版社 2012 年版。

[54] 尤晓东:《域名投资与域名争议》,中国人民大学出版社 2008 年版。

[55] 俞可平主编:《全球化:全球治理》,社会科学文献出版社 2003 年版。

[56] 张建伟:《转型、变法与比较法律经济学——本土化语境中法律经济学理论思维空间的拓展》,北京大学出版社 2004 年版。

[57] 张丽、宋宏飞:《法律移植及本土化研究》,中国人民公安大学出版社 2010 年版。

[58] 张乃根:《西方法哲学史纲》,中国政法大学出版社 1993 年版。

[59] 张平主编:《网络法律评论》(第 10 卷),北京大学出版社 2009 年版。

[60] 陶鑫良、程永顺、张平主编:《域名与知识产权保护》,知识产权出版社 2001 年版。

[61] 张文显主编:《法理学》(第 4 版),高等教育出版社、北京大学出版社 2011 年版。

[62] 郑成思:《知识产权论》(第 3 版),法律出版社 2003 年版。

[63] 郑成思主编:《知识产权文丛》(第 3 卷),中国政法大学出版社 2000 年版。

[64] 郑世保:《域名纠纷在线解决机制研究》,法律出版社 2014 年版。

[65] 钟之成:《为了世界更美好——江泽民出访纪实》,世界知识出版社 2006 年版。

[66] 周旺生:《法理学》,北京大学出版社 2006 年版。

[67] 周永坤:《法理学:全球视野》(第 3 版),法律出版社 2010 年版。

[68] 朱景文主编:《法理学》(第 2 版),中国人民大学出版社 2012 年版。

[69] 卓泽渊:《法理学》,法律出版社 2009 年版。

二、英文著作、译著

[1] [美] 博登海默:《博登海默法理学》,潘汉典译,法律出版社 2015 年版。

[2] [美] 约纳森·罗森诺:《网络法——关于因特网的法律》,张皋彤等译,中国政法大学出版社 2003 年版。

［3］［美］罗斯科·庞德:《法理学》(第3卷)，廖德宇译，法律出版社2007年版。

［4］［英］H. L. A. 哈特:《哈特论边沁——法理学与政治理论研究》，谌洪果译，法律出版社2015年版。

［5］Alston, Lee J., Thrainn Eggertsson, and Douglass C. North (ed), *Empirical Studies In Institutional Change*, Cambridge University Press, 1996.

［6］Bogdan, Michael, *Comparative Law*, Kluwer Law and Taxation Publishers, 1994.

［7］Campbell, John L., *Institutional Change And Globalization*, Princeton University Press, 2004.

［8］Crano, William D. and Marilynn B. Brewer, *Principles and Methods of Social Research*, Allyn and Bacon, 1986.

［9］Creswell, John W. *Research Design*, *Qualitative Quantitative and Mixed Method Approaches*, Sage Publications, 2003.

［10］Danezis, George and Philippe Golle (ed), *Privacy Enhancing Technologies*, Springer, 2006.

［11］Danto, Elizabeth Ann *Historical Research*, Oxford University Press, 2008.

［12］Deibert, Ronald et al (ed), *Access Denied: The Practice and Policy of Global Internet Filtering*, MIT Press, 2008.

［13］Denzin, Norman K. and Yvonna S. Lincoln (ed) *The Landscape of Qualitative Research: Theories And Issues*, Sage Publications, 2nd ed, 2003.

［14］Denzin, Norman K., *The Research Act: A Theoretical Introduction To Sociological Methods*, Prentice Hall, 3rd ed, 1989.

［15］Dixit, Avinash *The Making of Economic Policy: A Transaction Cost Politics Perspective*, MIT Press, 1996.

［16］Dorfman, Robert and Nancy S. Dorfman (ed), *Economics of The Environment*, Norton, 1972.

［17］Ellickson, Robert C., *Order Without Law: How Neighbors Settle Disputes*, Harvard University Press, 1991.

［18］Foot, Rosemary *The Practice of Power: US Relations With China Since*

1949, Clarendon Press, 1995.

[19] Furubotn, Eirik and Rudolf Richter (ed), *The New Institutional Economics*, Mohr Siebeck, 1991.

[20] Garnaut, Ross *China: New Engine of World Growth*, ANU E Press, 2012.

[21] Garraghan, Gilbert J., *A Guide to Historical Method*, Fordham University Press, 1946.

[22] Garrison, Jean A., *Making China Policy: From Nixon to G. W. Bush*, Lynne Rienner Publishers, 2005.

[23] Goldsmith, Jack and Tim Wu, *Who Controls The Internet? Illusions of A Borderless World*, Oxford University Press, 2006.

[24] Goodin, Robert (ed), *The Theory of Institutional Design*, Cambridge University Press, 1996.

[25] Harriss, John, Janet Hunter, and Colin M. Lewis (ed), *The New Institutional Economics and Third World Development*, Routledge, 1997.

[26] Heclo, Hugh *On Thinking Institutionally*, Paradigm Publishers, 2008.

[27] Hexter, Jack H., *The History Primer*, Basic Books, 1971.

[28] Hughes, Christopher R. and Gudrun Wacker (ed), *China and The Internet: Politics of The Digital Leap Forward*, RoutledgeCurzon, 2003.

[29] Kirby, William C., Robert S. Ross and Gong Li (ed), *Normalization of U. S.-China Relations: An International History*, The Harvard University Asia Center, 2005.

[30] Knight, Jack and Itai Sened (ed), *Explaining Social Institutions*, University of Michigan Press, 1995.

[31] Lessig, Lawrence *Code: And Other Laws of Cyberspace, Version* 2.0, Basic Books, 2006.

[32] MacKinnon, Rebecca, *Consent of The Networked: The World-Wide Struggle For Internet Freedom*, Basic Books, 2012.

[33] Ménard, Claude and Mary M. Shirley (ed), *Handbook of New Institutional Economics*, Springer, 2008.

[34] Morozov, Evgeny, *The Net Delusion: The Dark Side of Internet Freedom*,

PublicAffairs, 2012.

[35] Mueller, Milton L. *Ruling, The Root: Internet Governance And The Taming of Cyberspace*, The MIT Press, 2004.

[36] Neuman, W. Lawrence, *Social Research Methods: Qualitative And Quantitative Approaches*, Allyn And Bacon, 4th ed, 2000.

[37] North, Douglass C. *Institutions, Institutional Change and Economic Performance*, Cambridge University Press, 1990.

[38] Pariser, Eli, *The Filter Bubble: What The Internet Is Hiding From You*, Penguin Press, 2011.

[39] Patton, Michael Quinn, *How To Use Qualitative Methods In Evaluation*, Sage Publications, 1987.

[40] Posner, Eric, *Law And Social Norms*, Harvard University Press, 2nd ed, 2002.

[41] Ragin, C. and H. Becker (ed), *What Is A Case? Exploring The Foundations of Social Inquiry*, Cambridge University Press, 1992.

[42] Robinson, Thomas W. and David Shambaugh (ed), *Chinese Foreign Policy: Theory And Practice*, Clarendon Press, 1996.

[43] Rony, Ellen and Peter Rony *The Domain Name Handbook: High Stakes And Strategies In Cyberspace*, Publishers Group West, 1998.

[44] Rutherford, Malcolm, *Institutions In Economics: The Old And The New Institutionalism*, Cambridge University Press, 1994.

[45] Salasin, Susan E. and Robert Perloff (ed), *Qualitative And Quantitative Methods In Evaluation Research*, Sage Publications, 1979.

[46] Selby, John, *A New Institutional Economics Analysis of The History of The Regulation of The AU Country-Code Top-Level Domain*, PhD Thesis, The University of New South Wales, 2013.

[47] Shrum, Wesley et al (ed), *Past, Present And Future of Research In The Information Society*, Springer, 2007.

[48] Somekh, Bridget and Cathy Lewin (ed), *Research Methods In The Social Sciences*, Sage Publications, 2005.

[49] Spence, Michael, *Market Signaling: Informational Transfer in Hiring and Related Screening Processes*, Harvard University Press, 1974.

[50] Vromen, Jack, *Economic Evolution: An Enquiry into the Foundations of New Institutional Economics*, Routledge, 1995.

[51] Watson, Alan, *Legal Transplants: An Approach To Comparative Law*, Scottish Academic Press, 1974.

[52] Watson, Alan, *Society And Legal Change*, Scottish Academic Press, 1977.

[53] Werhan, Keith, *Freedom of Speech: A Reference Guide to the United States Constitution*, Praeger, 2004.

[54] Westad, Odd Arne (ed), *Brothers In Arms: The Rise and Fall of the Sino-Soviet Alliance*, 1945-1963, Stanford University Press, 1998.

[55] Williamson, Oliver E., *Markets And Hierarchies*, The Free Press, 1975.

[56] Williamson, Oliver E., *The Economic Institutions of Capitalism*, The Free Press, 1985.

[57] Williamson, Oliver E., *The Economic Institutions of Capitalism: Firms, Markets, Relational Contracting*, MacMillan, 1985.

[58] Williamson, Oliver E., *The Mechanics of Governance*, Oxford University Press, 1996.

[59] Wilson, James Q., *Bureaucracy*, Basic Books, 1989.

[60] Yang, Guobin, *The Power of The Internet In China: Citizen Activism Online*, Columbia University Press, 2011.

[61] Yin, Robert K., *Applications of Case Study Research*, Sage Publications, 3rd ed., 2012.

[62] Yin, Robert K., *Case Study Research: Design And Methods*, Sage Publications, 4th ed, 2009.

[63] Yin, Robert K., *Qualitative Research From Start to Finish*, The Guilford Press, 2011)

三、中文期刊

[1] “国家经济信息化联席会议”，载《电子科技导报》1994 年第 2 期。

[2] 杨桦、迟素音："域名预留合法吗？——北京正普科技发展有限公司和 CNNIC、阿里巴巴公司的中文域名纠纷案"，载《经济月刊》2002 年第 2 期。
[3] 阿拉木斯："浅议有关域名的法律问题"，载《知识产权》1998 年第 2 期。
[4] 白国玉、于丹："企业域名品牌推广策略"，载《商场现代化》2008 年第 4 期。
[5] 曾宪章等："动态域名解析服务系统及相关问题讨论"，载《微电子学与计算机》2005 年第 12 期。
[6] 陈建云："我国网络信息传播立法考察"，载《当代传播》2005 年第 4 期。
[7] 陈江、林旋："国外对域名与商标纠纷的司法解决及对我国的启示"，载《国际贸易问题》2000 年第 12 期。
[8] 陈桃生："网络环境中的言论自由及其规制"，载《贵州大学学报（社会科学版）》2006 年第 1 期。
[9] 陈伟、肖海："中国企业无线域名保护存在的问题及对策"，载《科技管理研究》2009 年第 12 期。
[10] 陈侠、张慧、郝晓伟："美国宣布将移交 ICANN 管理权的动因与对我国的影响"，载《对外经贸实务》2014 年第 6 期。
[11] 陈宣圣："德国外交的三个变化"，载《世界知识》2000 年第 18 期。
[12] 陈印昌、朱新光："'棱镜门'事件及其对我国政治安全的影响和启示"，载《云南社会科学》2014 年第 3 期。
[13] 陈远等："对我国网络社区信息传播管理法规的思考"，载《山东社会科学》2008 年第 5 期。
[14] 程群："互联网名称与数字地址分配机构和互联网国际治理未来走向分析"，载《国际论坛》2015 年第 1 期。
[15] 程永顺："审理域名注册纠纷案件的若干问题"，载《知识产权》2001 年第 1 期。
[16] 程子薇："域名纠纷中的恶意认定研究——以不确定概念理论为分析工具"，载《华东政法大学学报》2014 年第 1 期。

[17] 崔聪聪："后棱镜时代的国际网络治理——从美国拟移交对 ICANN 的监管权谈起"，载《河北法学》2014 年第 8 期。

[18] 戴沁芸等："5·19 断网事件缘起 DNS　脆弱　域名系统安全应对能力亟待加强"，载《世界电信》2009 年第 9 期。

[19] 邓炯："规范域名抢注的国际立法新发展——ICANN《统一域名争端解决规则》评析"，载《法律科学（西北政法学院学报）》2001 年第 1 期。

[20] 邓炯："试析域名登记管理者在域名争议中的法律责任"，载《知识产权》2001 年第 2 期。

[21] 邓炯："中国解决域名抢注争端的司法实践与评析——兼论我国域名管理体制与争端解决机制的完善"，载《科技与法律》2000 年第 2 期。

[22] 丁春燕："现代通讯工具下的公民言论自由"，载《中山大学法律评论》2014 年第 2 期。

[23] 丁颖、冀燕娜："专门性域名争议解决机制中投诉人权益的认定"，载《知识产权》2013 年第 8 期。

[24] 董京波："域名抢注侵犯驰名商标权问题探析"，载《知识产权》2004 年第 2 期。

[25] 董延安："网络域名的价格构成及评估模型探讨"，载《中国管理信息化》2008 年第 19 期。

[26] 董延安："网络域名价值评估指标体系设计"，载《财会月刊》2008 年第 21 期。

[27] 董志举、林一新、赵莉："IP 地址与域名系统"，载《西安邮电学院学报》1996 年第 3 期。

[28] 方滨兴："从'国家网络主权'谈基于国家联盟的自治根域名解析体系"，载《信息安全与通信保密》2014 年第 12 期。

[29] 方芳、秦天保："网络营销中域名策略和顾客服务策略分析"，载《上海海运学院学报》2001 年第 2 期。

[30] 方明："论网络言论自由的法律规制"，载《山东社会科学》2009 年第 12 期。

[31] 方明："浅议域名和商标的冲突"，载《江海学刊》1999 年第 6 期。
[32] 冯彦辉："域名争议与商标冲突的法理分析"，载《华南师范大学学报（社会科学版）》2005 年第 3 期。
[33] 符望、周斌："域名政策的新发展及借鉴"，载《知识产权》2000 年第 3 期。
[34] 付德宇、杨庆海、代成琴："基于域名活跃度的高校信息化评价方法"，载《哈尔滨工业大学学报（社会科学版）》2009 年第 2 期。
[35] 高志明、张德淼："域名权与站名权的属性与冲突——以两个'开心网'、两个'去哪（儿）'网案为比较"，载《西北大学学报（哲学社会科学版）》2011 年第 4 期。
[36] 桂世墉："当代中国的经济体制改革与经济发展——学习党的十五大报告的几点思考"，载《教学与研究》1998 年第 1 期。
[37] 郭庆平："Internet 的 IP 地址和域名系统"，载《计算机时代》1997 年第 9 期。
[38] 郭学文："计算机网络域名民事纠纷的法律规制"，载《求索》2010 年第 12 期。
[39] 郭玉军、肖芳："网上仲裁的现状与未来"，载《法学评论》2003 年第 2 期。
[40] 郝一丁："论与域名相关的商标权利纠纷及其解决"，载《政治与法律》2010 年第 1 期。
[41] 郝玉强："论互联网中的商标保护问题"，载《知识产权》2000 年第 3 期。
[42] 何颖："中国政府机构改革 30 年回顾与反思"，载《中国行政管理》2008 年第 12 期。
[43] 胡廷松："域名争议在线解决机制探析"，载《重庆邮电大学学报（社会科学版）》2007 年第 3 期。
[44] 胡晓红、魏浩征："美国域名与商标侵权冲突法律制度研究——《反网域霸占消费者保护法》对我国的启示"，载《兰州大学学报（社会科学版）》2003 年第 4 期。
[45] 黄晖："网上正名——解决域名与商标冲突三原则"，载《国际贸易》

2000 年第 9 期。
[46] 黄敏学："试论互联网络市场域名的商标价值与商用管理"，载《中国软科学》1998 年第 12 期。
[47] 黄小坚："因特网域名使用中的知识产权问题"，载《知识产权》2000 年第 3 期。
[48] 黄晓燕："Internet 的地址和域名系统"，载《今日电子》1996 年第 4 期。
[49] 景岗："域名法律问题思考"，载《法学家》2000 年第 3 期。
[50] 柯佳儿、任龙："中文域名与相关知识产权保护"，载《研究与发展管理》2003 年第 1 期。
[51] 雷磊："融贯性与法律体系的建构——兼论当代中国法律体系的融贯化"，载《法学家》2012 年第 2 期。
[52] 李龙："建构法治体系是推进国家治理现代化的基础工程"，载《现代法学》2014 年第 3 期。
[53] 李朝应、晁毅军："谈谈域名注册及保护"，载《信息与电脑》1997 年第 5 期。
[54] 李承红："当代中国外交的根本转型与分期问题——一个外交政策分析理论的视角"，载《外交评论》2008 年第 6 期。
[55] 李庭春："我国域名投资市场分析"，载《特区经济》2008 年第 5 期。
[56] 李晓安："论网络域名的知识产权保护"，载《平原大学学报》2000 年第 1 期。
[57] 李燕蓉："域名预留不合法，知名网站受保护"，载《北京工商》2003 年第 6 期。
[58] 李永明、张振杰："知识产权权利竞合研究"，载《法商研究》2001 年第 2 期。
[59] 廖芳："网络环境中的商标权保护"，载《国际贸易问题》2000 年第 4 期。
[60] 林凌："论依法引导网络舆论——兼论网络言论自由权保护"，载《学海》2012 年第 2 期。

[61] 蔺建平、高茹："网络域名与商标冲突原因及解决策略研究"，载《河北法学》2006 年第 12 期。
[62] 刘春霖："论互联网上商标权的保护"，载《河北法学》2005 年第 6 期。
[63] 刘凤军："域名注册与企业营销国际化"，载《中国流通经济》2000 年第 6 期。
[64] 刘纲、刘宏煊："论网上'言论自由'"，载《湖北社会科学》2002 年第 1 期。
[65] 刘建华："网络舆情传播对西部边疆民族地区政治安全的影响与对策"，载《理论导刊》2014 年第 8 期。
[66] 刘满达："域名抢注侵权的认定及争端解决"，载《法商研究》2001 年第 1 期。
[67] 刘宁："域名法律地位研究"，载《河北大学学报（哲学社会科学版）》2006 年第 6 期。
[68] 刘双宁："中国互联网域名领域法律规制的发展及其法律问题探析"，载《社会科学辑刊》2002 年第 1 期。
[69] 刘文："论信息时代的我国政治安全战略"，载《南阳师范学院学报》2008 年第 5 期。
[70] 刘文："网络化对社会主义国家政治安全的挑战及对策"，载《社会主义研究》2004 年第 2 期。
[71] 柳青："我国互联网域名系统的安全问题"，载《现代电信科技》2010 年第 4 期。
[72] 龙井瑢："域名争议中的若干法律问题探析"，载《青海社会科学》2009 年第 2 期。
[73] 罗楚湘："网络空间的表达自由及其限制——兼论政府对互联网内容的管理"，载《法学评论》2012 年第 4 期。
[74] 吕晓东："网络环境下的驰名商标反淡化保护问题"，载《上海社会科学院学术季刊》2002 年第 4 期。
[75] 吕晓东："域名权与注册商标在先权的冲突及协调"，载《社会科学》2000 年第 9 期。

[76] 马正勇："关于域名法律性质及其保护的思考"，载《宁夏大学学报（人文社会科学版）》2007年第3期。

[77] 孟祥娟："域名与商标权利的冲突及解决途径"，载《学习与探索》2007年第4期。

[78] 潘琪昌："德国东部地区发展前景和德国外交走势——再论德国统一问题"，载《西欧研究》1991年第6期。

[79] 庞淑萍："域名争端的法律分析"，载《山西大学学报（哲学社会科学版）》2000年第1期。

[80] 彭柳、王方："初探电子商务中的知识产权问题"，载《现代情报》2002年第9期。

[81] 彭勇等："基于透明代理的域名系统隐患分析与防御策略"，载《清华大学学报（自然科学版）》2011年第10期。

[82] 乔生："网络中的知识产权保护"，载《现代法学》2001年第5期。

[83] 乔生："我国知识产权保护的现状与思考"，载《法商研究》2002年第3期。

[84] 秦珂、李晓安："网络域名抢注和商标权保护"，载《情报杂志》2000年第5期。

[85] 秦珂："网络域名使用中的知识产权问题"，载《图书情报工作》2000年第4期。

[86] 秦世波："浅析CN域名的投资价值"，载《商业经济》2005年第2期。

[87] 邱均平、陈敬全："中美域名资源法律保护的比较分析"，载《图书情报知识》2002年第5期。

[88] 曲三强："被动立法的百年轮迴——谈中国知识产权保护的发展历程"，载《中外法学》1999年第2期。

[89] 邵培樟："域名与姓名权益冲突：防范与解决的域外视角——以世界知识产权组织、美国和德国为例"，载《电子知识产权》2005年第9期。

[90] 申志伟、张彬、陈文基："域名管理下的企业声誉机制研究"，载《西安邮电学院学报》2011年第6期。

[91] 沈木珠："论 TRIPS 协议与中国知识产权保护"，载《江海学刊》2001 年第 3 期。

[92] 沈荣华："关于转变政府职能的若干思考"，载《政治学研究》1999 年第 4 期。

[93] 沈逸："多边主义与信息空间的国际治理—— 以域名系统为例"，载《复旦国际关系评论》2006 年第 1 期。

[94] 沈逸："能力、等级与秩序：全球网络空间信息秩序研究——基于国际秩序的研究视角"，载《复旦国际关系评论》2014 年第 1 期。

[95] 沈逸："网络主权与全球网络空间治理"，载《复旦关系国际评论》2015 年第 2 期。

[96] 石岩："ICANN 的政治经济学分析"，载《现代传播》2002 年第 5 期。

[97] 史坤娥："试论宪法修正案的特点"，载《政法论丛》1999 年第 2 期。

[98] 史勤艳、田炜："透视 ICANN 规则之下的'反向域名侵夺'问题——从一则 WIPO 案例谈起"，载《电子知识产权》2004 年第 8 期。

[99] 宋海龙："论网络时代的政治安全"，载《洛阳师范学院学报》2014 年第 4 期。

[100] 苏广利、郭闽英："中文域名信息资源管理与保护"，载《情报学报》2002 年第 5 期。

[101] 孙含会："新修订的《中国互联网络信息中心域名争议解决办法》评述"，载《电子知识产权》2006 年第 8 期。

[102] 孙精科："Internet 上 IP 地址及域名"，载《电信工程技术与标准化》1996 年第 3 期。

[103] 谭明佳．："DNS 技术的应用分析"，载《计算机工程与设计》2004 年第 4 期。

[104] 汪永吉："中小企业网站'中国式域名'推广研究"，载《广西轻工业》2011 年第 7 期。

[105] 汪涌："浅析 UDRP 规则下被投诉的代理商对系争域名的权益"，载《知识产权》2009 年第 6 期。

[106] 王存奎："网络组党结社与国家政治安全"，载《江南社会学院学报》2008 年第 1 期。

[107] 王范武、邵明艳："关于域名纠纷案件中几个问题的思考"，载《知识产权》2000 年第 5 期。

[108] 王军："观念政治视野下的网络空间国家安全"，载《世界经济与政治》2013 年第 3 期。

[109] 王立勇："冷战后中国外交战略的重大发展"，载《中共福建省委党校学报》2000 年第 2 期。

[110] 王丽云："网络域名使用与商标权冲突的解决途径"，载《情报杂志》2003 年第 4 期。

[111] 王连峰："国际互联网上域名权的保护"，载《国际商务研究》1997 年第 5 期。

[112] 王莲峰："网络域名的有关问题研究"，载《郑州大学学报（社会科学版）》2000 年第 6 期。

[113] 王玲、瞿静："中国 .com 正在遭遇入世危机——对一起跨国知识产权案的反思"，载《法学》2002 年第 4 期。

[114] 王垚、胡铭曾、李斌、闫伯儒："域名系统安全研究综述"，载《通信学报》2007 年第 9 期。

[115] 王永强："从商标对商品的依附性谈域名的侵权不能"，载《学术研究》2001 年第 12 期。

[116] 王云岚等："基于 DNS 的负载均衡算法研究"，载《计算机工程与应用》2002 年第 4 期。

[117] 吴登楼："析互联网域名与商标名称冲突之解决——兼评《中国互联网络域名注册暂行管理办法》的有关规定"，载《知识产权》1999 年第 3 期。

[118] 夏秦、王志文、刘璐："基于域名共现行为的僵尸网络行为追踪"，载《西安交通大学学报》2012 年第 4 期。

[119] 肖榕："网络言论在公民基本权利平衡实现中的地位"，载《法学》2012 年第 5 期。

[120] 肖琬蓉："中文域名系统与中文网址技术辨析"，载《甘肃科技》2005 年第 4 期。

[121] 肖宗志："建国 50 多年来中国外交的基本特征论析"，载《上海理

工大学学报》2002 年第 3 期。
［122］徐向华、周欣："我国法律体系形成中法律的配套立法"，载《中国法学》2010 年第 4 期。
［123］谢冠斌："从域名的法律保护看知识产权制度的发展"，载《法学评论》2001 年第 3 期。
［124］谢妍昱："域名的价值及其会计管理"，载《中国会计电算化》2003 年第 11 期。
［125］许建真："基于 SUN 工作站的域名服务器配置与管理"，载《南京邮电学院学报》1996 年第 4 期。
［126］许耀桐："跨世纪政治体制与行政体制改革的伟大部署"，载《中国特色社会主义研究》1998 年第 1 期。
［127］薛虹："多重性与唯一性——域名纠纷中的权利冲突"，载《国际贸易》1999 年第 10 期。
［128］薛虹："网法亦恢恢——在我国法律体系下制裁域名侵权行为"，载《国际贸易》1999 年第 6 期。
［129］薛虹："美丽新世界——因特网上的知识产权纵横谈"，载《知识产权》1999 年第 1 期。
［130］薛虹："迷失在网络空间的商标——域名与商标保护"，载《国际贸易》1999 年第 2 期。
［131］薛虹："全球域名系统知识产权保护措施最新发展研究"，载《知识产权》2012 年第 1 期。
［132］薛虹："认可与支持——电子商务的知识产权法律环境"，载《国际贸易》1999 年第 11 期。
［133］薛虹："域名纠纷与合理使用"，载《国际贸易》1999 年第 8 期。
［134］闫宏飞、李晓明："关于中国 Web 的大小、形状和结构"，载《计算机研究与发展》2002 年第 8 期。
［135］杨福忠："网络言论自由的规制方法与保护程度——以公务人员名誉权保护为视角的考察"，载《首都师范大学学报（社会科学版）》2012 年第 2 期。
［136］杨玲梅："域名与商标权之冲突与协调"，载《中南民族大学学报

（人文社会科学版）》2009 年第 4 期。

[137] 杨巧："域名与商标冲突及其解决"，载《宁夏社会科学》2004 年第 4 期。

[138] 杨兴越："论网络空间的言论自由"，载《吉林省经济管理干部学院学报》2004 年第 2 期。

[139] 杨嵘均："论网络空间草根民主与权力监督和政策制定的互逆作用及其治理"，载《政治学研究》2015 年第 3 期。

[140] 叶明芷："信息系统安全防护体系研究"，载《北京联合大学学报（自然科学版）》2004 年第 2 期。

[141] 叶征："对网络主权的思考"，载《中国信息安全》2015 年第 7 期。

[142] 殷志诚："商标法调整域名争议的实证分析"，载《西南政法大学学报》2005 年第 6 期。

[143] 虞崇胜、舒刚："社会转型期网络舆情治理创新——基于政治安全的视角"，载《行政论坛》2012 年第 5 期。

[144] 袁春阳、王曦、罗浩："域名信息主动获取及备份系统的设计和实现"，载《计算机应用研究》2010 年第 7 期。

[145] 袁真富："域名问题：权利的平等与平衡"，载《网络法律评论》2002 年第 0 期。

[146] 张广良："网络环境下的知识产权纠纷及相关法律问题"，载《知识产权》2000 年第 2 期。

[147] 张建华："有关域名的法律问题研究"，载《山西大学学报（哲学社会科学版）》2001 年第 3 期。

[148] 张连永等："域名系统运行中的知识产权侵权问题分析"，载《现代图书情报技术》2004 年第 10 期。

[149] 张马林、刘利、刘宇迪："网络域名侵权的法律认定程序及基准"，载《情报科学》2013 年第 8 期。

[150] 张乃根："论全球电子商务中的知识产权"，载《中国法学》1999 年第 2 期。

[151] 张乃根："浅析全球电子商务中的知识产权（下）"，载《世界贸易组织动态与研究》1999 年第 2 期。

[152] 张乃根："试析全球电子商务中的知识产权（上）"，载《世界贸易组织动态与研究》1999 年第 1 期。
[153] 张庆秋："试论网络域名的会计确认与计量"，载《审计理论与实践》2003 年第 10 期。
[154] 张少润："维护系统信息一致性的区域名系统"，载《厦门大学学报（自然科学版）》1992 年第 6 期。
[155] 张世信、许江晖、张波："试论宪法修正案的深远意义"，载《毛泽东邓小平理论研究》1999 年第 3 期。
[156] 张五常："新制度经济学的现状及其发展趋势"，载《当代财经》2008 年第 7 期。
[157] 张彦明、王斌、杨洪波："试析企业域名的会计计量问题"，载《财会月刊》2010 年第 15 期。
[158] 张阳、李建良、李战怀："一种基于域名的非法网站过滤技术"，载《计算机工程与应用》2003 年第 14 期。
[159] 张一清、刘晓燕："企业域名投资的价值及其成本分析"，载《电子商务》2012 年第 12 期。
[160] 张玉瑞："论中文域名的知识产权属性与立法、执法框架"，载《知识产权》2001 年第 2 期。
[161] 张文显："法治与国家治理现代化"，载《中国法学》2014 年第 4 期。
[162] 章敏："联邦德国外交政策的调整及其特点"，载《欧洲》1994 年第 1 期。
[163] 赵鸥、李宁："科技期刊中文域名的法律保护"，载《编辑学报》2011 年第 5 期。
[164] 郑成思："'域名抢注'与商标权问题"，载《电子知识产权》1997 年第 7 期。
[165] 郑礼雄、李青山、李素科、袁春阳："基于域名信息的钓鱼 URL 探测"，载《计算机工程》2012 年第 10 期。
[166] 郑启福："论域名与商标的冲突及解决"，载《成都行政学院学报（哲学社会科学版）》2005 年第 2 期。

[167] 郑新建、高晓春："网络与商誉保护"，载《知识产权》2000年第3期。

[168] 郑璇玉："域名案件中的恶意概念分析"，载《知识产权》2003年第3期。

[169] 郑永晓、汤俏："'网络暴力'喧嚣背后的政治与文化——兼论近年来网络文化的监管与疏导"，载《西北师大学报（社会科学版）》2009年第6期。

[170] 郑友德、焦洪涛、校坚："电脑信息网络知识产权保护研究"，载《科研管理》1999年第4期。

[171] 郑友德："电脑信息网络知识产权若干问题探析"，载《法商研究》1999年第3期。

[172] 钟广池："域名与商标的争议及其解决"，载《情报杂志》2004年第2期。

[173] 钟增胜："浅析中文域名"，载《重庆商学院学报》2001年第3期。

[174] 周春慧："域名注册制度反思"，载《电子知识产权》2006年第9期。

[175] 周国平："网络发展对我国政治安全机制的冲击及对策"，载《学习与探索》2002年第5期。

[176] 周显志、周洁："域名抢注法律问题探讨"，载《暨南学报（哲学社会科学版）》2003年第4期。

[177] 祝亚明："网络域名使用与驰名商标保护"，载《情报杂志》2003年第9期。

[178] 朱莉欣："《塔林网络战国际法手册》的网络主权观评介"，载《河北法学》2014年第10期。

[179] 成晓娜："论网络侵权行为的特殊性与立法对策"，中国政法大学2009年博士学位论文。

[180] 何跃鹰："互联网规制研究——基于国家网络空间安全战略"，北京邮电大学2012年博士学位论文。

[181] 恽轶群："电子商务中知识产权国际保护之研究"，中国政法大学2007年博士学位论文。

四、英文期刊

[1] Akerlof, George "The Market for Lemons", (1970) 84 (3), *Quarterly Journal of Economics*, 488.

[2] Albers, Martin "Business with Beijing, détente with Moscow: West Germany's China Policy in a Global Context, 1969-1982", (2014) 14 (2), *Cold War History*, 237.

[3] Alchian, Armen and Harold Demsetz, "Production, Information Costs and Economic Organisation", (1972) 62 (5), *American Economic Review*, 777.

[4] Alchian, Armen and Harold Demsetz, "The Property Right Paradigm", (1973) 33 (1), *Journal of Economic History*, 16.

[5] Aoki, Masahiko, "Endogenizing Institutions and Institutional Change", (2007) 3 (1), *Journal of Institutional Economics*, 1.

[6] Baasanjav, Undrah B., "Linguistic Diversity on the Internet: Arabic, Chinese and Cyrillic Script Top-Level Domain Names", (2014) 38 (11), *Telecommunications Policy*, 961.

[7] Badgley, Robert "Improving ICANN in Ten Easy Steps: Ten Suggestions for ICANN to Improve its Anti-Cybersquatting Arbitration System", (2001) 21 (1), *University of Illinois Journal of Law, Technology & Policy*, 109.

[8] Barzel, Yoram, "Measurement Cost and the Organization of Markets", (1982) 25 (1), *Journal of Law and Economics*, 27.

[9] Burke, Michael E., "China Law", (2003) 37 (3), *International Lawyer (ABA)*, 927.

[10] Burshtein, Sheldon, "Domain Names At the Intersection of Free Speech and Trade-Mark Law on the Internet", (2007) 56, *University of New Brunswick Law Journal*, 47.

[11] Cain, Frank, "Computers and the Cold War: United States Restrictions on the Export of Computers to the Soviet Union and Communist China", (2005) 40 (1), *Journal of Contemporary History*, 131.

[12] Cambria, Paul J. , "ICANN, the. XXX Debate, and Antitrust: The Adult Internet Industry's Next Challenge", (2012) 23 (1), *Stanford Law & Policy Review*, 101.

[13] Cecere, Grazia et al, "Lock-in and Path Dependence: An Evolutionary Approach to Eco-innovations", (2014) 24 (5), *Journal of Evolutionary Economics*, 1037.

[14] Chen, Chao C. , Mike W. Peng, and Patrick A. Saparito, "Individualism, Collectivism, and Opportunism: A Cultural Perspective on Transaction Cost Economics", (2002) 28 (4), *Journal of Management*, 567.

[15] Chen, Chao, Mike Peng, and Patrick Saparito, "Individualism, Collectivism and Opportunism: A Cultural Perspective on Transaction Cost Economics", (2002) 28 (4), *Journal of Management*, 567.

[16] Coase, Ronald H. , "The Nature of the Firm", (1937) 4 (16), *Economica*, 386.

[17] Coase, Ronald H. "The Nature of the Firm", (1937) 4, *Economica*, 386.

[18] Coase, Ronald H. , "The Problem of Social Cost", (1960) 3, *Journal of Law and Economics*, 1.

[19] Cole, Daniel, "The Varieties of Comparative Institutional Analysis", (2013) (2), *Wisconsin Law Review*, 383.

[20] Cowhey, Peter F. , "The International Telecommunications Regime: The Political Roots of Regime for High Technology", (1990) 44 (2), *International Organization*, 169.

[21] Crandall, Jedidiah R. et al, "Concept Doppler: A Weather Tracker for Internet Censorship", (29 November 2007), The 14th ACM Conference on Computer and Communications Security.

[22] Creasman, W. Scott, "Free Speech and 'Sucking' -- When Is the Use ofA Trademark In A Domain Name Fair?", (2005) 95 (5), *Trademark Reporter*, 1034.

[23] Crouch, Colin and Henry Farrell, "Breaking the Path of Institutional Development? Alternatives to the New Determinism", (2004) 16 (1), *Ra-*

tionality and Society, 5.

[24] Ding, Xinghao, "Managing Sino-American Relations in a Changing World", (1991) 31 (2), *Asian Survey*, 1160.

[25] Dinwoodie, Graeme B., "(National) Trademark Laws and the (Non-National) Domain Name System", (2000) 21 (3), *University of Pennsylvania Journal of International Economic Law*, 495.

[26] Dolata, Ulrich, "Technological Innovations and Sectoral Change Transformative Capacity, Adaptability, Patterns of Change: An Analytical Framework", (2009) 38 (6), *Research Policy*, 1066.

[27] Eisenhardt, Kathleen, "Agency Theory: An Assessment and Review", (1989) 14 (1), *Academy of Management Review*, 57.

[28] Fang, Fang and Jiarui Liu, "Does What Works for. com Also Work for. cn? Comparative Study of Anti-Cybersquatting Legal Systems in the United States and China", (2002) 20 (4), *The John Marshall Journal of Computer & Information Law*, 541.

[29] Fenger, Menno, Martijn van der Steen, and Lieske van der Torre, "The Responsiveness of Social Policies. Explaining Institutional Change in Three Policy Domains", (2014) 80 (3), *International Review of Administrative Sciences*, 659.

[30] Flowe, Benjamin H., "Export Licensing of Computer Equipment and Technology-A Practitioner's Perspective", (1985) 10 (3), *North Carolina Journal of International Law and Commercial Regulation*, 633.

[31] Froomkin, A. Michael, "ICANN's 'Uniform Dispute Resolution Policy' - Causes and (Partial) Cures", (2002) 67 (3), *Brooklyn Law Review*, 605.

[32] Froomkin, A. Michael, "Wrong Turn in Cyberspace: Using ICANN to Route around the APA and the Constitution", (2000) 50 (1), *Duke Law Journal*, 17.

[33] Galloway, Tristan and Baogang He, "China and Technical Global Internet Governance: Beijing's Approach to Multi-Stakeholder Governance within ICANN, WSIS and the IGF", (2014) 12 (3), *China: An International*

Journal, 72.

[34] Garrison, Jean, "Constructing the 'National Interest' in U. S. -China Policy Making: How Foreign Policy Decision Groups Define and Signal Policy Choices", (2007) 3 (2), *Foreign Policy Analysis*, 105.

[35] Gary, King, Jennifer Pan, and Margaret E. Roberts, "How Censorship in China Allows Government Criticism But Silences Collective Expression", (2013) 107 (2), *American Political Science Review*, 326.

[36] Geist, Michael A., "Cyberlaw 2. 0", (2003) 44 (2), *Boston College Law Review*, 323.

[37] Harwit, Eric and Duncan Clarksource, "Shaping the Internet in China: E-volution of Political Control over Network Infrastructure", (2001) 41 (3), *Asian Survey*, 377.

[38] Hill, Charles and Thomas Jones, "Stakeholder-Agency Theory", (1992) 29 (2), *Journal of Management Studies*, 131.

[39] Hodgson, Geoffrey, "Opportunism is not the Only Reason Firms Exist", (2004) 13 (2), *Industrial and Corporate Change*, 401.

[40] Hollander, Paul, "Why Communism Collapsed in Eastern Europe", (1993) 30 (2), *Society*, 43.

[41] Holmstrom, Bengt and Paul Milgrom, "Multi-Task Principal-Agent Analysis", (1991) (7), *Journal of Law, Economics, and Organization*, 24.

[42] Janis, Daniel T., "Internet Domain Names and the Lanham Act: Broadening Trademark Definitions and Their Implications for Speech on the Web", (2001) 25 (1), *The Columbia Journal of Law & the Arts*, 21.

[43] Jensen, Michael and William Meckling, "Theory of the Firm: Managerial Behaviour, Agency costs and Ownership Structure", (1976) 3 (4), *Journal of Financial Economics*, 305.

[44] Jensen, Eric Talbot, "Cyber Sovereignty: the Way Ahead", (2015) 50 (2), Texas International Law Journal, 275.

[45] Joireman, S. F., "Property Rights and the Role of the State: Evidence from the Horn of Africa", (2001) 38 (1), *Journal of Development Stud-*

ies, 1.

[46] Kahn – Freund, Otto, "On Uses and Misuses of Comparative Law", (1974) 37 (1), *The Modern Law Review*, 1.

[47] Kay, Adrian, "Path Dependency and the CAP", (2003) 10 (3), *Journal of European Public Policy*, 405.

[48] Kenney, Roy and Benjamin Klein, "The Economics of Block Booking", (1983) 26 (3), *Journal of Law and Economics*, 497.

[49] Kesan, Jay P. and Andres A. Gallo, "Pondering the Politics of Private Procedures: The Case of ICANN", (2008) 4 (2), *A Journal of Law and Policy for the Information Society*, 345.

[50] Khazaeli, Susan and Daniel Stockemer, "The Internet: A New Route to Good Governance", (2013) 34 (5), *International Political Science Review*, 463.

[51] Kleinwaechter, Wolfgang, "From Self–governance to Public–Private Partnership: The Changing Role of Governments in the Management of the Internet's Core Resources", (2003) 36 (3), *Loyola of Los Angeles Law Review*, 1103.

[52] Konnola, Totti, Gregory C. Unruh, and Javier Carrillo–Hermosilla, "Prospective Voluntary Agreements for Escaping Techno – institutional Lock – in", (2006) 57 (2), *Ecological Economics*, 239.

[53] Lemley, Mark A., "The Modem Lanham Act and the Death of Common Sense", (1999) 108 (7), *Yale Law Journal*, 1687.

[54] Lessig, Lawrence, "The Law of the Horse: What Cyberlaw Might Teach", (1999) 113 (2), *Harvard Law Review*, 501.

[55] Lessig, Lawrence, "The New Chicago School", (1998) 27 (S2), *The Journal of Legal Studies*, 661.

[56] Lessig, Lawrence, "What Things Regulate Speech: CDA 2.0 vs. Filtering", (1998) 38 (4), *Jurimetrics*, 629.

[57] Lessig, Lawrence and Paul Resnick, "Zoning Speech on the Internet: A Legal and Technical Model", (1999) 98 (2), *Michigan Law Review*, 395.

[58] Levy, Brian and Pablo Spiller, "The Institutional Foundations of Regulatory Commitment: A Comparative Analysis of Telecommunications Regulation", (1994) 10 (2), *Journal of Law, Economics, and Organization*, 201.

[59] Lin, Justin Yifu, "An Economic Theory of Institutional Change: Induced and Imposed Change", (1989) 9 (1), *Cato Journal*, 1.

[60] Lipton, Jacqueline and Mary Wong, "Trademarks and Freedom of Expression in ICANN's New gTLD Process", (2012) 38 (1), *Monash University Law Review*, 188.

[61] LiRocchi, Michael V. et al., "Trademarks and Internet Domain Names in the Digital Millennium", (2000) 4 (2), *UCLA Journal of International Law and Foreign Affairs*, 377.

[62] Liu, Cynthia, "Internet Censorship as a Trade Barrier: A Look at the WTO Consistency of the Great Firewall in the Wake of the China-Google Dispute", (2011) 42 (4), *Georgetown Journal of International Law*, 1199.

[63] Macher, Jeffrey and Barak Richman, "Transaction Cost Economics: An Assessment of Empirical Research in the Social Sciences", (2008) 10 (1), *Business and Politics*, 1.

[64] Mackinnon, Rebecca, "China's 'Networked Authoritarianism'", (2011) 22 (2), *Journal of Democracy*, 32.

[65] Mandelbaum, Michael, "Ending the Cold War", (1989) 68 (2), *Foreign Affairs*, 16.

[66] Mandelbaum, Michael, "The Bush Foreign Policy", (1990-91) 70 (1), *America and the World*, 5.

[67] Mandelbaum, Michael, "Westernizing Russia and China", (1997) 76 (3), *Foreign Affairs*, 80.

[68] Marsh, Steve, "The Dangers of German History: Lessons from a Decade of Post-Cold War German Foreign and Security Policy", (2002) 3 (3), *Perspectives on European Politics and Society*, 389.

[69] Matthews, R. C. O., "The Economics of Institutions and the Sources of Economic Growth", (1986) 96 (4), *The Economics Journal*, 903.

[70] Menard, Claude, "Methodological Issues in New Institutional Economics", (2001) 8 (1), *Journal of Economic Methodology*, 8.

[71] Ménard, Claude and Mary M. Shirley, "The Future of New Institutional Economics: from Early Intuitions to A New Paradigm?", (2014) 10 (4), *Journal of Institutional Economics*, 541.

[72] Mercuro, Nicholas, "The Jurisprudential Niche Occupied by Law and Economics", (2009) 2, *The Journal* Jurisprudence, 61.

[73] Milgrom, Paul R., Douglass C. North, and Barry R. Weingast, "The Role of Institutions in the Revival of Trade: The Law Merchant, Private Judges, and the Champagne Fairs", (1990) 2 (1), *Economics & Politics*, 1.

[74] Murray, Andrew D., "Regulation and Rights in Networked Space", (2003) 30 (2), *Journal of Law and Society*, 187.

[75] Najarian, David C., "Internet Domains and Trademark Claims: First Amendment Considerations", (2001) 41 (1), *IDEA: The Journal of Law and Technology*, 127.

[76] North, Douglass C., "A Framework for Analyzing the State in Economic History", (1979) 16 (3), *Explorations In Economic History*, 249.

[77] North, Douglass C., "Economic Performance Through Time", (1994) 84 (3), *The American Economic Review*, 359.

[78] North, Douglass C., "Institutions and Economic Growth: An Historical Introduction", (1989) 17 (9), *World Development*, 1319.

[79] North, Douglass C., "Institutions and Economic Theory", (1992) 36 (1), *The American Economist*, 3.

[80] North, Douglass C., "Institutions", (1991) 1 (5), *The Journal of Economic Perspectives*, 97.

[81] North, Douglass C. and Barry R. Weingast, "Constitutions and Commitment: The Evolution of Institutional Governing Public Choice in Seventeenth-Century England", (1989) 49 (4), *The Journal of Economic History*, 803.

[82] North, Douglass C. and John J. Wallis, "Integrating Institutional Change

and Technical Change in Economic History A Transaction Cost Approach", (1994) 150 (4), *Journal of Institutional and Theoretical Economics*, 609.

[83] Nunziato, DawnC., "Freedom of Expression, Democratic Norms, and Internet Governance", (2003) 52 (1), *Emory Law Journal*, 187.

[84] Olsen, Johan P., "Change and Continuity: An Institutional Approach to Institutions of Democratic Government", (2009) 1 (1), *European Political Science Review*, 3.

[85] Petrovic, Dragan and Zoran Stefanovic, "Methodological Position (s) of Institutional Economics", (2009) 6 (2), *Economics and Organisation*, 105.

[86] Pierson, Paul, "Increasing Returns, Path Dependence, and the Study of Politics", (2000) 94 (2), *The American Political Science Review*, 251.

[87] Pierson, Paul, "The Limits of Design: Explaining Institutional Origins and Change", (2000) 13 (4), *Governance: An International Journal of Policy, Administration and Institutions*, 475.

[88] Qiu, Jack Linchuan, "Virtual Censorship in China: Keeping the Gate between the Cyberspaces", (1999) (4), *International Journal of Communications Law and Policy*, 1.

[89] Rajapakse, Mimi, "Domain Names As Protected Speech: A Reexamination of the Fourth Circuit's Decision in People for the Ethical Treatment of Animals V. Doughney", (2003) 31 (3), *AIPLA Quarterly Journal*, 353.

[90] Ramdial, Saretta, "Who Should Govern the Internet: ICANN's Controversial Position Questioned and Challenged", (2007) 18 (3), *LBJ Journal of Public Affairs*, 71.

[91] Reidenberg, Joel R, "Governing Networks and Rule-making in Cyberspace", (1996) 45 (3), *Emory Law Journal*, 911.

[92] Richards, Robert D and Clay Calvert, "Adult Websites and the Top-Level Domain Debate: ICANN's Adoption of XXX Dras Adult-Industry Ire", (2011) 29 (3), *Cardozo Arts & Entertainment Law Journal*, 527.

[93] Robson, Alex and Stergios Skaperdas, "Costly Enforcement of Property Rights and the Coase Theorem", (2008) 36 (1), *Economic Theory*, 109.

[94] Rogers, Kevin M., "The Early Ground offensives in Internet Governance", (2007) 21 (1), *International Review of Law, Computers & Technology*, 5.

[95] Rutherford, Malcolm, "Institutional Economics: Then and Now", (2001) 15 (3), *Journal of Economic Perspectives*, 173.

[96] Sarigil, Zeki, "Paths are What Actors Make of Them", (2009) 3 (1), *Critical Policy Studies*, 121.

[97] Schwenninger, Sherle R., "World Order Lost: American Foreign Policy in the Post-Cold War World", (1999) 16 (2), *World Policy Journal*, 42.

[98] Shapiro, Andrew L., "Disappearance of Cyberspace and the Rise of Code", (1998) 8 (3), *Seton Hall Constitutional Law Journal*, 703.

[99] Shapiro, Andrew L., "The Internet", (1999) 115, *Foreign Policy*, 14.

[100] Sidgwick, H., "The Historical Method", (1886) 11 (42), *Mind*, 203.

[101] Simon, Herbert, "A Behavioural Model of Rational Choice", (1955) 69 (1), *The Quarterly Journal of Economics*, 99.

[102] Simon, Herbert A., "Bounded Rationality and Organizational Learning", (1991) 2 (1), *Organization Science*, 125.

[103] Sithigh, Daithi Mac, "More than Words: The Introduction of Internationalised Domain Names and the Reform of Generic Top-Level Domains at ICANN", (2010) 18 (3), *International Journal of Law and Information Technology*, 274.

[104] Smith, Ruth Ann and David S. Lux, "Historical Method in Consumer Research: Developing Causal Explanations of Change", (1993) 19 (4), *Journal of Consumer Research*, 595.

[105] Speidel, Richard E., "ICANN Domain Name Dispute Resolution, The Revised Uniform Arbitration Act, and the Limitations of Modern Arbitration Law", (2002) 6 (1), *Journal of Small and Emerging Business Law*, 167.

[106] Stiglitz, Joseph, "Monopoly, Non-Linear Pricing, and Imperfect Information: The Insurance Market", (1977) 44 (3), *Review of Economic Studies*, 407.

[107] Teece, David J., "Profiting from Technological Innovation", (1986) 15

(6), *Research Policy*, 285.

[108] Thomas, Jude A., "FifteenYears of Fame: The Declining Relevance of Domain Names in the Enduring Conflict Between Trademark and Free Speech Rights", (2011) 11 (1), *John Marshall Review of Intellectual Property Law*, 1.

[109] Thornburg, Elizabeth, "Fast, Cheap, and Out of Control: Lessons From the ICANN Dispute Resolution Process", (2002) 6 (1), *Journal of Small and Emerging Business Law*, 191.

[110] Tso, Chen-Dong, "Computer Scientists and China's Participation in Global Internet Governance", (2008) 44 (2), *Issues & Studies*, 103.

[111] Upham, Paul, Paula Kivimaa, and Venla Virkaki, "Path Dependence and Technological Expectations in Transport Policy: the Case of Finland and the UK", (2013) 32, *Journal of Transport Geography*, 12.

[112] Walker, Luke, "ICANN's Uniform Domain Name Dispute Resolution Policy", (2000) 15 (1), *Berkeley Technology Law Journal*, 289.

[113] Wang, Shaojung Sharon and Junhao Hong, "Discourse behind the Forbidden Realm: Internet Surveillance and Its Implications on China's Blogosphere", (2010) 27 (1), *Telematics and Informatics*, 67.

[114] Watkins, Marc, "Government Regulation of the Dot-ca Domain Name Space", (2005) 2 (1), *University of Ottawa Law & Technology Journal*, 145.

[115] Watson, Alan, "Comparative Law and Legal Change", (1978) 37 (2), *Cambridge Law Journal*, 313.

[116] Watson, Alan, "Society's Choice and Legal Change", (1981) 9 (5), *Hofstra Law Review*, 1473.

[117] Weber, Ian, "Communicating Styles: Balancing Specificity and Diffuseness in Developing China's Internet Regulations", (2002) 23 (3) *Journal of Intercultural Studies*, 307.

[118] Weingast, Barry R., "The Economic Role of Political Institutions: Market-Preserving Federalism and Economic Development", (1995) 11

(1), *Journal of Law, Economics, and Organization*, 1.

[119] Weiser, Philip J., "RegulatoryChallenges and Models of Regulation", (2003) 2 (1), *Journal on Telecommunications & High Technology Law*, 1.

[120] Werbach, Kevin, "A Layered Model for Internet Policy", (2002) 1 (1), *Journal on Telecommunications & High Technology Law*, 37.

[121] White, John, "ICANN's Uniform Domain Name Dispute Resolution Policy in Action", (2001) 16 (1), *Berkeley Technology Law Journal*, 229.

[122] Whitford, Andrew, "A Test of the Political Control of Bureaucracies under Asymmetric Information", (2008) 20 (4), *Rationality and Society*, 445.

[123] Williamson, Oliver E., "A Comparison of Alternative Approaches to Economic Organisation", (1990) 146 (1), *Journal of Institutional and Theoretical Economics*, 61.

[124] Williamson, Oliver E., "Economic Organization: The Case for Candor", (1996) 21 (1), *The Academy of Management Review*, 48.

[125] Williamson, Oliver E., "Hierarchical Control and Optimum Firm Size", (1967) 75 (2), *Journal of Political Economy*, 123.

[126] Williamson, Oliver E., "Public and Private Bureaucracies: a transaction cost economics perspectives", (1999) 15 (1), *Journal of Law, Economics, and Organization*, 306.

[127] Williamson, Oliver E., "The Economics of Organization: The Transaction Cost Approach", (1981) 87 (3), *American Journal of Sociology*, 548.

[128] Williamson, Oliver E., "The Institutions of Governance", (1998) 88 (2), *The American Economic Review*, 75.

[129] Williamson, Oliver E., "The New Institutional Economics: Taking Stock, Looking Ahead", (2000) 38 (3), *Journal of Economic Literature*, 595.

[130] Williamson, Oliver E., "The Theory of the Firm as Governance Structure: From Choice to Contract", (2002) 16 (3), *The Journal of Economic*

Perspectives, 171.

[131] Williamson, Oliver E., "Transaction Cost Economics: The Natural Progression", (2010) 100 (3), *The American Economic Review*, 673.

[132] Williamson, Oliver E., "Transaction-Cost Economics: The Governance of Contractual Relations", (1979) 22 (2), *Journal of Law and Economics*, 233.

[133] Wright, Joss, "Regional Variation in Chinese Internet Filtering", (2014) 17 (1), *Information, Communication & Society*, 121.

[134] Xu, Xueyang, Z. Morley Mao, and J. Alex Halderman, "Internet Censorship in China: Where Does the Filtering Occur?" (2011), in*Proceedings of the 12th Passive and Active Measurement Conference*, 133.

[135] Xue, Hong, "The Voice of China: A Story of Chinese-Character Domain Names", (2004) 12 (2), *Cardozo Journal of International & Comparative Law*, 559.

[136] Yang, Feng and Milton L. Mueller, "Internet Governance in China: A Content Analysis", (2014) 7 (4), *Chinese Journal of Communication*, 446.

[137] Yu, Jiang, "From 3G to 4G: Technology Evolution and Path Dynamics in China's Mobile Telecommunication Sector", (2011) 23 (10) *Technology Analysis & Strategic Management*, 1079.

[138] Yu, Peter K., "The Origins of ccTLD Policymaking", (2004) 12 (2), *Cardozo Journal of International & Comparative Law*, 387.

[139] Zhang, Isabella Yi, "A Comparative Study on the UDRP and the CNDRP", (2010) 4, *Hong Kong Journal of Legal Studies*, 45.

[140] Zhang, Mo, "Governance of Internet Domain Names against Cybersquatters in China: A Framework and Legal Perspective", (2002) 26 (1), *Hastings International and Comparative Law Review*, 51.

[141] Zittrain, Jonathan, "A History of Online Gatekeeping", (2006) 19 (2), *Harvard Journal of Law & Technology*, 253.

[142] Zittrain, Jonathan, "ICANN: Between the Public and the Private Comments before Congress", (1999) 14, *Berkeley Technology Law Journal*, 1071.

[143] Zorn, Werner, "How China Was Connected to the International Computer Networks", (2007) 15 (2), *The Amateur Computerist*, 36.

[144] Zschau, Ed, "Export Controls and America's Competitive Challenge", (1986) 1 (1), *High Technology Law Journal*, 1.

五、中文网络资料

[1] "习近平在第二届世界互联网大会开幕式上的讲话", 载 http://news. xinhuanet. com/politics/2015-12/16/c_ 1117481089. htm.

[2] 夏红尧、李仁: "'中文域名'刮起抢注风 知名企业屡被恶搞", 载 http://www. 413show. com/info/611. html.

[3] 董军: "NSI、CNNIC 今秋斗法 域名战鼓因何而鸣?", 载 http://www. people. com. cn/GB/channel5/745/20001114/312443. html.

[4] "美国黑客把目光瞄准了中国的政府网站", 载 http://www. cert. org. cn/publish/main/49/2012/20120330182847363996605/20120330182847363996605_ . html.

[5] "美国黑客攻击上百中国网站", 载 http://www. cert. org. cn/publish/main/49/2012/20120330182930367788596/20120330182930367788596_ . html.

[6] "天涯简介", 载 http://help. tianya. cn/about/history/2011/06/02/166666. shtml.

[7] "中国国际经济贸易仲裁委员会域名争议解决中心", 载 http://dndrc. cietac. org/static/ctrintrc/frmainctrintrc. html.

[8] "中国科协'金桥工程'活动巡礼", 载 http://scitech. people. com. cn/GB/25509/56813/63493/63757/4372635. html.

[9] "中科院安全专家提醒国内网站防范美国黑客", 载 http://www. cert. org. cn/publish/main/49/2012/2012 033018284722275570 5/20120330182847222755705_ . html.

[11] "中文域名协调联合会 (CDNC) 介绍", 载 http://www. cdnc. org/gb/introduction/index. html。

[12] CDNC: "CDNC 关于 NSI 提供中文域名服务的公开声明", 载 http://

www. cdnc. org/gb/news/xw00102201. html.
[13] CNCERT："国家计算机网络应急技术处理协调中心"，载 http://www. cert. org. cn/publish/main/34/index. html.
[14] CNNIC："2000 年~2001 年互联网大事记"，载 http://www. cnnic. cn/hlwfzyj/hlwdsj/201206/t20120612_ 27417. htm。
[15] "邓小平南行讲话全文"，载 http://finance. ifeng. com/opinion/zjgc/20111231/5389402. shtml.
[16] "ICANN GAC 会籍名称案纪要"，载 https://www. google. com. au/url? sa=t&rct=j&q=&esrc=s&source=web&cd=1&ved=0CB0QFjAA&url=http% 3A% 2F% 2Freport. nat. gov. tw% 2FReportFront% 2Freport _ download. jspx% 3FsysId% 3DC09501476% 26fileNo% 3D004&ei = G51tVf24EIiOmwW8yoGoBA&usg=AFQjCNGQ2Wk6KWazNM29RmQTO-nUPC1z7Q&bvm=bv. 94455598, bs. 1, d. dGY.
[17] 张业军："'. CN' 遭最大规模攻击 疑为'网络黑帮' 砸场"，载 http://news. sohu. com/20130828/n385221512. shtml.
[18] "解读习近平乌镇讲话：以互联网治理推动全球治理"，载 http://politics. people. com. cn/n1/2015/1216/c1001-27937787. html.
[19] 王晓明："名人被抢注 商标也恶搞"，载 http://www. 66163. com/Fujian_ w/news/fjgsb/299/1/2006927164559. htm.
[20] CNNIC："1986 年~1993 年互联网大事记"，载 http://www. cnnic. cn/hlwfzyj/hlwdsj/201206/t20120612_ 27414. htm.
[21] CNNIC："1994 年~1996 年互联网大事记"，载 http://www. cnnic. cn/hlwfzyj/hlwdsj/201206/t20120612_ 27415. htm.
[22] CNNIC："2004 年中国互联网发展大事记"，载 http://www. cnnic. cn/hlwfzyj/hlwdsj/201206/t20120612_ 27419. htm.
[23] CNNIC："中国互联网络发展状况统计报告（2018 年 1 月）"，载 http://120. 198. 248. 23/cache/www. cnnic. net. cn/hlwfzyj/hlwxzbg/hlwtjbg/201803/P020180305409870339136. pdf? ich_ args2=901-31163911015306_ 339a51610d5f78d5561f5f2336f6db2b_ 10001002_ 9c89672fd7c1f7d2913a518939a83798_ 43f1904893538c52ffee462e6a5401e6.

六、英文网络资料

[1] A Proposal to Improve Technical Management of Internet Names and Addresseson, 30 January (30th January 1998), NTIA, http://www.ntia.doc.gov/legacy/ntiahome/domainname/dnsdrft.htm.

[2] About the IETF, https://www.ietf.org/about/.

[3] Alvestrand, H. and Cisco Systems, A Mission Statement for the IETF, (October 2004), IETF, https://www.ietf.org/rfc/rfc3935.txt.

[4] Arsene, Severine The Impact of China on Global Internet Governance in an Era of Privatized Control, (May 2012), https://hal.inria.fr/file/index/docid/704196/filename/circ_14mai.pdf.

[5] Background on the IANA Functions, NRO, https://www.nro.net/nro-and-internet-governance/iana-oversight/background.

[6] Behnke, Lynn Final Minutes CCIRN Bodega Bay, (7 October 1993), CCIRN, http://ccirn.net/general/BodegaBayAug1993.pdf.

[7] Chinese Domain Name Consortium, The Proposal for Internationalizing ccTLD Names, (June 2005), https://www.icann.org/en/system/files/files/idn-tld-cdnc.pdf.

[8] Key Events from 1986 to 1993, (26 May 2009), CNNIC, https://www.cnnic.net.cn/hlwfzyj/hlwdsj/201206/t20120612_27414.htm.

[9] Country Codes-ISO-3166 ISO, http://www.iso.org/iso/home/standards/country_codes.htm.

[10] Delio, Michelle Crackers Expand Private War, (18 April 2001), http://archive.wired.com/politics/law/news/2001/04/43134? currentPage=1.

[11] Dempsey, James X. and Daniel J. Weitzner, Protecting the Human Right to Freedom of Expression on the Global Internet, Global Internet Liberty Campaign, http://www.gilc.org/speech/report.

[12] GAC, Communiqué of the Governmental Advisory Committee, (2 March 1999), ICANN, http://archive.icann.org/en/committees/gac/communique-02mar99.htm.

[13] GAC, Principles for Delegation and Administration of ccTLDs Presented by Governmental Advisory Committee, (Feb. 23, 2000), ICANN, https://archive.icann.org/en/committees/gac/gac-cctldprinciples-23feb00.htm.

[14] Goodman, Peter S. and Mike Musgrove, China Blocks Web Search Engines, (12 September 2002), Washington Post, http://www.washingtonpost.com/archive/business/2002/09/12/china-blocks-web-search-engines/5ec4d5a1-dedc-41fd-8f65-0dc6ccfecc53/.

[15] Hauben, Jay "Across the Great Wall" The China-Germany Email Connection 1987-1994, (October 2004), Columbia, www.columbia.edu/~hauben/china-email.doc.

[16] Human Rights Watch, Computer Industry Must Speak out on Chinese Internet Case, (20 January 1999), Human Rights Watch, https://www.hrw.org/news/1999/01/20/computer-industry-must-speak-out-chinese-internet-case.

[17] IANA Functions Contract, NTIA, http://www.ntia.doc.gov/page/iana-functions-purchase-order.

[18] IANA, CCTLD News Memo #1, (23 October 1997), IANA, https://www.iana.org/reports/1997/cctld-news-oct1997.html.

[19] IANA, Root Zone Database, IANA, http://www.iana.org/domains/root/db.

[20] ICANN, An introduction to IANA, (29 September 2008), IANA, https://www.iana.org/about/presentations/davies-atlarge-iana101-paper-080929-en.pdf.

[21] ICANN, Bylaws, (21 November 1998), https://www.icann.org/resources/unthemed-pages/bylaws-1998-11-23-en.

[22] ICANN, Bylaws for Internet Corporation for Assigned Names and Numbers, (2002), ICANN, https://www.icann.org/resources/pages/governance/bylaws-en.

[23] ICANN, ICANN Announces New Dispute Resolution Provider in the Asia

Pacific Region, (03 December 2001), ICANN, https://www.icann.org/news/announcement-2001-12-03-en.

[24] ICANN Comment on NSI Registry Multilingual Domain Name Testbed, (25 August 2000), ICANN, https://www.icann.org/news/announcement-2000-08-25-en.

[25] ICANN, ICP-1: Internet Domain Name System Structure and Delegation, (ccTLD Administration and Delegation), (May 1999), https://www.icann.org/resources/pages/delegation-2012-02-25-en.

[26] ICANN, Principles for Delegation and Administration of ccTLDs Presented by Governmental Advisory Committee, (23 February 2000), ICANN, https://archive.icann.org/en/committees/gac/gac-cctldprinciples-23feb00.htm.

[27] ICANN, Proposal to the U.S. Government to Perform the IANA Function, (Feb. 2, 2000), http://www.icann.org/general/iana-proposal-02feb0.htm.

[28] ICANN, Timeline for the Formulation and Implementation of the Uniform Domain-Name Dispute-Resolution Policy, https://www.icann.org/resources/pages/schedule-2012-02-25-en.

[29] ICANN, Welcome to ICANN!, https://www.icann.org/resources/pages/welcome-2012-02-25-en.

[30] Internationalized Domain Names (IDN) Committee, Briefing Paper on Internet Keyword Issues, (15 February 2002), ICANN, http://archive.icann.org/en/committees/idn/idn-keyword-paper.htm.

[31] Internationalized Domain Names (IDN) Committee, Briefing Paper on IDN Permissible Code Point Problems, (27 February 2002), ICANN, http://archive.icann.org/en/committees/idn/idn-codepoint-paper.htm.

[32] Internationalized Domain Names (IDN) Committee, Discussion Paper on Non-ASCII Top-Level Domain Policy Issues, (16 April 2002), ICANN, http://archive.icann.org/en/committees/idn/non-ascii-tld-paper.htm.

[33] Internationalized Domain Names (IDN) Committee, Discussion Paper on

Non-ASCII Top-Level Domain Policy Issues (Revised Draft), (13 June 2002), ICANN, http://archive.icann.org/en/committees/idn/non-ascii-tld-paper-13jun02.htm.

[34] Internationalized Domain Names (IDN) Committee, Discussion Paper on Registry Selection Considerations for non-ASCII Top-Level Domains, (13 June 2002), ICANN, http://archive.icann.org/en/committees/idn/registry-selection-paper-13jun02.htm.

[35] Internationalized Domain Names (IDN) Committee, Input to the IETF on Permissible Code Point Problems, (27 February 2002), http://archive.icann.org/en/committees/idn/idn-codepoint-input.htm.

[36] Internationalized Domain Names (IDN) Committee, Statement on Internet Keyword Issues, (15 February 2002) ICANN, http://archive.icann.org/en/committees/idn/idn-keyword-statement.htm.

[37] Introducing, IANA, http://www.iana.org/.

[38] ISO-3166, https://www.iso.org/obp/ui/#search.

[39] M.H. Collin, Dictionary of Computing, (A & C Black, 2008), Credo, http://search.credoreference.com.simsrad.net.ocs.mq.edu.au/content/entry/acbcomp/domain_ name/0.

[40] Mac Kinnon, Rebecca, China @ ICANN, Thoughts from Former CEO Paul Twomey, (03 July 2009), http://rconversation.blogs.com/rconversation/2009/07/china - icann - thoughts - from - former - ceo - paul - twomey.html.

[41] Marrakesh, Rev., Management of Internet Domain Names and Addresses, (4 April 2011), International Telecommunication Union, http://www.itu.int/osg/spu/resolutions/2002/res102.html.

[42] Network Solutions Registry Opens Multilingual Domain Name Testbed to Registrars, (24 August 2000), The Free Library, http://www.thefreelibrary.com/Network+Solutions+Registry+Opens+Multilingual+Domain+Name+Testbed+to...-a064817441.

[43] Request for Comments (RFC), IETF, https://www.ietf.org/rfc.html.

[44] Reynolds, J. and J. Postel, Assigned Numbers, (March 1990), IETF, http://tools. ietf. org/html/rfc1060.

[45] SAC067, Overview and History of the IANA Functions, (15 August 2014), SSAC, https://www. icann. org/en/system/files/files/sac-067-en. pdf.

[46] Shecter, Sean P. , Freedom of Speech in the Changing World of Internet Domain Name Registration and Dispute Resolution: How the Increasing Influence of National Governments in Domain Name Policy Threatens Free Speech on the Internet, (22 January 2007), Bepress Legal Series, http://law. bepress. com/expresso/eps/1954/.

[47] Stewart, William, Internet Request For Comments (RFC's), (7 January 2000), Living Internet, http://www. livinginternet. com/i/ia_ rfc. htm.

[48] The United States Department of Commerce, Management of Internet Names and Addresses, ICANN, https://www. icann. org/resources/unthemed-pages/white-paper-2012-02-25-en.

[49] Uniform Domain Name Dispute Resolution Policy, (September 29, 1999), ICANN, https://archive. icann. org/en/udrp/udrp - policy - 29sept99. htm.

[50] Webster's New World &Trade: Computer Dictionary, (Wiley, 2003), Credo, http://search. credoreference. com. simsrad. net. ocs. mq. edu. au/content/entry/webstercom/domain_ name/0.

[51] Zittrain, Jonathan and Benjamin Edelman, Internet Filtering in China, (March/April 2003), Social Science Research Network, http://papers. ssrn. com/sol3/papers. cfm? abstract_ id=399920.

[52] Zorn, Werner, China's CSNET Connection 1987-Origin of the China Academic Network CANET, (29 June 2012), Internet History, https://sites. google. com/site/internethistoryasia/book1/personal - essay - werner - zorn.

[53] Zorn, Werner, Connecting China to the International Computer Networks, (19 September 2007), Columbia University, http://www. columbia. edu/~

hauben/netizens/tunis-ppf/wzorn. pdf.

七、报告

[1]《中国共产党第十一届中央委员会第三次全体会议公报》，1978年12月22日。
[2] 中国互联网络信息中心：《中国域名产业报告》，2009年5月。
[3] 中国互联网络信息中心：《第31次中国互联网络发展状况统计报告》，2013年1月。
[4] 中国互联网络信息中心：《第32次中国互联网络发展状况统计报告》，2013年7月。
[5] 中国互联网络信息中心：《第33次中国互联网络发展状况统计报告》，2014年1月。
[6] 中国互联网络信息中心：《第34次中国互联网络发展状况统计报告》，2014年7月。
[7] 中国互联网络信息中心：《中国互联网络发展状况统计报告》，2015年1月。
[8] 中国互联网络信息中心：《第35次中国互联网络发展状况统计报告》，2015年1月。
[9] 中国互联网络信息中心：《第36次中国互联网络发展状况统计报告》，2015年7月。
[10] 中国互联网络信息中心：《第37次中国互联网络发展状况统计报告》，2016年1月。
[11] 中国互联网络信息中心：《第38次中国互联网络发展状况统计报告》，2016年8月。
[12] 中国互联网络信息中心：《第39次中国互联网络发展状况统计报告》，2017年1月。
[13] 中国互联网络信息中心：《第40次中国互联网络发展状况统计报告》，2017年8月。
[14] 中国互联网络信息中心：《第41次中国互联网络发展状况统计报告》，2018年3月。

[15] CCWG-Accountability, CCWG on Enhancing ICANN Accountability, (23 February 2016), ICANN, https://community.icann.org/pages/viewpage.action?pageId=58723827.

[16] Cole, Daniel, "The Varieties of Comparative Institutional Analysis", (2012) Indiana University School of Public Affairs Research Paper No. 2012-10-03.

[17] Geist, MichaelGovernments and Country-Code Top Level Domains: A Global Survey Version 2.0, (February 2004), https://www.itu.int/osg/spu/forum/intgov04/contributions/governmentsandcctldsfeb04.pdf.

[18] Internationalized Domain Names (IDN) Committee, Final Report to the ICANN Board, (27 June 2002), ICANN, http://archive.icann.org/en/committees/idn/final-report-27jun02.htm.

[19] Mueller, Milton, A New Profile of Domain Name Trademark Disputes under ICANN's UDRP, (24 June 2002), The Center for Convergence and Emerging Network Technologies, http://ccent.syr.edu/wp-content/uploads/2014/05/markle-report-final.pdf.

[20] OECD, Evolution in the Management of Country Code Top-Level Domain Names (ccTLDs), (17 November 2006), OECD, http://www.oecd.org/sti/ieconomy/37730629.pdf.

[21] Peake, Adam, Internet governance and the World Summit on the Information Society (WSIS), (June 2004), Association For Progressive Communications, http://rights.apc.org/documents/governance.pdf.

[22] WIPO, ccTLD Best Practices for the Prevention and Resolution of Intellectual Property Disputes, (20 June 2001), WIPO, http://www.wipo.int/amc/en/domains/bestpractices/index.html.

[23] WIPO, The Management of Internet Names And Addresses Intellectual Property Issues: Final Report of the WIPO Internet Domain Name Process, (April 30, 1999), WIPO, http://www.wipo.int/export/sites/www/amc/en/docs/report-final1.pdf.

八、法律、法规、政策

[1]《出版管理条例》，国务院，2002 年。

[2]《第九届全国人民代表大会第一次会议关于国务院机构改革方案的决定》，全国人民代表大会，1998 年。

[3]《电信网间互联管理暂行规定》，原信息产业部，1999 年。

[4]《电子出版物管理规定》，原新闻出版总署，1998 年。

[5]《高举邓小平理论伟大旗帜，把建设有中国特色社会主义事业全面推向二十一世纪》，中国共产党十五大报告，1997 年。

[6]《公民和政治权利国际公约》，联合国，1966 年。

[7]《公用电信网间互联管理规定》，原信息产业部，2001 年。

[8]《关于国务院机构改革方案的说明》，国务院，1998 年。

[9]《关于互联网中文域名管理的通告》，原信息产业部，2000 年。

[10]《关于审理因域名注册、使用而引起的知识产权民事纠纷案件的若干指导意见》，北京市高级人民法院，2000 年。

[11]《关于选择我国计算机网络安全服务试点单位的公告》，国家信息化工作领导小组、计算机网络与信息安全管理工作办公室，2001 年。

[12]《国务院机构改革方案》，全国人民代表大会，1998 年。

[13]《互联网出版管理暂行规定》，原新闻出版总署、原信息产业部，2002 年。

[14]《互联网电子公告服务管理规定》，原信息产业部，2000 年。

[15]《互联网文化管理暂行规定》，原文化部，2003 年。

[16]《互联网信息服务管理办法》，国务院，2000 年。

[17]《互联网站从事登载新闻业务管理暂行规定》，国务院新闻办公室、原信息产业部，2000 年。

[18]《互联网站禁止传播淫秽、色情等不良信息自律规范》，中国互联网协会，2004 年。

[19]《计算机病毒防治管理办法》，公安部，2000 年。

[20]《加快改革开放和现代化建设步伐，夺取有中国特色社会主义事业的更大胜利》，中国共产党十四大报告，1992 年。

[21]《全面建设小康社会，开创中国特色社会主义事业新局面》，中国共产党十六大会报告，2002 年。

[22]《人事部关于对利用计算机信息系统从事违法违纪活动的处理办法（试行）》，原人事部，2001 年。

[23]《世界人权宣言》，联合国，1948 年。

[24]《网站名称注册管理暂行办法》，北京市原工商行政管理局，2000 年。

[25]《网站名称注册管理暂行办法实施细则》，北京市原工商行政管理局，2000 年。

[26]《沿着有中国特色的社会主义道路前进》，中国共产党十三大报告，1987 年。

[27]《中共中央关于制定国民经济和社会发展十年规划和“八五”计划的建议》，中共中央，1990 年。

[28]《中国互联网络域名管理办法》，原信息产业部，2002 年。

[29]《中国互联网络域名管理办法》，原信息产业部，2004 年。

[30]《中国互联网络域名注册暂行管理办法》，国务院信息办，1997 年。

[31]《中华人民共和国计算机信息网络国际联网管理暂行规定》，国务院，1996 年。

[32]《中华人民共和国宪法》，全国人民代表大会，1982 年。

[33]《中文域名争议解决办法（试行）》，中国互联网络信息中心，2000 年。

[34]《最高人民法院、最高人民检察院关于办理利用互联网、移动通讯终端、声讯台制作、复制、出版、贩卖、传播淫秽电子信息刑事案件具体应用法律若干问题的解释（一）》，最高人民法院、最高人民检察院，2004 年。

[35]《最高人民法院关于审理涉及计算机网络域名民事纠纷案件适用法律若干问题的解释》，最高人民法院，2001 年。

[36]《中华人民共和国宪法修正案》，全国人民代表大会，1999 年。

[37] Cerf V.，RFC-1174，IAB Recommended Policy on Distributing Internet Identifier Assignment and IAB Recommended Policy Change to Internet “Connected” Status，（August 1990），IETF，https://tools.ietf.org/html/rfc1174.

[38] Crocker Steve, RFC-1, Host Software, (7 April 1969), IETF, https://tools. ietf. org/html/rfc1.

[39] Faltstrom P., P. Hoffman, A. Costello, RFC-3490, Internationalizing Domain Names in Applications (IDNA), (March 2003), IETF, https://www. ietf. org/rfc/rfc3490. txt.

[40] Konishi, K., K. Huang, H. Qian, and Y. Ko, RFC-3743, Joint Engineering Team (JET) Guidelines for Internationalized Domain Names (IDN) Registration and Administration for Chinese, Japanese, and Korean, (April 2004), IETF, https://tools. ietf. org/html/rfc3743.

[41] Lottor M., RFC-1033, Domain Administrators Operations Guide, (November 1987), IETF, https://www. ietf. org/rfc/rfc1033. txt.

[42] Mills D. L., RFC-799, Internet Name Domains, (September 1981), IETF, https://www. ietf. org/rfc/rfc799. txt.

[43] Mockapetris P., RFC-1034, Domain Names-Concepts and Facilities, (November 1987), IETF, https://www. ietf. org/rfc/rfc1034. txt.

[44] Mockapetris P., RFC-1035, Domain Names-Implementation and Specification, (November 1987), IETF, https://www. ietf. org/rfc/rfc1035. txt.

[45] Mockapetris P., RFC-882, Domain Names-Concepts and Facilities, (November 1983), IETF, https://www. ietf. org/rfc/rfc882. txt.

[46] Mockapetris P., RFC-883, Domain Names-Implementation and Specification, (November 1983), IETF, https://tools. ietf. org/html/rfc883.

[47] Postel J. and J. Reynolds, RFC-902, ARPA-Internet Protocol Policy, (July 1984), IETF, https://www. ietf. org/rfc/rfc902. txt.

[48] Postel J. RFC-1591, Domain Name System Structure and Delegation, (March 1994), IETF, https://www. ietf. org/rfc/rfc1591. txt.

[49] Postel Jon, RFC-881, The Domain Names Plan and Schedule, (November 1983), IETF, https://www. ietf. org/rfc/rfc881. txt.

[50] Postel Jon, RFC-897, Domain Name System Implementation Schedule, (February 1984), IETF, https://tools. ietf. org/html/rfc897.

[51] Stahl M. , RFC-1032, Domain Administrators Guide, (November 1987), IETF, https://tools. ietf. org/html/rfc1032.

[52] Su Zaw-Sing and Jon Postel, RFC-819, The Domain Naming Convention for Internet User Applications, (August 1982), IETF, https://www. ietf. org/rfc/rfc819. txt.

[53] Vaughan O. RFC - 2240, A Legal Basis for Domain Name Allocation, (November 1997), IETF, https://tools. ietf. org/html/rfc2240.

[54] Vaughan O. RFC-2352, A Convention For Using Legal Names as Domain Names, (May 1998), IETF, https://tools. ietf. org/html/rfc2352.

九、案例

[1] Becker & Poliakoff, P. A. v. Isabell (2000) eRes AF-0847 (eResolution); Dorset Police v. Coulter (2001) eRes AF-0942 (eResolution).

[2] Bloomberg L. P. v. Secaucus Group (2001) NAF FA0104000097077 (National Arbitration Forum).

[3] Bosley Medical Group and Bosley Medical Institute, Inc. v. Michael Kremer (2001) WIPO D2000-1647 (WIPO Arbitration and Mediation Center).

[4] Bridgestone Firestone, Inc. v. Myers (2000) WIPO D2000-0190 (WIPO Arbitration and Mediation Center).

[5] Bridgestone Firestone, Inc. , Bridgestone / Firestone Research, Inc. , and Bridgestone Corporation v. Jack Myers (2000) WIPO D2000-0190 (WIPO Arbitration and Mediation Center).

[6] Carefree Toland Pools, Inc. v. Thomson (2001) eRes AF-1012 (eResolution).

[7] Compagnie de Saint Gobain v. Com-Union Corp (2000) WIPO D2000-0020 (WIPO Arbitration and Mediation Center).

[8] Compagnie Generale des Matieres Nucleaires v. Greenpeace International (2001) WIPO D2001-0376 (WIPO Arbitration and Mediation Center).

[9] Compusa Mgmt. Co. v. Customized Computer Training (2000) NAF FA0006000095082 (National Arbitration Forum).

[10] Counsel of American Survey Research Organizations (2002) WIPO D2002-0377 (WIPO Arbitration and Mediation Center).

[11] Counsel of American Survey Research Organizations v. The Consumer Information Organization, LLC (2002) WIPO D2002-0377 (WIPO Arbitration and Mediation Center).

[12] CSA International (a. k. a. Canadian Standards Association) v. John 0. Shannon and Care Tech Industries, Inc. (2000) WIPO D2000-0071 (WIPO Arbitration and Mediation Center).

[13] DFO, Inc. v. Christian Williams (2000) WIPO D2000-0181 (WIPO Arbitration and Mediation Center).

[14] Dixons Group plc v. Mr. Abu Abdullaah (2000) WIPO D2000-1406 (WIPO Arbitration and Mediation Center).

[15] Estate of Gary Jennings and Joyce 0. Servis v. Submarine and Joe Ross (2001) WIPO D2001-1042 (WIPO Arbitration and Mediation Center).

[16] Estate of Tupac v. Barranco (2000) eRes AF-0348 eResolution.

[17] Estde Lauder Inc. v. estelauder. com, estelauder. net and Jeff Hanna (2000) WIPO D2000-0869 (WIPO Arbitration and Mediation Center).

[18] Gardere Wynne Sewell LLP v. DefaultData. com (2001) WIPO D2001-1093 (WIPO Arbitration and Mediation Center).

[19] Gilmour v. Cenicolla (2000) WIPO D2000-1459 (WIPO Arbitration and Mediation Center).

[20] Leonard Cheshire Found. v. Darke (2001) WIPO D2001-0131 (WIPO Arbitration and Mediation Center).

[21] Marty Stuart v. Marty Stuart Fan Page CIO Sherry Mattioli (2003) NAF 192600 (National Arbitration Forum).

[22] Mayo Found. for Ed. and Research v. Briese (2001) NAF FA0102000096765 (National Arbitration Forum).

[23] McLane Co. v. Craig (2000) WIPO D2000-1455 (WIPO Arbitration and Mediation Center).

[24] Myer Stores Ltd. v. Singh (2001) WIPO D2001-0763 (WIPO Arbitration

and Mediation Center).

[25] Pensacola Christian College Inc. v. Gage (2001) NAF FA0110000101314 (National Arbitration Forum).

[26] Quirk Nissan Inc. v. Michael J. Maccini (2000) NAF FA0094959 (National Arbitration Forum).

[27] Robo Enters., Inc. v. Daringer (2001) NAF FA0101000096375 (National Arbitration Forum).

[28] Savin Corp. v. savinsucks. com (2002) NAF FA0201000103982 (National Arbitration Forum).

[29] Skattedirektoratet v. Nag (2000) WIPO D2000-1314 (WIPO Arbitration and Mediation Center).

[30] The Am. Nat'l Red Cross v. Mafiabusters. com LLC (2002) NAF FA0206000114589 (National Arbitration Forum).

[31] The Regents of the University of New Mexico v. American Information Services (2000) NAF FA0094306 (National Arbitration Forum).

[32] The Royal Bank of Scotland Group plc v. natwestfraud. com and Umang Malhotra (2001) WIPO D2001-0212 WIPO (Arbitration and Mediation Center).

[33] TMP Worldwide, Inc. v. Potter (2000) WIPO D2000-0536 (WIPO Arbitration and Mediation Center).

十、报纸

[1] 王峰:“ICANN 北京合作中心主任宋崝:‘没有谁能单独控制互联网’”,载《21 世纪经济报道》2015 年 12 月 31 日。

[2] 王远:“网络主权:一个不容回避的议题”,载《人民日报》2014 年 6 月 23 日。

[3] 张晶:“CNNIC 成为同时拥有 ICANN 四大资质的基础资源管理机构”,载《人民邮电》2015 年 12 月 15 日。

[4] 支振锋:“网络主权是网络安全的根本保障”,载《法制日报》2015 年 12 月 18 日。